新型建造方式与工程项目管理创新丛书　分册 8

# 建筑企业项目化管理理论与实践

———— 宋 蕊　编著 ————

中国建筑工业出版社

图书在版编目（CIP）数据

建筑企业项目化管理理论与实践 / 宋蕊编著. —北京：中国建筑工业出版社，2021.12
（新型建造方式与工程项目管理创新丛书；分册8）
ISBN 978-7-112-26764-4

Ⅰ.①建… Ⅱ.①宋… Ⅲ.①建筑企业—项目管理—研究 Ⅳ.①F407.9

中国版本图书馆CIP数据核字（2021）第211085号

随着现代产业技术、信息技术的快速发展，市场竞争的加剧和管理的复杂性，生产和业务活动更加显现出项目化趋势。企业项目化管理，就是站在高层管理者的角度对企业中各种各样的任务进行项目管理，其主导思想是要把任务当作项目进行管理，是一种以项目为中心的长期性的组织管理方式。企业项目化管理将项目观念渗透到企业所有的业务领域，将传统的项目管理方法应用于全面的企业运作，是现代项目管理理论对项目和运作活动进行管理的技术和手段。

本书内容包括建筑企业项目化管理概论、建筑企业项目治理、建筑企业项目集群管理、建筑企业项目组合管理、建筑企业项目管理办公室、建筑企业项目管理成熟度模型、建筑企业项目化管理模式。

责任编辑：张智芊
版式设计：锋尚设计
责任校对：党　蕾

---

新型建造方式与工程项目管理创新丛书　分册8
## 建筑企业项目化管理理论与实践
宋　蕊　编著

\*

中国建筑工业出版社出版、发行（北京海淀三里河路9号）
各地新华书店、建筑书店经销
北京锋尚制版有限公司制版
北京富诚彩色印刷有限公司印刷

\*

开本：787毫米×1092毫米　1/16　印张：18　字数：333千字
2023年5月第一版　　2023年5月第一次印刷
定价：**68.00**元
ISBN 978-7-112-26764-4
（38580）

**版权所有　翻印必究**
如有内容及印装质量问题，请联系本社读者服务中心退换
电话：（010）58337283　　QQ：2885381756
（地址：北京海淀三里河路9号中国建筑工业出版社604室　邮政编码：100037）

# 课题研究及丛书编写指导委员会

顾　问：毛如柏　第十届全国人大环境与资源保护委员会主任委员
　　　　孙永福　原铁道部常务副部长、中国工程院院士
主　任：张基尧　国务院原南水北调工程建设委员会办公室主任
　　　　孙丽丽　中国工程院院士、北京市科学技术协会副主席
副主任：叶金福　西北工业大学原党委书记
　　　　顾祥林　同济大学副校长、教授
　　　　王少鹏　山东科技大学副校长
　　　　刘锦章　中国建筑业协会副会长兼秘书长
委　员：校荣春　中国建筑第八工程局有限公司原董事长
　　　　田卫国　中国建筑第五工程局有限公司党委书记、董事长
　　　　张义光　陕西建工控股集团有限公司党委书记、董事长
　　　　王　宏　中建科工集团有限公司党委书记、董事长
　　　　王曙平　中国水利水电第十四工程局有限公司党委书记、董事长
　　　　张晋勋　北京城建集团有限公司副总经理
　　　　宫长义　中亿丰建设集团有限公司党委书记、董事长
　　　　韩　平　兴泰建设集团有限公司党委书记、董事长
　　　　高兴文　河南国基建设集团公司董事长
　　　　李兰贞　天一建设集团有限公司总裁
　　　　袁正刚　广联达科技股份有限公司董事长、总裁
　　　　韩爱生　新中大科技股份有限公司总裁
　　　　宋　蕊　瑞和安惠项目管理集团董事局主席
　　　　李玉林　陕西省工程质量监督站二级教授

| | |
|---|---|
| 周金虎 | 宏盛建业投资集团有限公司董事长 |
| 杜　锐 | 山西四建集团有限公司董事长 |
| 笪鸿鹄 | 江苏苏中建设集团董事长 |
| 葛汉明 | 华新建工集团有限公司副董事长 |
| 吕树宝 | 正方圆建设集团董事长 |
| 沈世祥 | 江苏江中集团有限公司总工程师 |
| 李云岱 | 兴润建设集团有限公司董事长 |
| 钱福培 | 西北工业大学教授 |
| 王守清 | 清华大学教授 |
| 成　虎 | 东南大学教授 |
| 王要武 | 哈尔滨工业大学教授 |
| 刘伊生 | 北京交通大学教授 |
| 丁荣贵 | 山东大学教授 |
| 肖建庄 | 同济大学教授 |

# 课题研究及丛书编写委员会

| | | |
|---|---|---|
| **主　任：** | 肖绪文 | 中国工程院院士、中国建筑集团首席专家 |
| | 吴　涛 | 中国建筑业协会原副会长兼秘书长、山东科技大学特聘教授 |
| **副主任：** | 贾宏俊 | 山东科技大学泰安校区副主任、教授 |
| | 尤　完 | 北京工程管理科学学会副理事长、中建协建筑业高质量发展研究院副院长、北京建筑大学教授 |
| | 白思俊 | 中国（双法）项目管理研究委员会副主任、西北工业大学教授 |
| | 李永明 | 中国建筑第八工程局有限公司党委书记、董事长 |
| **委　员：** | 赵正嘉 | 南京市住房城乡建设委员会原副主任 |

徐　坤　中建科工集团有限公司总工程师
刘明生　陕西建工控股集团有限公司党委常委、董事、副总经理
王海云　黑龙江建工集团公司顾问总工程师
王永锋　中国建筑第五工程局华南公司总经理
张宝海　中石化工程建设有限公司EPC项目总监
李国建　中亿丰建设集团有限公司总工程师
张党国　陕西建工集团创新港项目部总经理
苗林庆　北京城建建设工程有限公司党委书记、董事长
何　丹　宏盛建业投资集团公司总工程师
李继军　山西四建集团有限公司副总裁
陈　杰　天一建设集团有限公司副总工程师
钱　红　江苏苏中建设集团股份有限公司副总裁
蒋金生　浙江中天建设集团总工程师
安占法　河北建工集团有限公司总工程师
李　洪　重庆建工集团副总工程师
黄友保　安徽水安建设集团股份有限公司总经理
卢昱杰　同济大学土木工程学院教授
吴新华　山东科技大学工程造价研究所所长

# 课题研究与丛书编写委员会办公室

**主　任：** 贾宏俊　尤　完
**副主任：** 郭中华　李志国　邓　阳　李　琰
**成　员：** 朱　彤　王丽丽　袁金铭　吴德全

# 丛书总序

2021年是中国共产党成立100周年，也是"十四五"期间全面建设社会主义现代化国家新征程开局之年。在这个具有重大历史意义的年份，我们又迎来了国务院五部委提出在建筑业学习推广鲁布革工程管理经验进行施工企业管理体制改革35周年。

为进一步总结、巩固、深化、提升中国建设工程项目管理改革、发展、创新的先进经验和做法，按照党和国家统筹推进"五位一体"总体布局，协调推进"四个全面"战略布局，全面实现中华民族伟大复兴"两个一百年"奋斗目标，加快建设工程项目管理资本化、信息化、集约化、标准化、规范化、国际化，促进新阶段建筑业高质量发展，以适应当今世界百年未有之大变局和国内国际双循环相互促进的新发展格局，积极践行"一带一路"建设，充分彰显建筑业在经济社会发展中的基础性作用和当代高科技、高质量、高动能的"中国建造"实力，努力开创我国建筑业无愧于历史和新时代新的辉煌业绩。由山东科技大学、中国亚洲经济发展协会建筑产业委员会、中国（双法）项目管理研究专家委员会发起，会同中国建筑第八工程局有限公司、中国建筑第五工程局有限公司、中建科工集团有限公司、陕西建工集团有限公司、北京城建建设工程有限公司、天一控股有限公司、河南国基建设集团有限公司、山西四建集团有限公司、广联达科技股份有限公司、瑞和安惠项目管理集团公司、苏中建设集团有限公司、江中建设集团有限公司等三十多家企业和西北工业大学、中国科学院大学、同济大学、北京建筑大学等数十所高校联合组织成立了《中国建设工程项目管理发展与治理体系创新研究》课题研究组和《新型建造方式与工程项目管理创新丛书》编写委员会，组织行业内权威专家学者进行该课题研究和撰写重大工程建造实践案例，以此有效引领建筑业绿色可持续发展和工程建设领域相关企业和不同项目管理模式的创新发展，着力推动新发展阶段建筑业转变发展方式与工程项目管理的优化升级，以实际行动和优秀成果庆祝中国共产党成立100周年。我有幸被邀请作为本课题研究指导委员会主任委员，很高兴和大家一起分享了课题研究过程，颇有一些感受和收获。该课题研究注重学习追踪和吸收国内外业内专家学者研究的先进理念和做法，归纳、总结我国重大工程建设的成功经验和国际工程的建设管理成果，坚持在研究中发现问题，在化解问题中深化研究，体现了课题团队深入思考、合作协力、用心研究的进取意识和奉献精神。课题研究内容既全面深入，又有理论与实践相结合，其实效性与指导性均十分显著。

一是坚持以习近平新时代中国特色社会主义思想为指导，准确把握新发展阶段这个战略机遇期，深入贯彻落实创新、协调、绿色、开放、共享的新发展理念，立足于构建以国内大循环为主题、国内国际双循环相互促进的经济发展势态和新发展格局，研究提出工程项目管理保持定力、与时俱进、理论凝练、引领发展的治理体系和创新模式。

二是围绕"中国建设工程项目管理创新发展与治理体系现代化建设"这个主题，传承历史、总结过去、立足当代、谋划未来。突出反映了党的十八大以来，我国建筑业及工程建设领域改革发展和践行"一带一路"国际工程建设中项目管理创新的新理论、新方法、新经验。重点总结提升、研究探讨项目治理体系现代化建设的新思路、新内涵、新特征、新架构。

三是回答面向"十四五"期间向第二个百年奋斗目标进军的第一个五年，建筑业如何应对当前纷繁复杂的国际形势、全球蔓延的新冠肺炎疫情带来的严峻挑战和激烈竞争的国内外建筑市场，抢抓新一轮科技革命和产业变革的重要战略机遇期，大力推进工程承包，深化项目管理模式创新，发展和运用装配式建筑、绿色建造、智能建造、数字建造等新型建造方式提升项目生产力水平，多方面、全方位推进和实现新阶段高质量绿色可持续发展。

四是在系统总结提炼推广鲁布革工程管理经验35年，特别是党的十八大以来，我国建设工程项目管理创新发展的宝贵经验基础上，从服务、引领、指导、实施等方面谋划基于国家治理体系现代化的大背景下"行业治理—企业治理—项目治理"多维度的治理现代化体系建设，为新发展阶段建设工程项目管理理论研究与实践应用创新及建筑业高质量发展提出了具有针对性、实用性、创造性、前瞻性的合理化建议。

  本课题研究的主要内容已入选住房和城乡建设部2021年软科学技术计划项目，并以撰写系列丛书出版发行的形式，从十多个方面诠释了课题全部内容。我认为，该研究成果有助于建筑业在全面建设社会主义现代化国家的新征程中立足新发展阶段，贯彻新发展理念，构建新发展格局，完善现代产业体系，进一步深化和创新工程项目管理理论研究和实践应用，实现供给侧结构性改革的质量变革、效率变革、动力变革，对新时代建筑业推进产业现代化、全面完成"十四五"规划各项任务，具有创新性、现实性的重大而深远的意义。

  真诚希望该课题研究成果和系列丛书的撰写发行，能够为建筑业企业从事项目管理的工作者和相关企业的广大读者提供有益的借鉴与参考。

张基尧

二〇二一年六月十二日

**张基尧**
中共第十七届中央候补委员，第十二届全国政协常委，人口资源环境委员会副主任
国务院原南水北调工程建设委员会办公室主任，党组书记（正部级）
曾担任鲁布革水电站和小浪底水利枢纽、南水北调等工程项目总指挥

# 丛书前言

改革开放40多年来,我国建筑业持续快速发展。1987年,国务院号召建筑业学习鲁布革工程管理经验,开启了建筑工程项目管理体制和运行机制的全方位变革,促进了建筑业总量规模的持续高速增长。尤其是党的十八大以来,在以习近平同志为核心的党中央坚强领导下,全国建设系统认真贯彻落实党中央"五位一体"总体布局和"四个全面"的战略布局,住房城乡建设事业蓬勃发展,建筑业发展成就斐然,对外开放度和综合实力明显提高,为完成投资建设任务和改善人民居住条件做出了巨大贡献。我国从建筑业大国开始走向建造强国。正如习近平总书记在2019年新年贺词中所赞许的那样:中国制造、中国创造、中国建造共同发力,继续改变着中国的面貌。

随着国家改革开放的不断深入,建筑业持续稳步发展,发展质量不断提升,呈现出新的发展特征:一是建筑业现代产业地位全面提升。2020年,建筑业总产值263 947.04亿元,建筑业增加值占国内生产总值的比重为7.18%。建筑业在保持国民经济支柱产业地位的同时,民生产业、基础产业的地位日益凸显,在改善和提高人民的居住条件生活水平以及推动其他相关产业的发展等方面发挥了巨大作用。二是建设工程建造能力大幅度提升。建筑业先后完成了一系列设计理念超前、结构造型复杂、科技含量高、质量要求严、施工难度大、令世界瞩目的高速铁路、巨型水电站、超长隧道、超大跨度桥梁等重大工程。目前在全球前10名超高层建筑中,由中国建筑企业承建的占70%。三是工程项目管理水平全面提升。以BIM技术为代表的信息化技术的应用日益普及,正在全面融入工程项目管理过程,施工现场互联网技术应用比率达到55%。四是新型建造方式的作用全面提升。装配式建造方式、绿色建造方式、智能建造方式以及工程总承包、全过程工程咨询等正在成为新型建造方式和工程建设组织实施的主流模式。

建筑业在取得举世瞩目的发展成绩的同时，依然还存在许多长期积累形成的疑难问题和薄弱环节，严重制约了建筑业的持续健康发展。一是建筑产业工人素质亟待提升。建筑施工现场操作工人队伍仍然是以进城务工人员为主体，管理难度加大，施工安全生产事故呈现高压态势。二是建筑市场治理仍需加大力度。建筑业虽然是最早从计划经济走向市场经济的领域，但离市场运行机制的规范化仍然相距甚远。挂靠、转包、串标、围标、压价等恶性竞争乱象难以根除，企业产值利润率走低的趋势日益明显。三是建设工程项目管理模式存在多元主体，各自为政，互相制约，工程实施主体责任不够明确，监督检查与工程实际脱节，严重阻碍了工程项目管理和工程总体质量协同发展提升。四是创新驱动发展动能不足。由于建筑业的发展长期依赖于固定资产投资的拉动，同时企业自身资金积累有限，因而导致科技创新能力不足。在新常态背景下，当经济发展动能从要素驱动、投资驱动转向创新驱动时，对于以劳动密集型为特征的建筑业而言，创新驱动发展更加充满挑战性，创新能力成为建筑业企业发展的短板。这些影响建筑业高质量发展的痼疾，必须要彻底加以革除。

目前，世界正面临着百年未有之大变局。在全球科技革命的推动下，科技创新、传播、应用的规模和速度不断提高，科学技术与传统产业和新兴产业发展的融合更加紧密，一系列重大科技成果以前所未有的速度转化为现实生产力。以信息技术、能源资源技术、生物技术、现代制造技术、人工智能技术等为代表的战略性新兴产业迅速兴起，现代科技新兴产业的深度融合，既代表着科技创新方向，也代表着产业发展方向，对未来经济社会发展具有重大引领带动作用。因此，在这个大趋势下，对于建筑业而言，唯有快速从规模增长阶段转向高质量发展阶段、从粗放型低效率的传统建筑业走向高质高效的现代建筑业，才能跟上新时代中国特色社会主义建设事业发展的步伐。

现代科学技术与传统建筑业的融合，极大地提高了建筑业的生产力水平，变革着建筑业的生产关系，形成了多种类型的新型建造方式。绿色建造方式、装配建造方式、智能建造方式、3D打印等是具有典型特征的新型建造方式，这些新型建造方式是建筑业高质量发展的必由路径，也必将有力推动建筑产业现代化的发展进程。同时还要看到，任何一种新型建造方式总是与一定形式的项目管理模式和项目治理体系相适应的。某种类型的新型建造方式的形成和成功实践，必然伴随着项目管理模式和项目治理体系的创新。例如，装配式建造方式是来源于施工工艺和技术的根本性变革而产生的新型建造方式，则在项目管理层面上，项目管理和项目治理的所有要素优化配置或知识集成融合都必须进行相应的变革、调整或创新，从而才能促使工程建设目标得以顺利实现。

随着现代工程项目日益大型化和复杂化，传统的项目管理理论在解决项目实施过程中的各种问题时显现出一些不足之处。1999年，Turner提出"项目治理"理论，把研究视角从项目管理技术层面转向管理制度层面。近年来，项目治理日益成为项目管理领域研究的热点。国外学者较早地对项目治理的含义、结构、机制及应用等问题进行了研究，取得了较多颇具价值的研究成果。国内外大多数学者认为，项目治理是一种组织制度框架，具有明确项目参与方关系与治理结构的管理制度、规则和协议，协调参与方之间的关系，优化配置项目资源，化解相互间的利益冲突，为项目实施提供制度支撑，以确保项目在整个生命周期内高效运行，以实现既定的管理战略和目标。项目治理是一个静态和动态相结合的过程：静态主要指制度层面的治理；动态主要指项目实施层面的治理。国内关于项目治理的研究正处于起步阶段，取得一些阶段性成果。归纳、总结、提炼已有的研究成果，对于新发展阶段建设工程领域项目治理理论研究和实践发展具有重要的现实意义。

党的十九届五中全会审议通过的《中共中央关于制定国民经济和社会发展第十四个五年规划和二〇三五年远景目标的建议》，着眼于第二个百年奋斗目标，规划了"十四五"乃至2035年间我国经济社会发展的目标、路径和主要政策措施，是指引全党、全国人民实现中华民族伟大复兴的行动指南。为了进一步认真贯彻落实党的十九届五中全会精神，准确把握新发展阶段，深入贯彻新发展理念，加快构建新发展格局，凝聚共识，团结一致，奋力拼搏，推动建筑业"十四五"高质量发展战略目标的实现，由山东科技大学、中国亚洲经济发展协会建筑产业委员会、中国（双法）项目管理研究专家委员会发起，会同中国建筑第八工程局有限公司、中国建筑第五工程局有限公司、中建科工集团有限公司、陕西建工集团有限公司、北京城建建设工程有限公司、天一控股有限公司、河南国基建设集团有限公司、山西四建集团有限公司、广联达科技股份有限公司、瑞和安惠项目管理集团公司、苏中建设集团有限公司、江中建设集团有限公司等三十多家企业和西北工业大学、中国科学院大学、同济大学、北京建筑大学等数十所高校联合组织成立了《中国建设工程项目管理发展与治理体系创新研究》课题，该课题研究的目的在于探讨在习近平新时代中国特色社会主义思想和党的十九大精神指引下，贯彻落实创新、协调、绿色、开放、共享的发展理念，揭示新时代工程项目管理和项目治理的新特征、新规律、新趋势，促进绿色建造方式、装配式建造方式、智能建造方式的协同发展，推动在构建人类命运共同体旗帜下的"一带一路"建设，加速传统建筑业企业的数字化变革和转型升级，推动实现双碳目标和建筑业高质量发展。为此，课题深入研究建设工程项目管理创新和项目治理体系的内涵及内容构成，着力探索工程总承包、全过程工程咨询等工程建设组织实施方式对新型建造方式的作用机制和有效路径，系统总结"一带一路"建设的国际化项目管理经验和创新举措，深入研讨项目生产力理论、数字化建筑、企业项目化管理的理论创新和实践应用，从多个层面上提出推动建筑业高质量发展的政策建议。该课题已列为住房和城乡建设部2021年软科学技术计划项目。课题研究成果除《建设工程项目管理创新发展与治理体系现代化建设》总报告之外，还有我们著的《建筑业绿色发展与项目治理体系创新研究》以及由吴涛著的《"项目生产力论"与建筑业高质量发展》，贾宏俊和白思俊著的《建设工程项目管理体系创新》，校荣春、贾宏俊和李永明编著的《建设项目工程总承包管理》，孙丽丽著的《"一带一路"建设与国际工程管理创新》，王宏、卢昱杰和徐坤著的《新型建造方式与钢结构装配式建造体系》，袁正刚著的《数字建筑理论与实践》，宋蕊编著的《全过程工程咨询管理》《建筑企业项目化管理理论与实践》，张基尧和肖绪文主编的《建设工程项目管理与绿色建造案例》，尤完和郭中华著的《绿色建造与资源循环利用》《精益建造理论与实践》，沈兰康和张党国主编的《超大规模工程EPC项目集群管理》等10余部相关领域的研究专著。

  本课题在研究过程中得到了中国（双法）项目管理研究委员会、天津市建筑业协会、河南省建筑业协会、内蒙古自治区建筑业协会、广东省建筑业协会、江苏省建筑业协会、浙江省建筑施工协会、上海市建筑业协会、陕西省建筑业协会、云南省建筑业协会、南通市建筑业协会、南京市城乡建设委员会、西北工业大学、北京建筑大学、同济大学、中国科学院大学等数十家行业协会、行业主管部门、高等院校以及一百多位专家、学者、企业家的大力支持，在此表示衷心感谢。《中国建设工程项目管理发展与治理体系创新研究》课题研究指导委员会主任、国务院原南水北调办公室主任张基尧，第十届全国人大环境与资源保护委员会主任毛如柏，原铁道部常务副部长、中国工程院院士孙永福亲自写序并给予具体指导，为此向德高望重的三位老领导、老专家致以崇高的敬意！在研究报告撰写过程中，我们还参考了国内外专家的观点和研究成果，在此一并致以真诚谢意！

二〇二一年六月三十日

**肖绪文**
中国建筑集团首席专家，中国建筑业协会副会长、绿色建造与智能建筑分会会长，中国工程院院士。本课题与系列丛书撰写总主编。

# 本书前言

在工程建设领域，为了促进社会经济发展、满足人民美好生活需求和增进民生福祉，一些工程建设项目的投资规模日益庞大、主体结构和施工技术日趋复杂，相应地工程项目管理的难度更大、工程质量和安全生产要求更高。党的十九大以来，随着我国经济由高速增长向高质量发展转变，建筑企业的提质增效和转型升级成为必然的发展趋势。面向"十四五"建筑业发展规划及中长期战略目标，建筑企业的项目管理体系也将从单一项目管理走向项目集群管理和项目组合管理，企业项目化管理呈现出常态化特征。

一般而言，在建筑企业的生产经营活动中存在着许多在性质上与项目类似的工作，项目化管理是将企业的各项业务活动当作项目对待，进而对其实行项目管理，也就是把企业的周期性业务进行项目化定义，运用项目管理的原理进行管理。建筑企业项目化管理把项目观念渗透到企业所有的业务领域和周而复始的活动，突破了长期性组织管理方式对处理一次性活动的限制，使项目管理思想、方法、工具应用到更为广阔的范畴，这是现代工程项目管理理论和方法应用的创新。

在贯彻落实党的二十大精神、加快推动建筑业高质量发展的历史进程中，建筑企业如何立足新发展阶段、贯彻新发展理念、构建新发展格局、走好中国式现代化道路，将会面临诸多的挑战、经受更多的考验。建筑企业项目化管理对于企业管理者推动工程项目管理创新、提升企业项目管理体系运行能力、应对不确定性风险因素、实现企业战略目标具有重要的现实意义。

本书内容包括建筑企业项目化管理概论、建筑企业项目治理、建筑企业项目集群管理、建筑企业项目组合管理、建筑企业项目管理办公室、建筑企业项目管理成熟度模型、建筑企业项目化管理模式。

本书在编写过程中得到中国建筑业协会、中国（双法）项目管理研究委员会、中国亚洲经济发展协会建筑产业委员会、北京工程管理科学学会、河北省项目管理协会、山东大学、西北工业大学、中国科学院大学、北京建筑大学、山东科技大学、中国石化工程建设有限公司、瑞和安惠项目管理集团有限公司、华胥智源（北京）管理咨询有限公司、中国建筑出版传媒有限公司等单位学者和专家的大力支持，在此深表谢意！本书的部分内容还引用了国内外同行专家的观点和研究成果，在此一并致谢！对书中的缺点和错误，敬请各位读者批评指正！

宋　蕊<br>
二〇二三年一月十八日

**宋蕊**

教授，管理学博士，瑞和安惠项目管理集团董事局主席，中国十佳杰出IPMP国际项目经理，河北省政府参事，河北省十大杰出女企业家，美国佐治亚理工学院访问学者。

# 目录

丛书总序
丛书前言
本书前言

第1章 建筑企业项目化管理概论 1
 1.1 企业项目化管理的相关概念 1
 1.2 企业项目化管理的研究进展 4
 1.3 项目管理与项目化管理的联系和区别 6
 1.4 企业项目化管理可行性分析 8
 1.5 企业项目化管理的要素分析 9
 1.6 企业项目化管理的组织结构模式 12

第2章 建筑企业项目治理 14
 2.1 项目治理概述 14
 2.2 项目治理结构 24
 2.3 项目治理角色能力要素 40

第3章 建筑企业项目集群管理 55
 3.1 项目集群管理概述 55
 3.2 项目集群管理领域 62
 3.3 项目集群管理绩效域 84
 3.4 项目集群战略一致性 90
 3.5 项目集群收益管理 97

|  |  |  |
|---|---|---|
| | 3.6 项目集群相关方协同 | 106 |
| | 3.7 项目集群治理 | 111 |
| | 3.8 项目集群生命期 | 123 |
| 第4章 | **建筑企业项目组合管理** | **127** |
| | 4.1 项目组合管理概述 | 127 |
| | 4.2 项目组合与企业战略 | 139 |
| | 4.3 项目组合管理流程 | 148 |
| | 4.4 项目组合管理内容 | 155 |
| | 4.5 项目组合的风险管理 | 157 |
| | 4.6 项目组合管理的实施 | 160 |
| | 4.7 项目组合优选评价指标 | 165 |
| 第5章 | **建筑企业项目管理办公室** | **170** |
| | 5.1 项目管理办公室概述 | 170 |
| | 5.2 项目管理办公室的定位与功能 | 175 |
| | 5.3 项目管理办公室的运行实务 | 181 |
| | 5.4 互联网环境下的项目管理办公室 | 192 |
| 第6章 | **建筑企业项目管理成熟度模型** | **195** |
| | 6.1 项目管理成熟度模型概述 | 195 |
| | 6.2 项目管理成熟度模型研究进展 | 196 |
| | 6.3 典型项目管理成熟度模型解析 | 199 |
| 第7章 | **建筑企业项目化管理模式** | **234** |
| | 7.1 企业项目化管理模式面临的主要问题 | 234 |
| | 7.2 企业项目化管理模式构建 | 238 |
| | 7.3 企业项目化管理解决方案 | 245 |
| | 7.4 企业项目化管理体系 | 250 |
| | 7.5 企业项目化管理的组织运作模式 | 258 |
| **参考文献** | | **262** |

# 第1章 建筑企业项目化管理概论

## 1.1 企业项目化管理的相关概念

人类社会正处在一个百年未有之大变革的时代，企业面临着各种业务领域调整、客户需求变更、员工不断流动等问题。它们必须具备能够迅速整合动态资源用以完成新任务的能力，才能在这个变革的时代持续生存和发展。项目是企业应对变化的工作方式，是它们向顾客不断提供新产品或新服务的主要手段，是整合动态人力资源的平台，是体现企业在变革时代生存与发展能力的载体，也是企业所面临管理问题的主要来源。

### 1.1.1 项目的概念及特征

**1. 项目概念**

项目是指一系列独特、复杂并相互关联的活动，这些活动有着一个明确的目标或目的，必须在特定的时间、预算、资源限定内，依据规范完成。项目参数包括项目范围、质量、成本、时间、资源。美国项目管理协会（Project Management Institute，PMI）在其出版的《项目管理知识体系指南（PMBOK®指南）》（第六版）中为项目所做的定义是：项目是为创造独特的产品、服务或成果而进行的临时性工作。

**2. 项目的特征**

项目通常有以下这些基本特征：

（1）项目开发是为了实现一个或一组特定目标。

（2）项目受到预算、时间和资源的限制。

（3）项目具有复杂性和一次性等特点。

（4）项目是以客户为中心的。

（5）项目是要素的系统集成。

### 1.1.2 项目管理概念及特征

**1．项目管理概念**

项目管理是指在项目活动中运用专门的知识、技能、工具和方法，使项目能够在有限的资源限定条件下，实现或超过设定的需求和期望的过程。项目管理是对一些成功达成一系列目标相关活动的整体监测和管控。这包括策划、进度计划和维护组成项目活动的进展。

项目管理是第二次世界大战后期发展起来的重大新管理技术，并逐渐形成了两大项目管理的研究体系，其一是以欧洲为首的体系——国际项目管理协会（IPMA）；另外是以美国为首的体系——美国项目管理协会（PMI）。他们的工作卓有成效，为推动国际项目管理的现代化发挥了积极的作用。

**2．项目管理特征**

（1）普遍性

项目作为一种一次性和独特性的社会活动而普遍存在于我们人类社会的各项活动之中，甚至可以说，人类现有的各种物质文化成果最初都是通过项目的方式实现的，因为现有各种运营所依靠的设施与条件最初都是靠项目活动建设或开发的。

（2）目的性

项目管理的目的性需要通过开展项目管理活动去保证，满足或超越项目有关各方面明确提出的项目目标或指标和满足项目有关各方未明确规定的潜在需求和追求。

（3）独特性

项目管理的独特性是项目管理不同于一般的企业生产运营管理，也不同于常规的政府和独特的管理内容，是一种完全不同的管理活动。

（4）集成性

项目管理的集成性是项目管理中必须根据具体项目各要素或各专业之间的配置关系做好集成性的管理，其不能孤立地开展项目各个专业或进行专业的独立管理。

（5）创新性

项目管理的创新性包括两层含义：其一是指项目管理是对于创新（项目所包含的创新之处）的管理，其二是指任何一个项目的管理都不是一成不变的模式和方法，都需要通过管理创新去实现对具体项目的有效管理。

（6）临时性

项目是一种临时性的任务，它要在有限的期限内完成，当项目的基本目标达到时就意味着项目已经寿终正寝，尽管项目所达成的目标也许才刚刚开始发挥作用。

### 1.1.3　企业项目化管理的产生

企业项目化管理是伴随着项目管理方法在长期性的组织中的广泛应用，进而逐步形成的一种以长期性组织为对象的管理方法和模式。其早期的概念是基于项目型公司而提出来的，是指"管理整个企业范围内的项目"（Managing Projects on an Enterprise Wide Basis），即着眼于企业层次总体战略目标的实现对企业中诸多项目实施管理。

随着现代产业技术、信息技术突飞猛进地发展，生产和业务活动更加显现出项目化特点，并且导致时间压力增大、市场竞争加剧和管理的复杂性加大，所有这些使得原来适合于稳定的生产和业务活动流程的传统组织结构和生产组织方式受到了极大的挑战。人们从20世纪80年代所创立的软件工程技术那里得到了启发，即通过采用模块化程序结构替代以往杂乱无章的GOTO语句，从而大大提高了大规模、复杂软件系统的开发效率和可靠性。将软件工程中的模块化编程技术应用于企业和组织内部管理，从而产生了企业项目化管理。

### 1.1.4　企业项目化管理的概念

企业是以盈利为目的，从而进行生产经营，为社会提供产品和服务的经济组织。任何企业都会通过实施一些行为，将企业资本和原材料最终转化为产品和服务，以满足顾客的需要。企业是否在竞争中获得优势，最终取决于他们的产品和服务是否比对手更好、更快和更便宜。企业如何才能对资源的组织、运用和管理的水平较之以前做得更好、更快、成本更低？愈来愈多的企业发现，多达50%的工作是以项目的形式进行，企业采用专业化的项目管理，在新产品的研究开发、市场营销、技术创新、产品升级换代及新产品生产线更新等方面，它们的卓越表现超越了项目管理本身，进而上升为一种企业管理思想和操作模式，这种企业管理模式在实际的工作中被我们称为企业全面项目管理或企业项目化管理。

具体来说，企业项目化管理（Enterprise Project Management，简称EPM）是指人们将企业中一次性的，具有明确目标、预算和进度要求的，多任务的活动视为项目，并按项目的专业化技术和方法进行管理，从而比常规方法更好、更快地实现目标的管理实践，它是一个涉及跨部门、跨专业团队的组织活动。

企业项目化管理是基于企业持续、稳定、健康发展的整体视角，为有效应对竞争、挑战等企业项目化的普遍现象，以企业战略管理为导向，以项目管理为核心，以组织管理为保障，以人员管理为支撑，为企业实效打造既能系统整合企业内部资源，又能动态响应外部变化能力的企业管理模式。

企业项目化就是当今及未来企业为应对项目化发展趋势而必须采取的一种先进的管理模式，用项目的形式实现企业组织的跨越式提升。

## 1.2 企业项目化管理的研究进展

### 1.2.1 企业项目化管理在国外的研究进展

20世纪90年代末至今，欧美国家将项目管理作为机构、公司和其他组织变革的引擎，通过对变革的框架进行计划和管理，将项目管理应用到所有行业领域中的商业企业、公共机构和其他组织。

为了提高企业的项目管理能力，项目管理领域研究了众多的项目管理成熟度模型，包括2004年美国项目管理协会发布的组织项目管理成熟度模型（Organizational Project Management Maturity Model）；哈罗德·科兹纳（Harold Kerzner）博士的项目管理成熟度模型（Project Management Maturity Model）；由杨·胡恩·夸克（Young Hoon Kwak）博士和C.威廉·拉布斯（C. William Ibbs）博士联合开发的模型（Berkeley Project Management Process Maturity Model）等。

特纳（Turner）认为，随着组织对变化的响应，项目的管理已经成为新的一般管理方法。拉塞尔-霍奇·约翰（Russell-Hodge John）对以顾客为导向组织的全面项目管理进行了研究，指出：组织的发展和将来竞争的本质将使得基于项目的管理方法成为标准管理方法。迈克尔·哈默认为，信息技术的发达与外包的盛行，使得企业间的业务关联度越来越明显，传统的纵向一体化企业运营越来越被横向、超文本化运营所代替。也就是说，传统的企业边界呈现逐渐消失的苗头，在这种背景下，企业的经营活动将越来越多地作为项目来运营，即企业管理项目化。

特纳·纳翰·罗德尼（Turner John Rodney）2010年在《项目管理手册：领先的战略变革组织（第三版）》中提出，企业的项目和有效的项目管理必须与企业战略保持一致，两者联系起来就是企业项目管理能力，企业项目管理能力一方面包括组织与组织内部人员的管理能力。即组织需要培育自身的项目管理能力和成熟度；组织需要培养其内部人员的项目管理能力；为了实现上述两个目标，组织需要对其项目管理知识进行管理。另一方面，为了支持其选择的项目，还需要进行合适的控制和治理结构。

### 1.2.2 企业项目化管理在国内的研究进展

自20世纪80年代初，项目管理被引入中国。

2000年以来，企业项目化管理作为一个重要的课题被日渐关注，项目管理与企业组织之间的融合成为一个亟待解决的问题，一些专家和企业的管理者开始探索企业项目化之路，其中包括以李文为代表的天士力制药团队。随后，天津电建、开滦集团、唐山轨道客车、铁路客站等一大批企业走上了企业项目化管理的实践之路，并因此在管理上获得了极大的提升。

天士力公司经历项目化管理的多次实践后，逐步经过总结、思考，慢慢沉淀并形成理论。2006年，天士力获得"2006年度IPMA国际项目管理大奖"银奖，被国际项目协会作为项目化管理的标杆向全球进行推广。以李文为代表的天士力团队把项目化管理经过持续改进、完善，形成了一套比较系统的理论，形成《企业项目化管理实践》一书。

韩连胜（2008年）所著的博士论文《企业项目化与企业项目化能力研究》定义了企业项目化管理及企业项目化管理能力，奠定了现代企业项目管理范式的研究基础。韩连胜博士通过企业项目化管理模式的研究，使其打造的"核心竞争力、追求卓越"的思路不再停留在思想上，而是真正地为企业实现跨越式发展寻找到一条更为行之有效的路径。

2012年6月，国家发展改革委内参报纸《中国发展改革报》，肯定了企业项目化管理的价值，并倡导企业深入应用和推广。2012年7月，在青岛举行的中国项目管理大会上，企业项目化管理成为大会的热点和话题，引起了整个项目管理界的极大关注，企业项目化管理成为未来企业提升项目管理能力的必然选择。

2012年11月，首届企业项目化管理专业研讨会在唐山国丰维景国际大酒店隆重召开，会议围绕如何提升企业项目化管理理论体系、如何加强企业项目化管理实践规范以及企业项目化管理专业组织及其发展方式做了深入探讨，并成立了企业项目化管理专业委员会，此次大会的召开标志着企业项目化管理体系及专业组织的基本形成，为中国未来项目管理模式的发展起到了方向性的引导作用。

欧立雄（2013年）在对工程类、IT类、新产品开发类和研发类四类典型的项目导向型企业项目管理信息进行收集的基础上，围绕"目标、任务、资源"三个要素，从多个维度对项目管理信息进行分类，并将那些本质相同或相似的信息元素按照一定的线索进行归并，形成了企业项目管理共性信息，建立适用于项目化管理模式的企业信息架构，保证项目管理信息在企业内部和跨组织之间流通顺畅，为企业进行项目模拟仿真打下了基础，解决了项目化管理模式下企业所面临的项目信息管理问题。

申凌云（2015年）提出，企业需要以激励相容的原则指导其制度设计，诸如晋升等可能导致与激励不相容的制度安排，虽然这是不可避免的。但是作为企业决策者，需要做的是，尽量减少与激励不相容的制度安排。项目化管理的方法论需要与不同企业的实际相结合，推进过程需要考虑各相关方的利益，推行者的角色类似古代的变法者，是选择渐进方式进行改良，还是选择激进方式强制推进，这需要结合不同企业的实际情况，进而选择不同的制度变迁路径。

在信息化时代的背景下，企业项目化管理将"企业或组织"作为一个整体的管理对象来研究，既突破了适应工业化时代的专业化分工的职能式的管理，又解决了"项目的临时性"与"组织的长期性"的矛盾，企业项目化管理体现了对内系统整合，对外及时应变，对实践落地实操三大优势，使得增强企业核心竞争力学说不只停留在思想层面。目前，企业项目化管理已经受到国际项目管理组织、各国学者和企业界的高度关注和认同。

企业项目化管理模式不仅是一项管理实践的突破和理论创造，更是应对现代企业发展的环境与趋势，在众多国内外现代卓越企业管理成功实践总结的基础上，科学地融合现代企业管理理论及项目管理理论，创新性、系统性地打造出的一套具有系统整合内部资源、及时响应外部挑战、便于落地实操的一套卓越的管理模式，对国内外各行业的企业，特别是竞争性行业企业的管理，具有很高的引导价值和广泛的推广前景。

## 1.3　项目管理与项目化管理的联系和区别

### 1.3.1　项目管理与项目化管理的联系

20世纪90年代初，项目管理从政府部门延伸到其他组织团体，逐步应用于软件企业、建筑工程企业。20世纪90年代中期，项目管理通过将传统任务定义为项目，从而使其应用领域扩大到生产作业型企业等非项目型组织中。

项目化管理是从项目管理的逐步深入中发展起来的。20世纪90年代开始至今，西方发达国家将项目管理作为组织变革的引擎，将项目管理应用到所有行业领域中的组织变革，开展新业务，或有效地进行业务流程再造，进而加速组织转型，缩短实现转型的周期。

IBM公司在1996年11月宣称公司变为项目化的组织，并将项目管理作为公司的核心竞争力，以实现组织变革的目标。

### 1.3.2 项目管理与项目化管理的区别

企业项目化管理不同于项目管理，其主要区别为：项目管理是运用项目管理的方法和技术进行项目的管理，侧重点在于典型的项目管理；企业项目化管理是对企业中一次性任务和复杂性工作的统筹和规划，建立统一的企业管理机制，协调组织企业内部资源，将项目成员纳入统一的管理体系，主要可用于原有企业中工作盲区、交叉地区、模糊的工作等的管理。项目化管理的组织模式是将项目化组织和原有的企业组织相结合，嵌入其中，职能部门员工为重要组成部分，不脱离原有的岗位。其区别如图1-1所示。

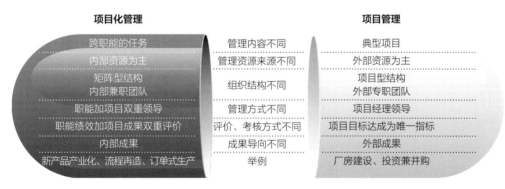

图1-1 项目化管理与项目管理的不同

企业项目化管理与项目管理的不同之处在于，企业中的大多数任务都是以项目的形式存在并实行项目管理，企业内部同时进行着许多的项目，企业项目化管理必须关注企业中所有项目目标的实现，而单个项目管理只关注单个项目目标的实现。

## 1.4 企业项目化管理可行性分析

### 1.4.1 对企业整体进行项目化管理的可行性分析

**1．企业实施项目化管理应具备的特征**

对企业整体进行项目化管理，首先可以分析企业整体的运营是否满足项目的特征。

（1）企业需要设置一次性实现的确定目标。在将企业进行阶段化处理以后，每一阶段都有明确的执行目标，输入初始状态的企业，应输出符合其目标描述的管理特征。

（2）企业为实现既定目标，建立了比较复杂的组织结构，而且部门之间的协作非常频繁。企业的经营目标往往由若干个部分组成，跨越多个组织，因此需要多方合作才能完成。

（3）企业经营需要多种不同的技术和知识需求。

（4）企业目标的实现对时间有着严格的限定。

（5）企业目标的实现对资源的占用是有限的。对可利用资源预先要有明确的预算，预算一经约定，一般不再进行追加和补充，要求按目标及时地在预算计划范围内，按既定的质量要求完成任务。

（6）必须确立唯一的最高责任人和管理团队。

**2．企业实施项目化管理可进行阶段化处理**

大多数传统企业的项目化特征并不是非常明显，其生产、研发、市场、销售均各自按部就班地进行，相互间的交流、协作非常少。但是，一旦要运作某项重大活动，或者企业发展进入转折时期，又或者有重大任务需要完成，企业的经营往往会短暂地呈现项目化的特征。

因此，可以将其整体经营过程按照工作性质的不同、时间安排的先后次序，分解成若干相互关联的阶段。这样，对每一阶段都可实施项目化管理，可以让每一阶段的目标更为精确、更具有可操作性。

**3．企业实施项目化管理可进行层次化处理**

同大多数复杂的项目一样，企业整体目标也还是由许多个子目标有机组合构成，尤其是针对规模稍大的企业。因此，有必要对项目化管理进行层次化的处理。

从上述分析可以看出，企业是否可以进行项目化管理，需首先判断企业是否具备项目化的特征，如企业整体不具备项目化的特征，可通过对企业进行阶段化及层次化的处理，使其满足实施项目化的要求。

### 1.4.2　对企业日常工作进行项目化管理的可行性分析

企业的日常活动中一直存在着性质与项目类似的工作，但大部分企业没有充分认识到对这部分工作进行科学系统管理的重要性。传统的做法是将其置于职能部门中进行管理，而这一类工作往往需要调动其他部门的资源和人力，因此其结果往往达不到预期的计划和目标。企业中大量的工作是连续不断、周而复始的反复性工作，如大批量的流水线生产等；有固定的流程和标准，如原料采购、检验、生产运行、成品运输等。将企业中一次性任务和独特的、不重复的工作转化为项目，项目团队完成使命后，随即解散，各自回到原来的部门中。前者是非创新性活动，获得的利润相对较小；后者是创新性活动，往往可获得超额利润。前一类生产经营活动采取一般的企业管理即可，而对于后一类生产经营活动，采取按照项目管理的模式则更为有效。

项目是一个计划要完成的任务，有开始的起点和结束的终点，可以分解为多个子任务，对于企业来说就是在预定的期限和适当的预算下完成目标，是一个涉及跨部门、跨专业的团队的组织活动。

## 1.5　企业项目化管理的要素分析

### 1.5.1　建立企业资源库

在采用企业项目化管理方法之前，管理者首先要明确企业拥有什么样的资源。一般来说，可以将资源划分为人力资源、财务资源、技术资源等类型，企业项目管理需要各部门多种技能之间的相互配合，因此对于企业项目管理来说最具重要意义的是人力资源，企业必须建立自己的人才考核系统，对员工所拥有的技能建立档案并进行评价，这个系统的重要意义在于可以随时高效地遴选项目经理、组建项目团队。

企业其他的资源和人力资源一起构成企业项目管理的约束条件，因此对企业的其他资源也要建立详细的档案并进行考核，企业资源库的建立可以帮助企业进行自我诊断，是企业项目管理实施的基础。

### 1.5.2　标准化的企业工作程序

大多数组织，无论管理正规与否，都会有一些工作程序存在。如人员招聘程序、采购程序、报销支出程序等。如果企业起初并不是实行企业项目管理，那么，后续在向企业项目管理转型的过程中就必须对这些程序进行标准化，最终形成以下的标准工作程序。

（1）项目选择程序。在项目启动的初期，选择合适的项目进行投资，以最大化利用资源的论证过程，其目的是确定项目的可行性和有效性，通常需要考虑这几个问题：是否能够充分满足客户的需要？是否符合企业的战略发展需要？是否能够为企业带来合理的投资回报？是否能够建立企业的竞争优势？

实际上，项目的选择程序包括了项目的一般机会研究、特定机会研究和可行性论证等阶段，是确保项目成功的第一步。

（2）项目工作程序。在确定项目之后，需要严格按照项目管理的方法实施项目并对其进行考核，包括采用项目管理的常用技术，例如甘特图、净值分析等来对项目的各个方面进行管理。通常包括：项目范围管理、质量管理、时间管理、沟通管理、人力资源管理、采购管理、费用管理、风险管理、整合管理和利益相关方管理。在各个方面按照项目管理的特点和方法进行的管理构成了企业项目管理的工作程序。

（3）项目资源配置程序。项目资源配置程序要求对企业的各个项目进行资源利用效率方面的评估，根据投资回报、成本节约等指标安排项目资源的分配，实施企业项目管理的企业必然同时进行多个项目，可以采用价值分析方法等工具来评价这些项目，并根据其重要程度相应分配资源。企业必须建立一个能够评价资源在其项目中的利用效率的系统。

企业可以根据标杆学习法建立明确定义的、高效的标准工作程序，这样在各个项目的执行过程中可以对工作方法进行口径上的统一，减少管理过程中不必要的工作程序冲突。

### 1.5.3　有效合理的授权体系

项目管理的运作是通过公司高层管理者对项目经理的授权进行的。由于项目通常牵涉项目委托人、业主、项目监理等多方面的利益，而项目经理只能调动本组织内部的资源，因此，项目经理所负担的责任要大于他所拥有的权力。在实际的项目管理运作中，对项目经理授权的"度"非常难以把握，一方面项目经理要有足够的权限来获取所需要的资源完成项目；另一方面对项目经理过多的授权又会影响其他组织的利益，高层管理者也会因此失去对项目的严格监管和控制。因此，建立一个有效而合理的授权体系是非常重要的。

管理者首先要决定应该对项目经理授予什么样的权力。一般来说，项目经理具有决定项目团队的人事权，一定额度下的资金调用权和物资调用权，紧急事件处理权。以下权力不宜授予项目经理：合同文件签署权、项目标价谈判权、超过项目总价一定比例（由公司根据实际情况制定）的资金调用权和物资调用权。一般情况下，授权的原则是：项目经理的权力应该仅限于完成项目交付成果本身，牵涉各方重大利益的决策制定权力都不宜授予项目经理。项目经理应负的责任包括：在预算费用内保质、保量、守时地完成项目，处理团队内部的各种争端，指导、督促团队队员的工作，与项目各利益相关方进行沟通，密切跟踪项目的进展情况等。

### 1.5.4 有效的沟通平台

企业项目管理对企业内部和外部的紧密合作提出了更高的要求，在企业的内部须形成有效的沟通系统，企业的信息化在这个方面是一个非常重要的任务，具体来说，要实现企业文件传输的电子化和项目监控的软件化。企业内部信息系统的建立有利于企业项目沟通的及时和顺利进行，同时还可以在每个时间节点上对项目进行成本、质量和时间三个维度的全方位、及时的监控。

为了建立有效的沟通平台，在信息化建设的过程中需要协调好以下三种关系：

第一，协调部门与整体的信息利益，克服信息私有和自采自用的倾向，追求信息共享和全局信息资源优化管理。企业进行信息资源规划，就是要消除"信息孤岛"现象，实现"信息数据共享"。

第二，协调业务管理人员与信息技术人员的关系，注意调动和保护两类人员的积极性，引导和鼓励相互学习、相互尊重、加强讨论、扬长避短。企业信息化的结果不是属于信息部门的，也不是属于业务部门的，而是属于整个企业的，这中间没有谁是主导的问题，只有双方很好地沟通与合作，才能获得信息化的成功。

第三，协调个人与集体、小组与大组之间的关系，既要提倡发挥每个分析人员、每个小组的知识经验和创造精神，又要强调团队意识和发挥集体智慧，把信息化过程作为共同学习和提高的过程。

当前，企业项目管理在我国企业管理的应用中并不广泛。然而，可以预见企业项目管理具有相当广阔的应用前景，能够在多方面提升企业的竞争优势。

将项目化管理引入企业整体的运作中来，能够起到明确企业的经营目标、提高企业的运营效率、加快企业的发展速度等作用。

项目化管理方式是对传统组织的革新和超越，越来越多的组织认识到项目化管理可以有效地帮助企业快速评估变化和应对环境，项目化的思想正成为企业组织变革的引擎和驱动力，在世界许多知名企业中发挥着巨大的作用。

在新的商业环境下，我国建筑企业实施项目化管理将是一种必然的趋势。建筑企业在实际运营过程中应紧密联系本企业的运作流程，借鉴其他企业实施项目化管理的成功经验，逐步完善项目化的管理思想，以实现企业管理上的飞跃。同时，必须清醒地认识到，企业项目化管理并不是一把万能的金钥匙，项目化管理的理论及实施范围有一定的局限性。

## 1.6 企业项目化管理的组织结构模式

### 1.6.1 项目化组织结构模式是企业组织的新模式

在创新与变革作为企业发展本质的今天，传统企业组织所追求的有序、稳定、长期的发展战略正在遭遇技术、价值观、消费行为、政策的变化等多种力量的阻击。面对此种变化，传统企业固定的组织结构开始阻碍企业本身的进一步发展，企业迫切需要一种更为先进的管理模式，把企业中的人、财、物和信息等资源，高质量、低成本、快速、及时地转换为市场所需要的产品和服务，需要将其运作重复性活动的职能性结构转变为更为灵活、更能激发创造性的，更具有弹性的，处理一次性活动的组织结构。

项目化管理是长期性组织的一个核心概念，从企业高层管理者的角度对企业中的各项任务实施"项目管理"，实施项目管理的任务可以是"项目"，也可以是具备了项目特征的作业活动。在这种情况下，企业要一方面按照传统方式运作重复性业务，另一方面还要支持和管理大量的新项目。这样，原有传统企业组织结构所不能应付的大规模变化带来的压力就可以通过项目组织的方式进行快速而系统的反应。这种融合了项目组织优势的项目化组织结构模式，就是企业组织设计的新模式。

### 1.6.2 项目化组织结构模式的特点

（1）组织结构柔性化。所谓柔性，即可变的。项目化的组织打破了传统的固定建制的组织形式，根据项目生命周期各个阶段的具体需要适时地调整组织的配置，以保障组织高效、经济的运行。同时，项目化组织一般是临时性的。由于项目是一次性的，而项目的组织是为项目的建设服务的，项目终结，其组织的使命也就完成了。

（2）组织结构扁平化。扁平的组织结构管理层次少，信息传递速度快，组织适应性强。较大的管理幅度有利于员工的主动性和首创精神的发挥。而传统企业组织的"金字塔"结构，组织层次较多，机构臃肿，各职能部门强调本部门的任务，忽视项目的总体目标。故应改变以往金字塔结构，改为以一个一个独立的项目为单元来建立组织结构，使组织结构向扁平化发展，以利于企业中项目总体目标的实现。

（3）适用于项目化管理的组织体系和运行机制。组织结构和组织体系必须确保项目组织能够获取所需资源，有利于在项目实施中对所遇到的技术、资金的不确定性问题的快速决策，以实现项目整体最优、企业利润最大化。

### 1.6.3 项目化管理组织结构

实施项目化管理需要按照现代项目管理的标准，调整组织架构。保留与企业主流业务紧密相关的职能部门，如经营部（市场部）、财务部、行政办公室等；撤销一切多余或重复的部门设置。然后成立项目化管理的专门机构，即PMC，PMC中心主任一般由公司总经理兼任，并下设专家组以及由项目管理专家、金融专家、不同专业技术人员、项目评估师等组成的项目管理办公室（PMO）。该项目管理中心负责全公司所有项目的可行性报告审查、批准立项、实施与监控、运营和后评价。因合并或撤销部门产生的多余管理人员，通过项目管理的强化培训或专业学习可以补充到PMC，经培训，不合格的按照普通员工考核上岗。PMC直接向公司董事会负责，调整后的组织架构图如图1-2所示。

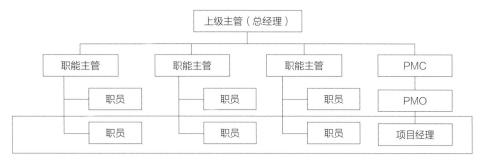

图1-2 项目化管理组织结构示意图

# 第2章

# 建筑企业项目治理

## 2.1 项目治理概述

众多的项目案例表明,项目失败率高的原因很大程度上来自传统项目管理方式在面对跨组织项目时的局限性,因为完成这些项目所需的资源并不完全能够在项目经理层面上解决。要获得解决跨组织项目管理面临的资源获取、资源的有效和可靠使用等问题的理论和方法,需要将项目管理的范畴拓展到项目治理的范畴。

### 2.1.1 项目治理的内涵

项目治理是新兴的研究领域,大多数研究者认为项目治理是公司治理活动的一个组成部分或进一步延伸。

拉尔夫·穆勒(Ralf Muller)认为,项目治理"包括价值体系、职责、程序和政策,使得项目得以为实现组织目标服务,并促进项目朝着实现内外部利益相关方及公司本身利益的方向前进"。该定义认为治理被应用于项目管理、项目组合管理及项目成组管理中,共存于公司治理的框架内。

还有些学者部分地采纳了公司治理的思想和基本研究方法,认为项目治理主要是治理结构问题,即通过一种制度框架来界定利益相关者之间的责、权、利关系以实现项目的目标。罗德尼·特纳(Rodney Turner)认为:"项目治理是一种利益相关方的治理机制,它提供了可以设定项目目标的结构,并确定实现目标和监控绩效所需的手段。"基斯·朗伯(Keith Lambert)把项目治理定义为:"围绕项目的一系列结构、系统和过程,确保项目有效的交付使用,彻底达到充分效用和利益实现。"严玲认为:"项目治理是一种制度框架,体现了项目参与各方和其他利益相关方之间权、责、利关系的制度安排，在此框架下完成一个完整的项目交易。"对项目治理内涵的理解要注意明确两大问题：

（1）明晰"项目治理"和"项目管理"之间的界限

如果不能界定"项目治理"和"项目管理"的区别，就回答不了除了"项目管理"之外，为什么还需要提出"项目治理"概念这个问题。管理在广义上包含了治理，治理可以理解为"对于管理的管理"。一种有效划分"项目治理"和"项目管理"边界的依据是项目经理的权限。权限与责任应该是对等的，但人们常常简单地将项目管理的责任主要压在项目经理的肩上。

项目经理的权限是很有限的。一个企业有多个项目，这就决定了企业不可能将所有的资源都交给一个项目经理。完成项目所需要的资源一般会由职能部门所掌管，而不是受临时性的项目经理支配。对于跨组织的项目来说，项目经理对资源的掌控能力尤为有限。换句话说，项目经理只有资源使用权，但是不具备资源拥有权。决定有多少资源可以给项目经理使用，以及使用这些资源的基本规则等对项目经理而言属于"项目治理"层面的问题，在这些规则下，如何有效使用这些资源则属于"项目管理"的范畴。由于项目的临时性，项目经理也是临时的，企业不能将发展的责任完全交给项目经理去承担。因此，项目目标的设定、如何监督项目经理的责任兑现等，这是企业和相关组织的权限而非项目经理的权限。

综上所述，项目治理的主要工作是"设定项目目标、提供完成项目所需要的资源、决定实现项目目标的方法和监控绩效的手段"等。简言之，"项目治理"的责任是提供项目管理的目标、资源和制度环境，而"项目管理"的责任则是在这些制度环境内有效运用资源去实现项目目标。

（2）明确反映项目临时性和独特性的特点和反映项目治理的特点

项目自身具有特异性，这些特异性不仅在于每一个项目的目标不同，更在于项目的利益相关方并不同步。所有的项目都有生命周期（Life-cycle），在生命周期的不同阶段会有不同的利益相关方进入或退出项目，不同阶段项目治理的结构是不相同的。

项目治理是基于参与项目的各利益相关方构成的协同工作的社会网络。每个利益相关方要想获得收益，都必须在完成项目任务的过程中协同工作，彼此之间对项目的完成承担互动的责任，构成彼此依存、协同工作的社会网络。

项目利益相关方角色之间的关系是依赖于项目治理特点和项目生命周期各阶段任务需要的、随着利益相关方进入和退出项目而变化的"动态治理角色社会网络"。项目利益相关方的权利是对其所承担的治理角色责任的补偿,项目利益相关方之间治理角色关系的建立是为了降低角色承担责任兑现的风险。因此,项目治理是"建立和维护项目利益相关方之间规制关系的过程,该过程可以降低治理角色所承担的风险,为确立项目以及实现其目标提供可靠的管理环境"。

### 2.1.2 项目治理的原则

项目治理的原则大部分是从治理公司的原则借鉴而来。对于公司治理,多数学者推崇经济合作与发展组织(简称"DECD")给出的原则,具体包括以下8个方面。

(1)明确任务和责任;(2)具有可问责性;(3)便于信息揭露和透明;(4)便于风险管理和控制;(5)有效决策;(6)形成公司道德规范;(7)关注绩效和效果;(8)便于公司战略执行。

在上述原则的基础上,不同学者给出的项目治理原则虽然有区别,但是大体内容相差不多。例如帕特里克(Patrick)给出项目治理的10个原则,包括:①委员会对项目治理负有全部责任;②项目治理的作用、责任和绩效标准要清晰;③在整个项目寿命周期过程中,用合理的方法和控制手段,支持必须遵守的治理安排;④在整体管理战略和项目组合之间呈现一致和互助关系;⑤在关键问题上的决策信息被记录并且传递;⑥权利的主体要求具有足够的权力、能力、权威和资源,并可以做出正确的决策;⑦决策要在现实信息的基础上;⑧由项目业主或者业主代表决定何时独立审查项目;⑨要有报告项目状态的明确标准;⑩培养改进并坦诚解释项目信息的文化。

约翰(Jonny)认为项目治理应遵循的原则为:透明性;公开性;具有变革意愿;设置共同的、较高的职业标准;关注重大趋势,而非小问题;关注用户的需求;外部控制;治理主体的独立性。

针对PPP(公私合伙)项目,联合国欧洲经济委员会也给出项目治理的原则。PPP项目治理的原则包括:透明性,项目的设计、发起、采购和选择过程的透明;防止腐败,公众具有问责权利,公众需要知道自身的利益是否受到保护;项目具有经济价值;项目有明确的目标,可以被衡量和实现;保证参与的原则,保证所有利益相关者的积极参与;确保授予合同过程的公正性,依据预先确定的标准完成;如果项目获得政府补贴,则补贴的具体情况,公众有权知道;有利于可持续发展,综合考虑经济、环境和社会影响,确保项目的长期效果。

联合国欧洲经济委员会还给出PPP项目治理的目标,包括:政府公正透明地选择合作者;确保实现预定的项目经济性;公共服务质量的改进;有效激励各方,风险承担者获得合理回报；解决冲突，确保提供连续的公共服务，预防项目失败和公共资源浪费；在出现新的威胁时，增加项目的安全性。

杰弗里（Geoffrey）还进一步补充PPP项目治理的原则，主要包括：连贯的政策；强有力的授权机构；精简的法律框架；合作性的风险分担和相互支持；合作者之间的透明沟通；以人为本；设置可以获得最大开发效果的条件。

### 2.1.3 项目治理的内容

项目治理的基本内容包含项目目标的设定、项目目标实现方式的确定、项目管理过程的监控和项目治理的统一过程等方面。

**1. 项目目标的设定**

合理有效的目标对指引管理者做出正确的判断和决策至关重要。项目要想取得成功，需要有清晰明确的目标。随着项目管理的发展，项目目标也由最初的重视"进度、费用、质量"构成的铁三角发展到重视利益相关方的满意度。项目之所以能够吸引利益相关方参与，是因为利益相关方认为通过项目可以使他们的需求得到满足、价值得以实现。项目是利益相关方实现需求的载体，利益相关方的满意度已成为评价项目是否成功的最重要的标准。

项目利益相关方的期望并不是都可以清晰定义的，也不是都可以写进合同里的。利益相关方通常是通过描述性的语言来进行期望说明，必须将这些期望挖掘出来，并将其定义成清晰、准确的需求才能确定项目成功的标准。此外，不同利益相关方的需求之间会有冲突，在项目前期必须找到化解这些冲突的办法，并在相关方之间达成共识。因此，项目目标的形成过程应该包含利益相关方期望的挖掘与表达、需求的分析与整理、冲突的化解等活动，即通过一系列的工具和方法将模糊不清的相关方期望转化为被相关方认可的明确目标。项目目标是项目各利益相关方显在和潜在需求的集成，可以用不同的表现方式加以表达，例如合同、任务书等体现和落实。项目目标的设定是多个利益相关方的需求、利益和责任博弈的结果，而对这一博弈过程进行管控是项目治理的重要组成部分。

**2. 项目目标实现方式的确定**

项目目标确定后，如何有效调用组织资源来实现项目目标就成了项目治理的另一个重要内容。为实现项目目标，企业需要将管理重点由静态的职能管理向业务流程、组织结构设置和绩效管理等方面进行转移，将资源的部门隶属制转变为动态的项目角色调配制，以搭建、协调不同利益相关方有效完成其动态角色职责的平台。

这些转变使企业既能聚焦于项目目标的实现，又能充分有效地调动企业资源。要做到这一点，需要用流程来明确项目中所有利益相关方之间的责任关系，以便于每个相关方能承担起自身的治理责任与义务。同时，需要建立从项目目标出发倒推至各项目相关部门绩效指标的绩效评价方式，为实现部门角色转变提供驱动力。

（1）基于项目全生命周期的流程

成功的项目需要多个利益相关方共同承担责任。然而，"共同承担责任"的结果常常是没有人承担责任。为了解决这个矛盾，需要以流程来明晰需要承担的角色责任种类，以及这些责任之间的关联关系和界面。

尽管每个项目都具有特殊性，但是他们都具有统一的项目生命周期。通过对生命周期各阶段活动的细分，可以明确各利益相关方需要承担的动态责任角色，从而更准确地对项目实施过程进行控制。当项目出现问题或发生风险前，可以通过流程来防范可能存在的风险并明确各自的责任，当问题出现或风险发生后，可以依靠流程来提高问题追踪查找的效率和追究利益相关方的相应责任，从而使规划到成果应用的项目全生命周期管理过程变得透明。流程构建和受控程度的高低是项目治理成熟度水平高低的重要标志。

（2）基于所有项目利益相关方的组织方式

由于项目面临任务的独特性、创新性和项目所处环境的不断变化，静态岗位制不足以应对多变的项目任务，需要将资源的部门隶属制转变为动态的项目角色调配制，才能提高项目治理的有效性和可靠性。如何让利益相关方迅速进入角色、迅速发现问题、迅速拿出解决方案、迅速提交项目成果、在完成任务后能够及时退出项目以承担新的角色，这是项目治理需要解决的问题，探索实现项目资源的动态调度方式对于项目治理成功的重要性是不言而喻的。

项目角色是指项目利益相关方因承担项目任务而担负的责任以及拥有的权利的组合。项目利益相关方构成的社会网络是一种责任和利益网络，彼此之间既有需求又有责任，其承担的责任与需要满足需求的实现策略有关。围绕项目利益相关方需求和项目关键成功因素，从治理的角度可以将项目角色统一划分为"规划""操作""维护""监控"四类基本治理角色。"规划"角色是指提出项目需求和项目实施方案的部门和人员；"操作"角色是指满足规划角色需求的部门和人员；"维护"角色是指为操作角色提供资源、工具等的部门和人员；"监控"角色是指对规划、操作和维护角色的行为进行监督、管理和评价的部门和人员。

在确定治理角色之后，需要建立起角色与责任主体之间的映射关系，即治理角色关系。项目治理角色之间的关系是一种基于社会网络的规制关系，这些关系可以通过正式契约（立项任务书、商业合同等）的方式建立，也可以通过非正式契约（组织内部的关联计划、团队建设的心理契约等）来建立。如何建立项目治理角色之间的联系，使项目利益相关方之间真正形成一种可靠的价值联盟，同时项目结束后还可以形成可重复使用的知识以有效地化解未来项目的风险是十分重要的。界定风险管理的角色以及确定风险管理角色的控制方法并为相关方接受是建立项目治理角色关系的重要内容，它们与项目治理角色一起构成了项目治理结构的建立及其可靠性的保证机制。

（3）基于预防和驱动的绩效管理

在确定项目目标实现方式时，首先需明确治理活动及其流程，在此基础上明确各利益相关方的组织（治理角色关系），最后以绩效管理促进与保证这些角色去承担并兑现他们的责任和承诺。

项目绩效管理的实质是在项目治理过程中，组织、协调项目利益相关方之间的互动关系，建立项目运行的环境与氛围，从而减少项目运行系统存在的各种偏差以提高利益相关方的满意度。有效的项目绩效管理体系的建立需要树立系统思维，想从关注项目组这个系统内部转向关注系统与环境的互动关系，从关注利益相关方的个体行为转化为关注项目利益相关方社会网络中行动者彼此之间的影响。

有效的项目绩效管理体系建立应做到以下几个方面：

①以工作评价、人才评价和人事评价作为绩效评价的主要内容。工作评价的目的是对项目流程、治理角色责任的落实状况、项目风险处置和变更管理等进行实时的评估和反馈；人才评价的目的是为发现和培养人才提供重要依据；人事评价的结果是对利益相关方采取奖励和处罚等激励措施的依据。

②以持续反馈作为绩效管理的手段。反馈来自项目的所有利益相关方，来自项目生命周期的各个阶段。

③以项目利益相关方作为项目绩效评价的主体。项目绩效管理的理想状态或努力目标是使项目的利益相关方满意，因此，每一个项目的利益相关方均是项目绩效的评价者，他们对项目绩效是否满意不能由别人代为评价。在项目的生命周期中，项目利益相关方会根据其在项目流程中扮演的不同角色进入和退出项目，实现由相对稳定的岗位管理转变为相对动态的角色管理是实现项目目标的有效途径。

**3．项目管理过程的监控**

跨组织项目的利益相关方是多元化的，他们会有不同的价值诉求、资源投入，在参与项目时会权衡多种机会损失。当利益相关方由于某些因素存在不能兑现其责任承诺的可能性时，就存在角色风险，如何对利益相关方社会网络中的不同治理角色承担的风险进行有效管控是项目治理的关键。

（1）风险因素的识别

项目利益相关方行为及其相互关系对项目带来的不确定性影响是项目治理风险研究的重点，也是项目治理的监管重点。项目治理风险主要指"项目利益相关方不确定行为产生的可能性、影响程度及可管理程度"。

造成项目利益相关方不确定行为发生的因素可以分为两类：一类是只与某利益相关方个体有关的因素，这种因素因人而异，可以称为"属性风险"；另一类是与其社会属性有关的因素，这种因素受限于由利益相关方治理角色构成的社会网络，可以称为"结构风险"。结构风险又可以分为两种：一种是从某利益相关方立场出发的对其承担角色可靠性和有效性的判别，可以称为"关系风险"；另一种是对利益相关方治理角色构成的整体社会网络的可靠性和有效性的判别，可以称为"网络风险"。由此可见，风险包含两层含义：可靠性和有效性，可靠性与不确定性有关，有效性与项目管理的成功度有关。

（2）信息披露

在项目的各个生命周期阶段，参与项目的利益相关方不同，利益相关方从事的活动与活动的结果也不同，这就会带来各利益相关方之间信息的不对称问题。利益相关方之间的信息不对称会对项目管理的可靠性造成损害，严重的还会引起利益相关方之间的冲突从而导致项目失败。要解决利益相关方之间信息的不对称问题，实现对项目管理的有效监控，就需要建立项目信息披露制度。项目信息披露制度是为保障利益相关方的利益、接受利益相关方的互相监督而依照相关规定将项目的进度、费用、质量、变更状况等信息和资料向项目利益相关方公开，以便使各利益相关方充分了解项目情况的制度。信息披露并不是最终目的，而是通过信息披露充分发挥监督与预警作用，让项目各利益相关方了解项目运作的真实信息并有效维护自身的权益，降低项目风险，为项目目标的实现提供保障。

（3）审计与控制

项目审计是项目治理的一个有效方式。审计的本质是衡量受托人是否按照约定开展工作，即"约定"和"实际"的比对。项目审计由审计目标、审计组织、审计要素三个维度构成，该架构可以指导实现项目治理审计工作的有效开展，以保障和监督项目治理角色关系的兑现，为项目成功提供有力支持。审计目标主要包括风险目标、效率目标、合规目标；审计组织主要包括项目治理委员会、项目治理角色甲乙方、治理角色隶属的管理部门；审计要素包括审计环境、风险评估、审计活动、信息披露、监督整改五个方面。项目治理审计的终极意义在于指导和帮助治理主体改善治理活动。

**4．项目治理的统一过程**

不同的项目及同一项目的不同生命周期阶段，涉及的项目利益相关方各有不同。项目任务的独特性和利益相关方的动态变化性意味着不同的任务对应着不同的治理方式，单一的项目治理方式和静态的项目治理结构难以满足所有的项目和贯穿项目的整个过程。成熟的组织、成熟的利益相关方不会停留在特定的治理方式之上，而是依靠统一的过程方法为不同的项目提供不同的项目治理方式，以保障项目取得成功。

基于统一过程的项目治理方式主要从项目利益相关方需求、治理角色、角色风险和规制关系等过程内容来开展，这种方式可以为项目治理研究提供重要的方法论。通过基于项目治理角色的统一过程来为不同项目建立不同的项目治理方式，能够以"统一过程"应对"独特性"项目的效率与风险问题，能够辩证地解决项目变化的表面现象与理论研究的统一规律之间的矛盾。

项目利益相关方需求挖掘（Requirements）推动了项目目标的设定，各利益相关方在参与项目时动态地承担不同的治理角色（Roles）是实现项目目标的重要方式，对利益相关方网络中的不同治理角色承担的风险（Risks）进行识别与有效监控是项目治理成功的关键，项目治理角色之间的规制关系（Relationships）的建立可以让利益相关方之间真正形成一种可靠的价值联盟。

这种统一的过程（Unified Process）可以用"P-R4模型"来表达，随着项目生命周期的进程、项目利益相关方的进入和退出，需求（Requirements）、角色（Roles）、风险（Risks）和关系（Relationships）这四者将反复迭代，而项目治理的过程就是要在整个项目生命周期内处理好项目利益相关方需求挖掘、治理角色分配、角色风险处置和规制关系建立的迭代过程。

确定项目治理方式的迭代过程是以治理任务为导向的。有了过程，才能考虑组织和资源间的配合，才能明确角色和责任的承担方式。在项目生命周期的不同阶段有不同的利益相关方进入和退出，但他们在任一阶段都要经历需求、角色、风险和关系的迭代过程。同时，此阶段动态的利益相关方都要扮演"规划""操作""维护""监控"这四类统一的治理角色。统一过程与统一角色交互作用，推动项目治理随着生命周期的演进不断向前发展，最终实现项目目标。

### 2.1.4 项目治理平台

在复杂多变的市场竞争环境下，项目能够有效应对变化的价值得到了企业的普遍认可，企业界掀起了重视项目管理的热潮，但经常可以看到，企业所主导或参与的众多项目，不仅没给企业带来规模效益，反而出现了很多失败的情况，影响了企业的整体经营。要解决这些问题，需要建立和依托项目治理平台。

**1．项目治理平台的内涵**

企业在其发展过程中，同时主导或参与的项目往往有多个，这些项目涉及的业务领域各异、目标相差较大，会在对人、财、物等资源的需求上存在较大冲突。如何有效地统筹管理多个动态、临时性的项目，运用管理的"规律性"来应对项目的"独特性"，在于建立稳定的、可复用的项目治理平台。

项目治理平台是"为多个功能性项目提供的可复用性条件集合，这些条件能够提高项目管理的效率和可靠性，以及增强多项目之间的协同性。"项目治理平台的特点在于其稳定性和可复用性。稳定性表明项目治理平台是长期的；可复用性表明它是各种流程、知识、技术、方法的集合。企业涉足的众多的项目构成了企业这个大系统的子系统。各项目子系统的目标、运作方式不同。项目治理平台的目的就是给在平台上运行的各个具体项目提供耦合的环境和条件，以便各个具体项目能够有效集成，化解配置上的冲突，降低系统的熵。

**2．项目治理平台的构成**

项目治理平台是一个有机的系统，它包括以下几个组成部分：

（1）基于流程集的情境化项目运行平台

项目利益相关方扮演的角色是动态的，它们是根据某些流程来调度的。这些流程基于情境的不同而不同。情境是项目范围及工作流程，也可以简单地认为情境就是"流程的集合"。情境化项目运行就是根据流程集来调用活动，由活动来调用资源的过程。

情境化项目运行的目的是达到项目运行效率和可靠性的最大化。项目是独特的，项目的独特性不仅是指项目成果的独特性，更是指项目组织运行方式的独特性，仅考虑项目成果独特性的研究对管理学的意义会很少。管理的重点是面向成果而不是基于成果，面向成果的管理重点在于对实现成果的过程进行管理；而基于成果的管理主要是对过去业绩的评价和认可，而不是衡量其对未来的贡献。所以，从管理的价值看，项目的独特性体现在项目目标实现过程的独特性，当然，这里是将项目资源作为其调用流程的附属参数来看待的。流程的不同表明了项目"情境"的不同，流程集的分类是情境划分的依据。

情境化项目运行对一个组织来说并不止一个流程集，因为组织一般会有多个项目。同样，来自多个组织合作的项目也是基于流程集的，这就是为什么说项目情境化运行是个平台的原因。平台的目的是为了给在其上运行的各个具体功能性运用提供耦合的环境和条件，这样各个具体的运用才能有效集成，降低配置上的冲突，从而提高整体的有效性和效率。

（2）基于胜任度的角色化人力资源成长平台

项目的利益相关方是项目的人力资源。但是，项目人力资源的特点和企业以及稳定组织的人力资源的特点是不一样的。这些人力资源不是隶属于项目，他们彼此之间是靠各自的利益约定走到一起的，这种人力资源相比组织中的人力资源有以下特点：①其责任范围边界更具体、明确；②其被调用程序更受限制；③其参与过程更片段、更有时效性等。换言之，项目利益相关方的角色性要远远强于企业或其他稳定性组织中的人力资源。基于角色的利益相关方调度对项目来讲是符合其特点的，也是必要的。

角色是随着流程的推进过程而呈动态性，或者说具有时效性。当然对组织来说，资源的需求也不是稳定的、动态的，基于角色的人力资源调配可以减少人力资源的总量，降低成本。要实现动态调度机制，需要一个人具备多个角色的胜任能力。

项目角色的胜任度是指某人与角色能力要求的匹配程度。需要对什么人才能胜任某种项目活动应该有基本的判断，这种判断就是能力基准。能力基准是存在标准化知识骨架的，这为培训人员提供了基础。在变化迅捷和竞争激烈的时代，不可能依靠个人的试验去积累经验，这种方式太低效，风险也太大。

（3）基于知识复用的角色动态化调度平台

经验的解析、标准化，使其成为可复用的知识，这个过程不仅降低了项目角色的能力基准，也提供了角色工作的基本方式，即角色依据知识得到训练，按照知识标准开展工作。角色和知识对组织来说是可分离的，不能分离的就是经验，能够分离的才是知识。

（4）基于关键绩效领域与指标的信息化管控平台

效率与风险是管理人员始终要考虑的两大重要问题。对过程风险的控制是项目治理的重要内容，或者说是项目利益相关方规制关系建立的两大基础之一，另一个则是责任和利益分配。对于管理来说，风险可以是技术、资金、天气、健康等因素，但对于治理来说，可以将其简化为利益相关者角色责任兑现的风险，或者说角色行为的风险。

由于项目的复杂性，对项目风险判别的难点在于对风险因素、其发生的可能性和可管理性等信息获取的途径和有效性方面。信息传递的不及时、失真、隐匿等是形成可管理风险的重点。借助于信息化系统可以减少人为的模糊性和处理过程的"柔性"，从而减少风险，提高管理的有效性。利用信息化手段对项目及其治理中的关键绩效领域、绩效指标是项目治理的必要手段。

（5）基于可持续性协同发展的项目化文化平台

项目化管理是企业及其他组织为适应变化的环境和需求将一些工作作为项目来对待的管理方式，其形式可以表现为：为某个长期持续性工作设定阶段目标；为某些岗位的长期或概括性职能界定特定任务依赖的权限；为一些跨组织合作的工作界定其临时性组织合作方式；为一些柔性或非正式组织建立临时性刚性规范等。变化会给人们带来担忧，需要培养人与人合作的能力，提升和更新其胜任角色的能力和广度，让他们看到未来职业和个人发展的前景，及增加这种前景的可靠性。

项目化理念的提炼、思维方式的形成、机制的保障是构建项目治理文化平台的主要工作。项目化文化解决了人们对项目这种临时性工作的恐惧，愿意由静态的岗位转变为动态的角色，知识复用使角色能够迅速胜任工作，信息化管控保障了角色开展工作的规则，角色通过流程整合起来完成项目目标，这就是项目治理平台的逻辑。

项目治理是为项目有效开展提供的管理环境保障。项目治理体系可以根据统一的过程来实现，而治理平台则是围绕一个个项目所需的资源、知识、文化等要素而形成的流程集成得到的。项目治理平台与治理的统一过程共同组成了完整的项目治理体系。

## 2.2 项目治理结构

### 2.2.1 项目治理结构概述

**1. 政府公共治理结构**

英语中的治理（Governance）源于拉丁文和古希腊语，原意为操纵、引导和控制。长期以来，它与统治、管理和政府活动联系在一起，主要用于与国家的公共事务相关的政治和管理活动。而统治、管理和公共事务都与公共权力密切相关。它是通过对公共权力的配置和运用，对社会的统治、领导、协调和控制，以达到一定目标。

传统治理模式的一个突出表现就是公共权力资源配置的单极化和公共权力运用的单向性。

到20世纪以后，西方国家的传统治理模式得以真正开始转型，如图2-1所示。其原因主要是权力来源的多样性和公民社会日益发育成熟。首先是普选制的出现，使政府权力的产生至少在形式上不再只受资本力量的支配。其次是由于过度竞争造成经济大危机和社会严重不均衡造成的社会冲突，使西方国家采取改良措施，限制垄断，强调均衡，支持参与，有着不同利益、具有自治性和自主性的利益团体在社会生活中的地位愈加重要。最后是为了充分反映民意，独立的大众传媒日益发达，成为社会参与国家、社会制约国家的重要渠道，进一步强化公民社会的力量。

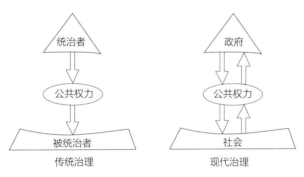

**图2-1 政府公共治理结构的变革**

现代治理模式强调权力的分化和双向运行。首先，现代治理将公共事务的管理主体由政府扩展到社会。其次，与传统自上而下单向权力运行的统治不同，现代治理是一个上下互动、权力双向运行的过程。公共事务管理的成效愈来愈依靠政府与公民团体之间相互影响和良性互动。治理的理想状态是善治，即包括法治、有效的国家机构、公共事务管理的透明性和负责制、尊重人权，以及全体公民切实参与本国政治过程和参与做出影响他们生活的决定。

**2．公司治理结构**

对公司治理概念的理解至少包含以下两层含义：①公司治理是一种合同关系。公司被看作是一组合同的联合体，这些合同治理着公司发生的交易，使得交易成本低于由市场组织这些交易在成交时发生的交易成本；②公司治理的功能是配置权、责、利。关系合同要能有效，关键是要对在出现合同未预期的情况时谁有权决策做出安排。一般来说，谁有资产所有权，谁就有剩余控制权，即对法律或合同未作规定的资产使用方式做出决策的权利。公司治理的首要功能就是配置这种控制权。

公司治理是一个多角度多层次的概念，可以从狭义和广义两个方面去理解。狭义的公司治理是指所有者，主要是股东对经营者的一种监督与制衡机制。即通过一种制度安排，来合理地配置所有者与经营者之间的权利与责任关系。广义的公司治理则不局限于股东对经营者的制衡，而是涉及广泛的利害相关者，包括股东、债权人、供应商、雇员、政府和社区等与公司有利害关系的主体。公司治理是通过一套包括正式或非正式的、内部的或外部的制度或机制来协调公司与所有利害相关者之间的利益关系，以保证公司决策的科学化，从而最终维护公司各方面的利益。

由此可以看出，公司的董事会可以看成治理结构的核心，其治理结构如图2-2所示。

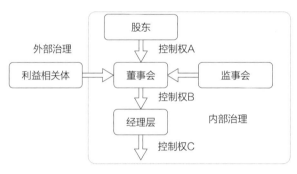

图2-2　公司治理结构

### 3．项目治理结构

在政府公共治理和公司治理结构中，都有一个治理核心。政府公共治理结构中的治理核心是公共权力，公司治理结构中的治理核心是董事会。

项目经理层处于一个十分突出的位置，可以说是项目治理的核心。如图2-3所示，项目经理层首先要对内部组织进行有效的控制和沟通，从而达到项目目标。其次要与业主、供应商、咨询单位、债权人等发生合同关系，同时在这种合同关系的约束下，协调各方面的利益相关者，达到各方利益均衡。项目同时还担负着社会责任，特别是与国计民生有关的重大项目，有着更为广泛的利益关系，受到各方的关注也是理所当然的。

可以把项目治理分为内部治理、外部治理和环境治理。内部治理以项目内部组织为内容，强调内部组织的控制力。这种控制力不是外部施加的，而是依靠自身制度安排的一种自控力。外部治理以外部合同共同体为内容，强调它们之间的协调力。环境治理是由利益相关者理论提出来的。弗里曼（Freeman，1983年）对利益

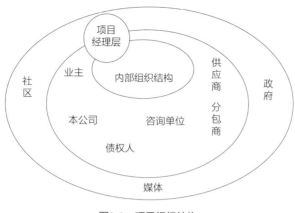

图2-3 项目组织结构

相关者做出的论断是"利益相关者是能够影响一个组织目标实现或者能够被组织实现目标过程影响的人"。环境治理强调对外部环境的适应力和反应力。

项目的内部治理、外部治理、环境治理是一个有机的整体，它们是相互影响、相互制约的。在不同的项目中应根据项目自身的特点，各有侧重。例如建筑工程项目的CM（Construction management）模式，CM单位与业主、分包商、供货商之间的协调就显得至关重要，因此，外部治理对这类项目就非常重要。

### 2.2.2 项目治理结构类型

**1．项目内部治理结构**

项目内部组织是由若干个子系统组成的系统，每个子系统都有自己的目标和任务，并按规定和自定的方式运行。项目内部治理是使各个子系统都能从项目组织整体目标出发，理解和履行自己的职责，相互协作和支持，使整个组织系统处于协调有序的状态，以保证组织的运行效率。因此，项目内部治理要求充分发挥项目经理层治理的核心作用，从以下几个方面入手：①合理设置组织机构和岗位；②明确每个机构和岗位的目标职责和合理的授权，建立合理的责、权、利系统；③建立规章制度，明确各机构在工作中的相互关系；④建立信息沟通制度；⑤建立良好的组织文化；⑥及时消除工作中的不协调现象。

下面以项目型组织结构为例分析内部治理结构。

在项目型组织结构中，首先由公司任命项目经理，再由项目经理负责从企业内部招聘或抽调人员组成项目管理班子。所有项目组织成员在项目建设期间，中断与原部门组织的领导和被领导关系，原单位负责人只负责业务指导及考察，不得随意干预其工作或调回人员。项目结束后项目组织撤销，所有人员仍回原部门和岗位。

项目组织是为了完成项目的目标而建立的工作组织。从管理的角度看,项目组织是公司内部的一个管理层次,要接受公司的检查、指导、监督和控制。项目型组织分解结构如图2-4所示。

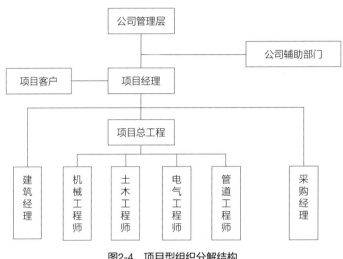

图2-4　项目型组织分解结构

在这种组织结构下,项目目标单一,项目经理可以充分利用这一优势,使项目组成员的团队精神充分发挥。各作业层的经理向项目经理汇报工作,项目经理权力集中,可以及时决策,指挥方便,有利于提高工作效率。项目经理从各个部门抽调或招聘的是项目所需要的各类专家,他们在项目管理中可以相互配合、相互学习、取长补短,有利于培养一专多能的人才,并发挥其作用。由于各作业层经理目标单一,各负其责,所以项目组织内部之间的横向沟通显得尤其重要,这就要求以项目经理为纽带建立横向协调机制。对项目组成员来说,由于缺乏一种事业上的连续性和保障,项目一旦结束,项目组成员就会失去归属感,为了更好地提升人力资本的作用,项目经理应注意以下工作:①正确对待员工,重视能力的建设;②重视沟通工作;③做好激励工作;④及时处理各种冲突。

任何一种项目组织都不是万能的,都有自己的优点和缺点。项目经理要本着治理的理念,因势利导,优化创新,最大程度上发挥内部组织的能量。

**2．项目外部治理结构**

项目的外部治理结构比起公司内部治理结构来说有着相当大的不同。项目的一次性属性决定了这种结构更为松散,其中发生投机行为的可能性更大,因此它们之间的合同关系更为明显。所以,如何利用合同加强项目外部治理是很关键的。

下面以CM（Construction management）Non-Agency的模式分析外部治理。

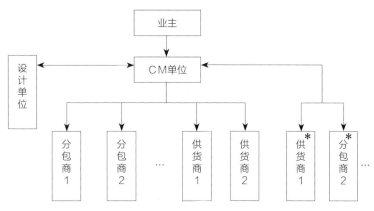

图2-5　CM/Non-Agency模式分解结构

在CM/Non-Agency模式下，CM单位与业主、设计单位、分包商及供货商之间的合同关系可以分解为指令关系和协调关系，如图2-5所示。

CM/Non-Agency的模式有以下六个特点：

（1）一般情况下，业主只向CM经理发指令，不得越级直接指挥分包商、供货商，而由CM经理直接向分包商、供货商发指令，以保持命令源的唯一性。如果业主对分包商、供货商有指示或要求，应通过CM经理传达。

（2）CM经理向业主负责，分包商、供货商向CM经理负责。CM经理有向业主汇报工程进展情况、反映施工中出现的问题的责任；分包商、供货商有向CM经理反映和回报工程情况的责任。一般情况下，分包商、供货商不应越级直接把矛盾上交业主。

（3）在选择和确定分包商、供货商时，CM经理要和业主共同研究；但在施工过程中，由CM单位负责直接管理和指挥分包商和供货商，并负责协调各分包商和供货商之间的关系。CM经理是施工现场的总指挥和总负责人。

（4）由业主自行签约的分包商和供货商，根据业主和CM经理双方的商定，可由业主直接管理，也可委托CM单位进行管理。对于后一种情况，业主应在与分包商或供货商的合同中加入有关条款，要求其接受CM经理的指挥。

（5）"业主指定的分包商"与CM单位签约，它应由CM经理负责管理，在组织关系上与一般分包商处于同等地位。

（6）业主可以直接向设计单位发指令，CM经理则不能直接向设计单位发指令，但它可以直接向设计单位提出合理化的建议。CM经理与设计单位在工作上是合作关系，在组织上则是协调关系。

由此可以看出，CM单位实际上就是CM/Non-Agency的模式的治理核心，在这种模式下外部治理居于主要地位。

**3．项目环境治理结构**

（1）社区居民

工程项目建设活动不仅直接影响所有者、交易者的利益，还对项目所在社区的居民有着重大影响：第一，项目的建设运营直接影响当地的环境，对居民的身心健康产生影响。如有的企业单纯追求盈利，忽视环境保护，大量排放废水、废气、废物，产生各种噪声；有的项目管理不严，跑、冒、滴、漏各种有害物质，对当地居民的健康构成了威胁。第二，项目的建设运营亦会给社区居民生活带来影响。譬如项目的扩建可能要动迁居民，上新项目或许会带来污染，大量招雇外地工人会加剧当地公共交通、教育、住房、用水、用电、饮食等方面的矛盾，给居民的日常生活带来不便，诸如此类。所以，社区居民为维护自身利益，应享有监督项目组织活动的权利。

（2）政府

政府与其他利益相关者的地位不可同日而语。从经济方面看，政府的主要职能是运用经济、法律等政策和手段调控国民经济运行，维护正常的市场交易秩序，并站在公正的立场上，调解不同所有者、经营者、管理者、劳动者之间以及相互之间的矛盾和冲突。之所以把政府看作项目的利益相关者，除了上述原因之外，还因为：第一，政府的目标之一是促进就业，而项目特别是大型项目的建设与运营，提供了众多就业岗位，吸纳了社会人员就业。第二，政府也常常制定出公共建设项目，如何保证质量并按期交货是政府所关心的。基于以上考虑，政府应有权对项目组织实施监督。

（3）媒体

媒体对项目主要有以下两个作用。第一，宣传作用，随着我国市场经济体制的不断健全，项目实施过程的透明度越来越高，尤其是招投标制度的公开化，项目发起者更多地采用媒体进行公开的招标、定标，媒体的宣传作用日益显现。第二，监督作用，一些重大的关系国计民生的项目在规划、实施时都会引起社会的广泛关注，媒体更有向社会传达正式消息的责任，所以媒体的这种关注实际就是一种舆论监督。

总之，项目结构治理是一个包含了项目的内部治理、外部治理和环境治理结构的系统性问题，在该系统的不同层次，其治理的方法、治理的重点也不尽相同，根据项目的特点进行项目结构治理，是项目管理的一个比较新的研究领域。

## 2.2.3 项目治理结构设计

根据治理理论，治理结构（Structure）可以理解为兼有制度（Institution）、体系（System）、机制（Mechanism）的含义。狭义地讲是指委托人和代理人之间的利益分配和控制关系，广义地讲是指关于控制权和剩余索取权，即企业组织方式、控制机制和利益分配的所有法律、机构、制度和文化的安排。

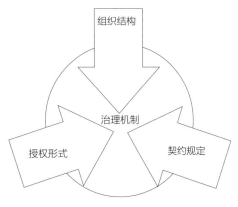

图2-6 项目治理结构设计思路

结合对建筑企业项目治理驱动因素的识别与系统思考，项目治理结构设计的思路为：围绕建立完善、科学的治理机制，确立企业对项目部的授权形式和组织结构，通过制定正式契约（流程、制度）和非正式契约（文化）来规范治理关系，如图2-6所示。

**1. 治理机制内容**

治理机制是展开治理结构设计的中心。

（1）委托代理关系

机制设计要依据委托代理关系。委托代理关系可以被视为一种契约关系，通过这一契约，一个人（委托人）授权给另一个人（代理人）为委托人的利益从事某项活动，但这又不同于一般的雇佣关系，委托人授予代理人相当大的自主决策权，而委托人很难监控代理人的活动。

委托代理关系的基本类型可分为四类，如表2-1所示。建筑企业项目治理问题涉及其中全部类型。

委托代理关系的基本类型　　　　表2-1

| | 隐藏行动 | 隐藏信息 |
|---|---|---|
| 事前：逆向选择 | | （1）信息传递与筛选<br>（2）逆向选择 |
| 事后：道德风险 | （3）隐藏行动的道德风险 | （4）隐藏信息的道德风险 |

1）委托代理关系之一：信息传递与筛选

项目实施之前企业要选择一个有能力的项目经理，项目经理的人选知道自己的能力，而企业却不了解。项目经理的人选为了显示自己的能力，选择某种信号让企业了解自己从而使自己入选，这就是信息传递；企业则可以将项目信息公开，让项目经理的人选自行选择，这就是信息筛选。

2）委托代理关系之二：逆向选择

项目实施之前企业组建项目经理部，根据项目建设需求进行人员配置。在这一过程中，企业并不完全了解所选择的人员的工作能力与态度，可能将工作人员安排在其不能胜任的岗位上，也可能大材小用，还可能出现员工之间工作方式、风格的不匹配。这就要求企业建立一套科学的人力资源管理系统，能够进行最优的人员配置。

3）委托代理关系之三：隐藏行动的道德风险

项目实施过程中作为代理人的项目经理部选择行动，如工作努力还是不努力，项目经理部处于客观决定的自然选择状态，如市场环境、业主要求等，项目经理部的选择行动和自然状态一起决定项目实施结果。由于实施过程中的信息不对称，企业只能观测到结果，而不能直接观测到项目经理部的行动本身和自然选择状态本身，因此企业需要设计一种机制使项目经理部从自身利益出发选择对企业最有利的行动。

4）委托代理关系之四：隐藏信息的道德风险

项目实施过程中作为代理人的项目经理部处于客观决定的自然选择状态，由于处于项目实施一线，项目经理部能够观测到自然的选择，如能够了解最新的材料价格、劳务工资水平、新的施工技术和方法、业主对项目实施所提的要求等。企业可以观测到项目经理部的选择行动，但不能预测到其所处的自然选择状态。只有了解项目经理部所处的自然选择状态，企业才能据此做出科学的决策，更好地实施项目管控，因此企业需要设计一种机制使项目经理部如实地报告自然的选择状态。

（2）治理机制内容

既然建筑企业项目治理存在上述委托代理问题，而且通常难以完全解决，这就要求采取有效手段"对症下药"，完善治理机制并加以有效实施。完善的治理机制应该包括利益分配机制、激励机制、约束机制和信息传递机制。

1）利益分配机制

如何科学确定项目经理与企业利润分配的比例，既能保证企业利润又能提高项目经理的积极性，是建筑企业进行项目治理首要解决的问题，因此利益分配机制被视为项目治理机制的核心。

大部分建筑企业都是通过制度安排，让项目经理参与超额利润的分配。项目经理分配比例过低，不足以调动项目经理的积极性；项目经理分配比例过高，企业常常感觉吃亏。因此，企业应该与项目经理充分协商，科学确定剩余索取权分配比例。

2）激励机制

激励机制的核心是解决动力问题，可以将剩余索取权和剩余控制权在委托人与代理人之间进行适当的分配，设计出剩余索取权与剩余控制权相对应或匹配的"激励合同"。因此，这一机制与利益分配机制是相辅相成的。

3）约束机制

约束机制设计一方面要求企业建立健全包括质量管理体系、安全管理体系、项目内部控制、企业审计等一整套的企业内部规章制度；另一方面则要提高项目经理的违约成本，如有的企业对有一定贡献的项目经理实行服务年金制度，规定其实现一定的管理目标，在其个人专门账户存入一定数额的服务年金。服务年金在项目经理为企业服务达到一定的年限，并保持应有的业绩记录后，可以一次性提取。一旦项目经理做出有违企业整体利益的行为，除年薪等基本待遇被取消外，还要损失服务年金、退休金计划等，项目经理违约成本极高。

4）信息传递机制

在项目目标既定，项目经理权力充分而明确的条件下，项目治理的关键就在于防止项目部蓄意制造虚假信息、隐瞒项目经营管理的真实情况、骗取企业奖励以及超越代理权等损害企业利益的行为，其治理途径就是建立信息传递机制，即设计出一套科学的检测指标和监督系统，不断改善企业高层管理者和项目经理之间信息不对称的现象。

在设计监测指标和监督系统时，要充分考虑监督成本，努力将监督系统反馈信息的多少与项目经理的报酬挂钩。同时，应该合理设置项目实施过程监测指标和频率，项目实施过程中，应该时刻关注业主满意度、现金流向、成本节超和质量安全状况等指标，建立观测点，设置警戒线，形成系统的预警体系。

**2. 治理的授权形式**

合理、有效地授权是项目治理结构设计的要点之一。如果项目经理权力过小，会导致决策速度慢，管理效率低，项目经理积极性低；而项目经理权力过大，则有可能导致企业失去对项目的控制，企业利益受损。建筑企业要选择有效的授权形式，至少需要从三个角度考虑。

(1) 项目承发包模式

项目承发包模式指工程项目中工程实体（包括设计、施工、材料、设备）的交易方式及相应的合同安排。常见的承发包模式有以下四种，不同模式对项目管理水平以及企业参与程度的要求有所不同，因而对建筑企业对项目的授权方式随之不同。

第一种是D-B-B（Design-Bid-Build）模式，即设计—招标—施工承包模式，即传统的承包模式。这种模式下，首先由业主委托建筑师或设计院进行项目前期的可行性研究等各项工作，通过项目评估后再进行设计，编制施工招标文件，随后通过招标选择承包商。业主与承包商签订工程施工合同，有关工程的分包、设备和材料的采购一般都由承包商与分包商和供应商单独订立合同并组织实施。

第二种是D-B（Design-Build）模式，即设计—施工工程总承包，它是对工程项目实施全过程而言的承包商模式，在DB模式下，业主把工程的设计和施工作为一个整体一起发包给一个承包单位，承包单位对所承包的工程设计和施工直接向业主承担全部责任，并对承包工程的质量、安全、工期、成本全面负责。承包单位可以将所承包的设计任务、施工任务的一部分分包出去，分包商的全部工作由总承包商对业主负责。D-B工程总承包可分为四种类型，即从方案设计到竣工验收、从初步设计到竣工验收、从技术设计到竣工验收、从施工图设计到竣工验收。

第三种是EPC（Engineering Procurement Construction）模式，即设计—采购—施工总承包，又被称为交钥匙模式。它是指工程总承包企业按照合同约定，承担工程项目的设计、采购、施工、试运行服务等工作，并对承包工程的质量、安全、工期、成本全面负责。

第四种是Partnering模式，是指项目的各个参与方，通过签订伙伴关系协议做出承诺并组建工作团队，在兼顾各方利益的条件下，明确团队的共同目标，建立完善的协调和沟通机制，实现风险的合理分担和矛盾的友好解决，最大的特点在于业主与承包商建立了战略式的同盟关系。对于Partnering模式，因为需要与业主建立战略联盟，因此企业干涉较多，通常采用相对集权的模式。

对于前三种模式，则要依据项目管理过程中决策和协调的难度而定：一般来说，如果以总承包商的身份实施项目，决策与协调的难度较大，就倾向于集权形式，如果以分包商的身份实施项目，则更倾向于分权形式。

(2) 项目获取途径

项目获取途径不同，授权模式亦有所不同。一般来说，建筑企业项目的获取途径可以分为三类：一是由企业层面运作，完全凭借企业的信誉和资金实力中标的项目；二是一方面凭借公司信誉，另一方面也借助企业员工个人社会资源而中标的项目；三是企业只提供技术支持，主要依靠企业外部人员社会资源而中标的项目。

通常的做法是，对于第一类项目采取高度集权，企业对项目采取目标考核的方式，经营风险完全由企业承担；对于第二类项目采取适度分权，授权给项目经理，企业收取管理费，企业与项目经理共同承担经营风险；对于第三类项目则采取充分授权，经济风险由企业外部人员承担，企业承担信誉风险。

（3）企业内部条件

究竟选择集权型还是分权型治理模式，与企业内部条件息息相关。内部条件主要指企业自身文化和企业所拥有的项目管理人员的能力。

1）企业文化

如某些国有企业，受传统的计划经济影响较深，可能对"上级决定下级执行"这种集权型管理方法比较习惯；而对于适应市场化运作的企业而言，分权则可能更适合激发员工动力，发挥企业优势。

2）管理人员能力

项目管理人员尤其是项目经理个人的能力也是重要的影响因素，如果项目经理个人能力强，可以自行处理施工生产中的一切事情，那么企业主管就可以授权给他，反之只有进行集权决策后，再交与其办理。

**3．治理的组织结构**

提高整合能力是提升项目治理水平的关键，而整合能力提高的关键，则可以使管理路径缩短、有利于资源配置、能够保证项目过程连续性、使各部门充分协调的组织机构。组织机构优化目的是使企业整合能力得以提高。

（1）常规型项目组织机构

一般的建筑企业都采取矩阵式的组织机构，如图2-7所示。

1）项目经理部的定位

项目经理部是由项目经理在企业的支持下组建并担任领导，进行项目管理的一次性管理组织，负责施工项目从开工到竣工的全过程管理工作，代表企业履约。

2）项目经理部的作用

按照目标管理的要求，形成项目经理责任制和信息沟通系统，实现项目的有效运转。代表企业负责工程实施的全过程管理，对作业层有使用和管理的职能。在项目经理的领导下，代表企业履行工程施工合同，对发包人和项目产品负责。

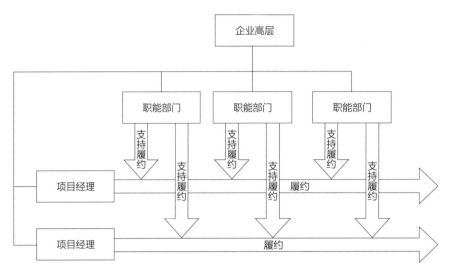

图2-7　常见的基本治理结构

3）项目经理部的组建

项目经理部成员由项目经理聘用，根据实际需要，可设置项目副经理、项目总工程师、项目总商务师等。项目经理部根据项目的规模、专业特点、技术、工艺和管理的复杂程度及其他环境条件的要求，可设置如下职能部门：施工管理部门、商务管理部门、物资供应部门、技术质量部门、行政管理部门等。具体可根据实际情况灵活安排。

4）企业与项目经理部的关系

企业与项目经理部关系的定位：企业为利润中心，项目经理部为成本中心。项目经理部负责工程项目，具体组织实施，应该遵守企业的各项管理制度，接受和服从企业各业务部门的指导和监督，项目经理部没有对外的经营权和投资权。

企业决策、管理层的职能：负责制定和健全施工项目管理制度，规范项目管理；培养项目经理队伍，根据需要调整项目经理人员结构；负责工程投标和签订工程合同；确定企业和项目经理部的利润分配关系；负责对项目经理的考核评价，聘任和解聘项目经理；建立生产要素招标采购制度，负责组织劳务、材料、设备租赁的招标采购，负责合同的签订和费用支付；负责对项目管理层的工作进行全过程指导、监督、检查。

项目管理层的职能：负责工程项目施工全过程的控制和管理，满足合同需要，实行项目成本核算制，制定和落实降低成本措施；对施工中的劳务、材料、机械设备的使用进行数量控制，实现项目资源的优化配置和动态管理；负责项目的竣工交验，为业主做好全方位服务。

企业与项目经理部的经济关系：在工程开工前，企业与项目经理部签订"项目管理目标责任书"，在"标价分离"的前提下，确定项目的责任目标成本。项目经理部按责任书的相关条款承担一定的经济责任。对项目经理部经过努力实现的责任目标成本降低额采取企业与项目经理部分成的方法，综合项目的中标价和工程的难易程度等因素，确定适当的分成比例。其中，对于项目经理部的分成部分，分配时应适当向项目经理倾斜。

（2）项目治理结构

项目治理基本结构如图2-8所示。

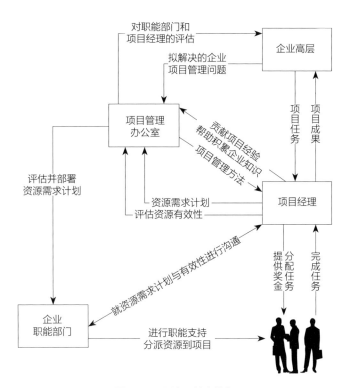

图2-8　项目治理基本结构

1）以资源为治理关系的载体

在项目治理结构中，资源是治理关系的重要载体，体现了将职能部门的"职能管理"转变为"资源支持"的思维。其中，"资源"不仅是指传统意义上的人、财、物，还包括信息、规则、方法等。在构成企业竞争力的资源中，人、财、物越来越不被企业所专有。例如，人才随时可以跳槽；设备你可以买到，此外，同类资源不能同时被多方使用，属于排他性资源。但是，信息、规则、方法等资源一般不能照搬到其他企业中，这属于企业专有的，而且这些知识资源可以被同时使用在企业多个项目中，属于非排他性资源。培养和积累独有的知识资源，既是建筑企业优化项目治理结构的手段，也是目的。

2）强化项目管理办公室的核心作用

项目管理办公室是治理结构中的重要部门。由于每个职能部门是对某个专业领域的资源形成和提供进行负责，所以建筑企业需要设定这样一个部门以帮助高层对企业的整体进行负责。项目管理办公室的主要价值在于对企业的项目管理问题负责，包括对项目计划的评审、项目管理知识的提炼和总结、项目管理办法的开发和推广、对项目经理的培训和考核、多项目冲突的协调、对职能部门资源支持有效性的评估、对项目收尾的评审等。

3）营销的全员化与项目化

实践证明建筑企业要提高经营开拓和市场对接的能力，必须充分挖掘企业的信息资源，以此营造"群体营销"的氛围，实现营销的全员化。但是，需要指出，如果项目管理办公室不能介入项目的整个生命周期，无法从项目的立项、投标阶段就介入，而仅仅是在项目施工过程中发挥所用，这样的管理部门难以承担起其应负担的责任。解决这个问题的方法是，将项目的营销过程也作为一个项目来实施管理。

4）强调企业职能部门的支持作用

企业职能部门的作用取决于项目实施过程中对企业职能的需求。对建筑企业而言，一般的项目过程包括：项目投标、项目合同谈判与签订、项目准备、项目施工、项目竣工验收、项目维修等，因此项目对企业职能的需求表现为：企业的营销职能，如获取、收集招标信息、工程信息等；企业的合同管理与控制职能，如帮助项目处理对外合同关系，协调内部合同关系；企业对项目的经济控制职能，这是企业对项目控制的主要方面；企业的人事组织职能，项目部的形成和人力资源的配备都需要企业的管理与协调；企业对项目的材料管理职能，如项目的材料、机械设备的供应与协调；企业的技术服务与支持，项目部的技术力量有限，有时会遇到特殊的难以解决的问题，必须依靠企业强大的技术力量完成对项目的实施工作，在项目的实施过程中，项目的实施也必须受到技术部门的监督和指导。

**4. 治理的契约规定**

契约规定主要指制度与流程。从广义上说，建筑企业的所有制度、流程都属于企业项目治理的正式契约规定，因为作为以施工项目为生命线的企业，建筑企业的一切制度、流程都是为项目实施服务的。本书中的治理契约规定，是指直接规范企业层面对项目实施管控的制度与流程。依据项目的生命周期，总结出两大类正式的契约规定，主要包括但不限于以下五个管理办法，如图2-9所示。

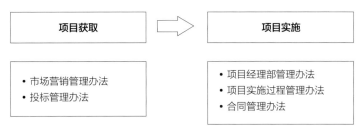

图2-9　治理契约规定主要内容

（1）市场营销管理办法

该管理办法旨在开拓"群体营销"的格局，并在促进营销"全员化"的基础上，规范工程任务的承揽，控制经营风险。管理办法应包括两个重要的方面，承揽任务奖励和约束。

（2）投标管理办法

该办法旨在实施项目化的营销，建立起完善的投标管理体系，主要内容包括组建投标项目小组、投标决策、标价测算、商务谈判等。

投标各阶段的主要工作如图2-10所示。

| 投标决策 | 资格预审 | 现场考察 | 初步确定报价 | 制定施工方案 | 确定最终报价 | 交底和总结 |
|---|---|---|---|---|---|---|
| 从战略的角度，全面地为企业决策者从技术性角度提供参谋，并对投标中的各个要素进行权衡比较，决定是否参加投标。 | 根据招标单位提供的资格预审文件，组织人员进行研究，提供最有力的材料。资格预审通过后，立即组建正式的投标班子。 | 进行现场考察，制定考察提纲，考察后应提供实事求是、准确可靠的考察报告，供施工方案及报价以供决策使用。 | 认真计算或核对工程量。获取市场价格及其他相关政策性文件，确保预算准确。 | 由技术负责施工方案的制定。 | 根据标价分离结果及现场勘察情况，对手情况，综合考虑，确定最后的报价。 | 中标后，向项目经理部及相关部门进行交底。项目管理办公室应对每一次投标进行分析总结，编写材料存档。 |

图2-10　投标各阶段主要工作

（3）合同管理办法

该管理办法旨在通过加强合同管理促进管理的精细化与规范化，以提高合同签约质量。

合同管理主要包括施工合同、分包合同、租赁管理、材料采购合同及其他经济合同的管理，管理内容涉及合同起草、合同谈判、合同评审、合同签署、合同发放、合同交底、合同修改、合同履行、合同索赔、合同终止和评价。

为了将合同管理落到实处，应制定合同台账建立工作规范，要求项目经理部建立健全合同台账管理制度，设立合同的台账管理部门或管理人员，定期向企业项目管理办公室报送已签订的合同台账、合同文本。

（4）项目经理部管理办法

该管理办法旨在规范项目经理部组建的程序与原则，明确企业与项目经理部之间的责权利。主要内容包括项目经理部的承包方式（企业授权模式）、项目经理部的组建及人员的选聘、项目经理部的各项管理目标，以及有关责任、权限、奖罚的规定。

（5）项目实施过程管理办法

该管理办法旨在保证企业对项目实施的控制力，同时使企业的整体优势得以最大程度的发挥，并促进企业整体项目管理水平的提高。内容应涵盖一个工程项目实施的各个阶段的工作，主要包括：施工准备、项目施工进度控制、质量控制、成本控制、安全控制、合同管理（即前面提到的合同管理办法）、信息管理、现场管理、物资管理、机械设备管理、技术管理、资金管理、分包商管理、项目竣工验收阶段管理、项目服务管理（回访、保修管理）。

## 2.3 项目治理角色能力要素

### 2.3.1 项目治理角色

**1. 项目治理角色的内涵**

项目角色指项目中个人或部门所承担的项目任务或活动，以及如何完成项目任务或活动的方式，既包括权力又包括责任。项目利益相关方只有完成任务或活动，才能保证各相关方的利益得到满足，才能确保项目治理过程的顺利开展，项目治理责任也正是责任主体在治理过程中对于任务的确认和服从。项目治理角色的实质是履行治理责任，以保证项目任务的完成。然而，治理责任也并非仅仅与治理主体的某种行为相关，也存在某种治理责任需要多种行为方式来承担，这主要与利益相关方采取的行为方式有关。"角色"主要是指成功完成项目的具体责任及权力。项目利益相关方构成一个利益网络，项目治理正是对项目利益相关方构成的社会网络平台进行治理，以完成项目成果并使项目利益相关方满意的过程。在此过程中，各相关方彼此之间既有需求又有责任，项目任务的完成过程也是各相关方承担不同的责任以达到需求实现的过程，即各利益相关方扮演不同的治理角色来满足各个项目利益相关方的需求的过程。

**2．项目治理角色的属性和特征**

基于对项目治理角色的定义，项目治理角色的属性可以从以下几个方面进行描述：

（1）角色名称：所定义的项目治理角色具体的名称。

（2）角色类型：角色所归属的角色集，这也是本书的研究内容之一。

（3）角色的描述：主要体现角色完成任务而承担的责任和拥有的权力。

（4）角色对应的岗位：该角色应该由哪些人或部门来担任。

（5）角色所对应的项目任务：该角色参与了哪些项目任务或活动。

（6）角色执行的约束条件：该角色完成项目任务或活动的前提条件是什么。

（7）角色所对应的项目成果：该角色完成任务时需要提交的产品或交付物。

（8）角色的其他属性。

根据项目治理角色的内涵和属性进行分析，项目治理角色应具有如下特征：

（1）项目治理角色并不等同于个人或组织，它是项目利益相关方承担的项目治理任务的责任和权力的组合，它不仅仅是一种责任，还包括了该角色因承担任务而具有的相应权力。

（2）项目利益相关方需求的满足，需由其他相关方来扮演不同的治理角色来完成，项目治理角色的多少因需求的不同而变化，可能需要某个角色，也有可能需要多个角色。

（3）项目利益相关方的角色并非是固定的，可能因在项目不同的生命周期阶段或不同的项目任务而发生变化。另外，在同一个项目任务中也会有多个项目利益相关方承担不同的项目治理角色来完成。

**3．项目治理角色划分**

可以从规划、操作、维护、监控角度划分项目治理角色，如表2-2所示。

项目中的统一治理角色　　　　　　　　表2-2

| 角色名称 | 角色定义（责任和权利描述） |
| --- | --- |
| 规划角色 | 建立操作和维护之间的联系，提出需求和实施方案 |
| 操作角色 | 负责完成或执行项目的具体任务 |
| 维护角色 | 获得和补充服务于操作的资源和工具 |
| 监控角色 | 对操作角色和维护角色的绩效进行管理、评价和监督 |

（1）项目利益相关方关系的建立和维持需要相应的角色来完成，如规划员、协调员、组织者、投资策划部门、规划部门等。在此将其统一命名为"规划角色"，这里主要指提出需求和实施方案的部门和人员。

（2）项目治理的首要角色是完成任务的角色，如操作角色、执行角色、施工员、项专责等，仅仅是名称不同。在此统一命名为"操作角色"，主要指项活动的执行部门和人员。

（3）为获得和补充完成项目任务的资源，需要内勤角色、推进者、群体建设者或维持角色来完成。本书将其统一称为"维护角色"，主要指为项目提供资源、工具等的部门和人员。

（4）对任务的完成和资源的支持提供监督和控制需要一种角色来完成，如监督员、监控员或控制者等。在此将其定义为"监控角色"，主要指对项目实施过程进行监督、管理和评价的部门和人员。

### 2.3.2　角色能力

**1．角色能力的内涵**

角色能力是指在一个特定的项目中，为了建立项目利益相关方之间的规制关系，促使相应的项目治理角色能够胜任工作所具备的知识、技能、思维、行为和价值观的总和。

**2．角色能力的特征和要素**

角色能力要素应具备以下重要特征：

（1）角色能力是基于治理角色的，是与项目治理角色相匹配的。由于项目治理角色的任务活动、责任和权力、环境以及激励与约束机制等条件的不同，相应的角色能力也会有所不同。即项目治理角色会因角色的不同，具备相应的各种知识、技能、自我概念等综合素质而有所不同，或者说，不同的项目治理角色其能力要素是有区别的。

（2）角色能力包含了知识、技能、思维、行为等多种能力要素，涵盖了表象的能力要素和潜在的能力要素。

（3）角色能力与任务活动紧密联系，是动态变化的。项目治理角色所具备的能力在某个角色非常重要，但随着工作环境条件以及角色特征的变化，在不同任务或同一任务的不同角色上可能成为阻碍其发展的制约因素。

（4）角色能力是可测量和评定的。尽管要鉴别和衡量知识、技能、思维、行为等要素角色能力难度比较大，但是只要构建出科学合理的指标体系，也是可以实现角色能力测量和评定的。

（5）根据角色能力可以预测员工未来的工作绩效。因为角色能力与员工的工作绩效密切相关，可以将项目治理角色能力作为角色的招聘、考评以及提升的依据之一。

根据对角色能力概念的定义，角色能力应包括知识、技能、思维、行为等要素：

（1）知识：指项目治理角色所具备的关于某领域的信息，这些知识是个体能够做到某事而不是想做某事。知识是角色能力的基本素质要求，知识要体现在角色的知识结构和知识水平两个方面，包括基本知识、专业知识、相关知识（主要指胜任其角色应具备的相关领域的其他知识），还包括了相应的政策法律法规方面的知识。

（2）技能：指个体所展示出来的为达成某一特定的目标所采取的一组或系列行为的能力。技能可以是隐藏的或者可观察的，主要是指角色工作所要求的具体的操作活动。技能因不同的角色而侧重点不同，如对于规划监控类角色更侧重于管理技能，而对于操作维护类角色则更侧重于操作能力。

（3）思维：项目任务得以顺利完成的心理素质和心理特征的总和，它会直接影响完成项目任务的效率，主要和个体的人生观和价值观密切相关。

（4）行为：指不同的个体对相同或相近的外界刺激所表现的不同的行为特征或处事方式。主要指在任务不同或环境变化时，所引起的个体行为方式的不同，如所能承受的压力、做事认真细致、遇到危机需冷静、做事果断等。

（5）角色能力的其他组成要素。

### 2.3.3 项目治理角色能力要素分析

**1．规划角色能力要素**

（1）项目规划活动分析

规划主要指提出需求和实施方案，即明确该干什么、如何干以及应该由谁来干等管理活动工作。项目治理规划活动包括项目需求分析、目标确立和项目组织三个方面的活动。

1）需求分析

利益相关方并不是无偿参与到项目中来的，他们是为了满足自己的需求。需求管理包括对需求的挖掘和识别，平衡利益相关方期望，尤其是客户和用户的期望以及协议的要求。主要包括以下活动：

①项目利益相关方识别。

②项目利益相关方的期望获取。

③项目利益相关的需求挖掘。

④项目利益相关方需求的合理性论证。

2）目标确立

项目目标是在要求的时间、预算内和可以接受的风险等约束情况下，完成协议的成果，尤其是交付物。项目目标是一系列的对象，项目过程必须达到的，以保证项目利益相关方对项目所能达到利益的期望。主要包括以下两项活动：

①目标的制定。

②目标的修正与优化。

3）项目组织

①争取高层管理者为项目提供足够的支持，确定适合的组织结构和需要的资源，定义组织结构中的相关角色、职责、界面、权力等级及过程。

②明确所需完成的工作。工作可以被分解为任务、工作包和活动。这些单元或者这些要素群会被分配给资源的提供者，工作进度、费用估算、工作计划、任务分配及控制得到安排并最终完成。

③制定责任矩阵，明确各利益相关方在各项工作中的参与程度。

④根据工作内容，对各项工作所需相关方所扮演的角色进行初步划分。

⑤赋予各利益相关方充分的权力，确保各相关方能够顺利开展工作。

（2）规划角色能力要素内容

根据对项目规划活动的分析，项目治理规划角色至少应具备以下能力要素：

1）利益相关方需求

主要指能有效、全面、系统地识别出项目利益相关方，并对项目利益相关方进行优先级排序；还包括识别利益相关方的期望和需求，并对其合理性进行论证。

2）目标管理

主要指能根据全面的、相关的信息，协调各方利益来制定项目目标；还包括项目目标的分解落实、实施、验证和修正。

3）项目组织

确定适合的组织结构和需要的资源，定义组织结构中的相关角色、职责、界面、权力等级及过程；还包括明确所需完成的工作。

4）项目范围

项目范围包含了项目中所有交付物的总和，只有界定项目范围，才能有效地在项目各阶段对其进行有效的控制。

5）商业敏锐感

时刻关注市场变化，能够敏锐地察觉到市场上隐藏的商机和变化的趋势。

6）承诺和动机

关注不同项目利益相关方的利益、环境因素以及项目中个人的利益；创造良好的项目文化环境，对团队和个人提出定期的反馈并激励个员参与。

7）谈判

主要包括身体语言、辩论、对抗、情境计划、领导、谈判技巧、诊断问题和舆论管理等要素。

8）计划

将各种资源合理组织起来，有效制定整体管理、范围管理、进度管理、质量管理、费用管理、风险管理、人力资源管理、沟通管理和物资管理等相关规划。

9）法律

有基本的法律常识和法律素养；设立与企业组织或项目组织相适应的法律标准和规范；涉及协议、合同、知识产权、许可证等内容。

10）其他

与规划活动相关的其他能力要素，如诚信正直，公正处事，不带偏见，注重个人形象与操行，尊重他人，营造信任关系，用数据支持决定；等等。

**2．操作角色能力要素分析**

（1）项目操作活动分析

操作活动主要指负责完成或执行项目的具体任务，操作角色主要指项目活动的执行部门和人员。项目操作活动包括项目计划执行、项目过程控制和项目收尾三个方面的活动。

1）项目计划执行

①管理计划的执行，主要指从管理的角度对项目所进行了的安排，包括了人力资源管理计划的执行，例如，项目组织的筹建、项目团队的建设、项目工作分解等。

②项目进行计划的执行，就项目进度所进行的活动，明确工作之间的逻辑关系、每项工作的时间安排及整个项目的时间安排。

③项目资源计划的执行，就项目资源的需求所进行的活动，需要明确每项工作所需要的资源的种类、数量和整个项目所需要的资源的种类、数量及在何时需要。

④项目费用计划的执行，就项目费用的需求及费用的筹措所进行的活动，需要明确每项工作需要的费用及在何时需要、整个项目所需要的费用及在何时需要、项目需要的费用的获取方式等。

⑤项目质量计划的执行，就项目质量问题所进行的活动，需要明确质量标准、质量目标及实现质量目标的方式和途径。

⑥项目风险计划的执行，就项目风险问题所进行的活动，需要进行风险识别、风险分析、风险归类，并明确风险应对措施等问题。

⑦项目采购计划的执行，就项目采购问题所进行的活动，需要明确采购内容、采购方式和合同管理等问题。

⑧项目沟通计划的执行，就项目沟通、信息管理问题所进行的活动，需要明确沟通对象、沟通方式，信息采集、分析、传递和反馈等问题。

2）项目过程控制活动

一般来说，控制活动包括严格定义利益相关方各项任务的完成标准，根据项目任务定义各相关方何时、向谁提供相关信息，周期性地评估项目进展状况，能够对项目范围及需求变更进行控制。项目过程控制活动主要包括两个方面：控制项目工作和项目变更控制。

①控制项目工作。

主要指收集、测量、传递绩效信息，评价测量结果，预测未来趋势，并改进项目状态，以确保及时发现偏差、及时处理偏差，这是控制工作的一个方面。控制工作的另一个方面是：不断识别干扰因素，并采取措施避免干扰因素的发生，以降低干扰因素对项目所造成的危害，防止偏差的产生，实现主动控制，主要包括范围核实、范围控制、进度控制、费用控制、质量控制、团队管理、绩效报告、利益相关方管理、风险监控和合同管理等活动。

②项目变更控制。

控制造成变更的因素，确保变更带来的有益后果，判断变更是否已经发生，在变更确实发生并得到批准时对其加强管理，该过程贯穿项目始终。

在确认需要变更时，应包括以下方面：确定采用的变更管理方针及其程序；识别所有提出的变更；分析变更对项目的影响；必要时获得变更需要的授权；决定批准或不批准变更；已批准变更的计划、实施、控制和结束；完成后上报变更情况；参照项目基准计划，监督变更带来的影响。

3）项目收尾活动

项目收尾的主要核心内容包括管理收尾和文件收尾，主要包括：

①项目质量验收。

②项目文件验收。

③项目交接或清算。

④项目费用结算与决算。

⑤项目审计。

（2）操作角色能力要素内容

根据对项目操作活动的分析，项目治理操作角色至少应该具备以下能力要素：

1）团队协作

采用适当的方法和灵活的交际方式建立有凝聚力、优势互补的团队，并适时对团队做出动态调整，提高团队绩效，促进团队目标的实现。

2）冲突与危机

根据冲突双方的个性、冲突的原因、冲突的性质等各种因素而采取相应的冲突与危机解决措施。

3）结果导向

尽可能清楚明白地定义所有利益相关方所期望的项目成果，要关注客户、用户和其他利益相关方的结果。

4）效率

高效地运用时间、资源和资金来生产既定的交付物，满足利益相关方的需求。要了解项目运行机制的效率，并适时采取行动；能够委派工作并且对他人充满信心，进行例外管理；适当地实施变更管理，尽早汇报不能完成的计划。

5）变更

对变更进行识别、描述、分类、评估、批准或拒绝，以及按协议实现和检验变更等一列活动进行管理的能力。

6）专业知识和技能

必须具备的基础知识，包括基本的管理知识、各领域的专业知识以及行业与公司知识，通过练习而获得的操作方式和习惯。

7）创造力

在工作环境中不受陈规和以往经验的束缚，勇于突破陈规，提出创新的解决方法，尝试不同的、新颖的方法来处理工作中出现的问题并及时把握机会。

8）职业操守

具备良好的道德品质和职业道德。

9）沟通

有目的、有计划地综合运用各种沟通手段，使信息、思想和情感在个人和群体之间传递。

10）应变能力

愿意并且能够适应多元化的要求，工作重心的转移、模糊和快速的变化，能够调整自己的工作风格和方法来适应快速变化的工作目标、工作情境和工作需求，在压力下富有成效，在困难和不利条件下表现出弹性和灵活性。

11）健康身体素质

健康，能适应恶劣的环境；良好的心理素质，具有坚强的意志和毅力，在任何时候都能精神振奋、充满信心。

12）其他

与操作活动相关的其他能力要素，如追求卓越，不满足于现状，对成功具有强烈的渴求，总是设定更高的目标，勇于探索等。

**3．维护角色能力要素分析**

（1）项目维护活动分析

根据本书前文的定义，维护活动主要指获得和补充服务于操作的资源和工具，"维护角色"主要指为项目提供资源、工具等的部门和人员。项目维护活动包括项目资源供给、风险管理和利益相关方的投入及承诺活动。

1）项目资源供给

①人力资源管理。

②成本和财务管理。

③项目物资管理。

2）风险管理

①风险识别。

主要包括收集资料、估计项目风险形势和根据直接或间接的症状将风险识别出来等活动，在此过程中要采取有效的风险识别方法。

②风险评估。

主要包括对风险进行定性分析，并依据风险对项目目标的影响程序对项目风险进行分级排序的过程。主要依据：风险管理规划；风险识别的成果；项目进展状况；项目类型；数据的准确性和可靠性；概率和影响的程度。

在此过程中核心涉及的活动有：选择合适的风险评估方法进行风险评估，和选择有效的风险量化方法进行风险量化和风险分级排序。

③风险应对。

规避风险，可从改变风险后果的性质、风险发生的概率或风险后果大小几个方面，提出多种策略，一般来说主要包括以下六个方面的策略：减轻风险、预防风险、转移风险、回避风险、自留风险和后备风险。

风险应对过程的活动是执行风险行动计划，以求将风险降至可接受的程度。包括以下内容：对触发事件的通知做出反应，并分派风险行动计划；对照风险计划，交流对照原计划所取得的进展，定期报告风险状态，加强小组内部交流；校正偏离计划的情况，将校正的相关内容记录下来。

3）利益相关方的投入及承诺

①成立或组建一个专门的组织或小组来对各相关方进行协调；

②及时识别相关方的需求冲突并制定化解措施；

③使各相关方能够认可其责任及义务，为项目提供足够的资源；

④成立或组建一个专门的组织或小组对利益相关方的实际投入进行监督；

⑤建立相关方信任评审体系，对各方完成任务的能力、态度、条件与意愿等方面进行评价；

⑥建立有效的沟通渠道和会议制度，与各利益相关方进行有效的沟通；

⑦使各相关方能够对项目信息及时反馈；

⑧评价各种问题解决的思路，并选择一个满意的，在适当的时候让利益相关方加入；

⑨形成高效、可靠的原材料、设备、工具、服务、信息技术、信息与文档、知识、资金等资源供给体系；

⑩已批准的变更的计划、实施、控制和结束；

⑪必要时与相应利益相关方进行沟通、协商和谈判；

⑫其他方面的活动。

（2）维护角色能力要素内容

根据对项目维护活动的分析，项目治理维护角色至少应该具备以下能力要素：

1）资源

主要指整合资源的能力，运用适合的方法、工具或管理手段，操纵项目原材料、设备、工具、服务、信息技术、信息与文档、知识和资金的能力。掌握网络计划评审技术、变化控制方法、质量评审技术等资源相关的技术。

2）执行能力

主要包括积极主动、适应能力、关注细节、流程管理和时间管理能力等。

3）人事管理

了解优秀的人力资源管理理论和方法、重建或优化人力资源管理流程、规划引入优秀的人力资源管理方法和技术、管理人力资源实践的各项职能和流程、评估测量人力资源管理实践的有效性。

4）信息处理

把原始、零散的材料经过归纳整理，综合分析，去糟取精，去伪存真，抓住事物的关系和本质。

5）分析推理

能够将事物分解，或通过层层因果关系描述其内在的联系的方法来分析工作任务或机会。

6）沟通协调

主要包括沟通能力、指挥协调、冲突处理能力、工作艺术等。

7）人际关系处理

主要包括语言表达能力、人际洞察能力、尊重他人、捕捉机遇、换位思考、预测判断、谈判能力等。

8）可靠性

包括责任心、正确的行为、坚定、自信、行业认可度、认真敬业等要素。

9）变更

主要包括信息处理、风险识别、风险评估、逻辑思维、分析推理、诚信正直、职业操守等要素。

10）专业经验

主要包括相关活动所必备的专业知识、公司内外从事本专业工作的经验、专业领域取得过的工作绩效等。

11）个人品质

主要包括恒心、自信心、耐心、乐观、诚实守信、有责任心、独立性、企业文化、工作态度、换位思考、权限意识、亲和力、孝心、爱心等要素。

12）其他

与维护活动相关的其他能力要素，如法律、持续学习、计算机网络技术、咨询、服务等。

**4．监控角色能力要素分析**

（1）项目监控活动分析

监控活动主要指对操作角色活动和维护角色活动的绩效进行管理、评价和监督，"监控角色"主要指对项目管理、实施过程进行监督、管理和评价的部门和人员。项目监控活动包括项目绩效管理、项目评价和激励和项目监督。

1）项目绩效管理

主要指各级管理者和员工为了达到组织目标共同参与的绩效计划制定、绩效辅导沟通、绩效考核评价、绩效结果应用、绩效目标提升的持续循环过程，主要包括以下内容：

①制订考核计划：明确绩效考核目的和对象；选择绩效考核内容和方法；确定绩效考核时间。

②进行技术准备：绩效考核是一项技术性很强的工作。其技术准备主要包括确定考核标准、选择或设计考核方法以及培训考核人员。

③选拔考核人员：在选择考核人员时，应考虑的两个方面的因素：通过培训，使考核人员掌握考核原则，熟悉考核标准，掌握考核方法，克服常见偏差。在挑选人员时，按照上面所述的两个方面的因素要求，综合考察各种考核人选。

④收集资料信息：建立一套与考核指标体系有关的制度，并采取各种有效的方法来达到。

⑤做出分析评价：确定绩效单项的等级和分值；对同一项目各个考核来源的结果进行综合；对不同项目考核结果进行综合。

⑥绩效管理沟通：主要是指组织者、考核者、被考核者他们之间沟通。根据绩效管理循环，将绩效沟通分为三个沟通过程：绩效计划沟通、绩效实施沟通和绩效

结果沟通。

⑦绩效管理其他方面的活动。

2）项目评价和激励

①项目前评估。项目机会研究、初步可行性研究、辅助研究、详细可行性研究和国民经济评价。

②项目中评价。指在项目立项上马以后，在项目实施时期，历经项目的发展、实施、竣工三个阶段，对项目状态和项目进展情况进行衡量与监测，对已完成的工作做出评价。

项目中评价活动涉及内容较多，主要包括：项目人力资源评价、项目费用评价、项目质量评价、项目进度评价、项目风险评价和项目管理评价等方面的活动。

③项目后评价。项目技术评价、项目财务和经济评价、项目环境和社会影响评价、项目管理评价。关于项目后评价，国际项目管理协会提出了卓越项目管理评价模型。

④经济性激励。固定工资，项目管理人员年薪制中固定工资部分；风险工资，年薪制中业绩工资和年终奖，以及股票期权；间接性经济激励，公共福利、保险、餐饮住房补贴等；项目内部工作环境，项目人文环境，令员工自豪的企业文化和组织文化；外部工作环境，项目及行业的政策环境等；自我发展与实现程度，培训进修机会；提升重用机会；创新及决策自由度等；个人内心满意度、个人成长、自我能力的实现程度；个人名誉、社会地位；兴趣、挑战性和成就感等。

⑤项目评价和激励其他方面的活动。

3）项目监督

①在契约中明确规定各方的责任和义务；

②项目进度监督，里程碑检查、节点核实等活动；

③项目质量监督，材料、人员、设备、技术方法、项目环境等监督活动；

④项目费用监督，项目结算、项目审计等活动监督；

⑤项目风险监督，项目风险识别、项目风险跟踪等活动；

⑥沟通，建立有效的沟通渠道和会议制度等活动；

⑦项目管理监督，主要对各项管理规定审计、项目计划的执行跟踪、项目运营监督等活动；

⑧项目信息与文档监督，收集、整理、分析和处理信息，项目文档审核，知识

管理等活动；

⑨项目过程监督，识别关键过程、明确过程负责人和过程管理、制定工作准则、持续检查其他利益相关方的满意度等活动；

⑩项目范围监督，工作包完成情况检查、项目成果验收等活动；

⑪项目监督其他方面的活动。

（2）监控角色能力要素内容

根据对项目监控活动的分析，项目治理监控角色至少应该具备以下几个方面的能力要素：

1）信息处理

能够将信息材料进行整理归纳分析，梳理出各种关系逻辑和性质。

2）领导力

领导力能力主要包括：学习力，构成的是领导人超速的成长能力；决策力，是领导人高瞻远瞩的能力的表现；组织力，即领导人选贤任能的能力的表现；教导力，是领导人带队育人的能力；执行力，表现为领导人的超常的绩效；感召力，更多地表现为领导人的人心所向的能力。

3）自我控制

主要涉及的要素包括：风险和机会、团队协作、资源、变更、信息与文档、自信、缓和、谈判、效率、道德规范、面向项目、财务、法律等。

4）组织协调

主要涉及沟通能力、指挥协调、冲突处理能力和工作艺术等要素。

5）目标管理意识

战略思考能力、决策能力、风险意识、全局观念和目标管理能力等要素。

6）关注细节

对可能会影响全局的细微环节及其变化予以充分的重视与关注，以细节的完美作为重要的努力方向。

7）应变能力

在压力状况下或是在突发情况下，思维反应速度、情绪稳定性、考虑问题全面性等方面应变与处理问题的能力。

8）冲突与危机解决

发生冲突双方的个性情况、事件原因、冲突性质等因素不同，解决冲突与危机的解决措施不同。

9）业务知识

对项目行业知识、内部规章制度与流程、产品知识等相关业务知识掌握的程度，尤其是进度、质量和费用业务知识。

10）激励

经济性激励、物质性激励和精神性激励等要素。

11）人际沟通

在人际沟通中主动积极；理解团队中的权属关系；人际间适应性；处理人际关系的原则性与灵活性；能与组织内外部建立合作关系的能力。

12）控制报告

要涉及信息搜集与分析、指挥和激励、战略思考、关注细节与秩序、果断性、原则性、敏感性和效率等要素。

13）其他

项目监控活动其他方面能力要素，如战略管理意识、关心下属、职业趣味和价值观等方面的因素。

# 第3章 建筑企业项目集群管理

## 3.1 项目集群管理概述

### 3.1.1 项目集群管理的相关定义

**1. 项目集群定义**

随着以信息技术为代表的数字经济的迅猛发展,建设工程项目逐渐呈现大型、复杂、群组的形态,同时项目管理所面临的外部环境和管理工具也有很大变化,越来越多的项目以相互关联的项目集群形式出现。

项目集群,由Program一词翻译而来,因译者理解不同,在国内又称为大型计划、大型项目、大型复杂项目或项目群等。对于项目集群的概念,不同的学者和权威组织从不同的角度给出了定义。

PMI认为:项目集群是经过协调管理以便获取单独管理这些项目无法取得的收益和控制的一组相关的项目。项目集群可能包括在项目集群中各单个项目范围之外的相关工作。IPMA认为:大型项目(Program)是为了达到某个战略目标而设立的项目。大型项目包括一系列相关的项目、必要的组织改变、达到战略目标和既定的商业利益。

格雷(Gray)把项目集群定义为,以协调管理或集成战略层面的报告为目的,进行的项目集群合。弗恩斯(Ferns)认为,项目集群是对项目进行协调管理,组织相关项目的结构和过程,进而获得比单个项目管理更高的综合利益。

阿奇尔(Archer)和加塞姆扎德(Ghasemzadeh)将项目集群的定义和项目组合的定义结合起来,给出项目集群的定义:通过协调管理项目组合、进行组织变革,进而获得战略性收益。西里(Thiry)等从组织战略的角度对项目集群进行定义:项目集群是有目的地将所有变更行动(项目和运作活动)集合起来,是实现战略目的和/或战术利益的组合。

项目集群还包括处于项目集群中各单个项目范围之外的相关工作（如持续运作）。项目集群通常是基于企业的战略规划，实现企业目标或目的的一种管理方式。

项目集群除了具有一般项目的特征外，还有其特殊的4个特征：多项目并行或搭接实施、为组织战略目标服务、统筹分配资源和高风险性。

（1）多项目并行或搭接实施项目集群由多个项目组成，这些项目同时进行或部分搭接。这些项目间通过产生共同的结果或整体能力而相互联系。每一个项目都不具有完全信息，都不能单独完成项目集群战略目标，需要多个项目间相互协作，且项目之间资源与任务往往存在冲突。

（2）对组织战略目标服务指项目集群的实施是建立在企业的既定战略上，为实现企业的战略目标而服务。

（3）统筹分配资源指在项目集群范围内需要系统化地合理安排资源。由于目标的同一性，多个项目可能同时使用同一资源，或同一资源供若干不同的项目调用。这就需要从项目集群系统角度出发，在保证单个项目资源合理配置的基础上，在不同项目间合理安排资源使用。

（4）高风险性项目集群与单项目相比，面临的主体更多，需要协调的任务也更复杂。因此，项目集群面临着更大的风险。

### 2．项目集群管理定义

许多国家的组织机构和专家学者都对项目集群的内涵有所解释，有以下多种定义：

PMI认为项目集群管理不同于项目管理，因此在项目管理十大知识范畴上，又建立三大管理主题（Management Themes），它们分别是：①项目集群治理（Program Governance）；②项目集群的利益相关方管理（Program Stakeholder Management）；③财务管理（Benefits Management）。项目集群管理，通过实施项目集群管理三大主题使项目集群经理能够在项目集群实施过程中透过管理结构内的项目的交付，提升效益和能力，管理有关利益相关方，及建立适当的治理架构，进而保证项目集群能够达到预期的成果（Outcomes）。

CCTA对项目集群管理的定义为：通过对一组项目进行的协同管理，以实现企业的一系列战略目标。从CCTA的定义来看，项目集群管理的任务有：帮助企业制定长期的战略目标，在这些目标确定之后，通过对多个项目实施管理，确保项目完成后能实现既定的收益。

西里和德奎尔（Thriy&Deguire）认为，项目集群管理与项目管理的领域有所不同，是指从业人员和经理将项目管理运用到更有战略意义的层面，用于管理多个相互关联的项目以实现组织战略上的优势。

PMBOK对项目集群管理的定义如下：采取集中式的方式对一个项目集群进行协调管理，目的是为了实现此项目集群的战略目标和收益。项目集群管理，通过实施和运行收益管理、利益相关者管理和项目集群治理三个重要的管理，以成功完成项目集群的目标。

尽管以上定义各不相同，但还是具有一定的共同点：首先，项目集群一般由多个项目组成；其次，项目集群管理的主要任务是对各项目进行协调管理；最后，项目集群管理的目的是创造协同优势，以获取单项目管理无法获得的增量收益。

可以将项目集群管理应用在多项目的企业组织中，通过对相互关联的项目进行协调管理，并从中获取增量收益；还能够协助大型项目的管理者，为实现一个特定的目标，对内部的多个子项目进行综合管理。项目集群是通过协调的方式选择和计划企业的既定战略目标的项目，这些项目有可能是时间上交织，还有可能在内容上存在某种程度的关联。

### 3.1.2 项目集群管理与项目管理、项目组合管理的比较

IPMA认为：项目组合是为了控制、协调和达到项目组合整体的最优效果，而放在一起进行管理的一群不一定相关的项目和/或大型项目。通过上述分析可见，在一个组织中可能同时存在多个项目组合。在企业中不同层次项目管理的关系如图3-1所示。

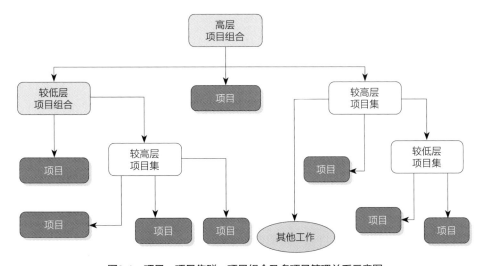

图3-1　项目、项目集群、项目组合及多项目管理关系示意图

通过设定几个关键考核指标做比较，项目的比较如表3-1所示。

项目集群管理与项目管理、项目组合管理比较表　　　表3-1

| | 项目 | 项目集 | 项目组合 |
|---|---|---|---|
| 目标 | 完成交付物 | 达到战略的实现和子项目集中管理的收益 | 与战略相一致的协调与优化 |
| 愿景和战略 | 通过项目的业务事务相关联 | 实现子项目集 | 通过组合协调一致，并受项目组合的监控 |
| 范围 | 依据特定的目标，在项目的生命期内逐渐明确 | 具有较宽的范围，更关注子项目之外的收益 | 立足于组织高层，考虑战略和商业性范围 |
| 商业利益 | 在很大程度上不考虑 | 充分考虑 | 综合考虑 |
| 组织变更 | 通常不考虑 | 通常被考虑 | 通常不考虑 |
| 规划 | 把高层的信息细化到具体项目的计划中 | 制定项目集总体计划，把控高层面的计划，指导组件子项目层面的详细计划 | 创造和维持与总体组合有关的计划，必要的过程和沟通 |
| 管理 | 管理项目团队，以实现项目目标 | 管理项目集人员和子项目经理，指导子项目经理工作，以实现整体领导能力 | 管理和协调项目组合人员 |
| 监控 | 监控项目所承担的产品或其他交付成果 | 监控组件子项目的进展，确保项目集要达到整体目标、进度、预算和收益 | 监测总体绩效和价值指标 |
| 成功判定 | 项目目标的实现程度和利益相关方满意度 | 实现的需求和收益的满意度 | 项目组合各组件的总体绩效 |

## 3.1.3　项目集群管理在组织中的地位

对于成熟组织而言，项目管理可以分为三个层面：一是决策层面，即项目组合管理"做正确的事"，决定如何选择正确的项目（在正确的时间、用正确的人）；二是管理层面，即项目集群管理"正确做事情"，决定用正确的方法去做正确的项目；三是执行层面，即把项目做正确。可见项目集群管理起着承上启下的作用，既要与项目组合的战略目标联系起来，又要整合管理多项目的可交付成果来交付收益。

项目组合、项目集群和项目之间的关系可以这样表述：项目组合是为了实现战略目标而组合在一起管理的项目、项目集群、子项目组合和运营工作的集合。项目集群包含在项目组合中，其自身又包含需协调管理的子项目集群、项目或其他工作，以支持项目组合。单个项目无论属于或不属于项目集群，都是项目组合的组成部分。

根据PMI统计会员企业结果，目前全球只有51%的项目能按时交付，只有56%的项目能够完成既定目标。项目、项目集群、项目组合管理的侧重点为：项目管理按时交付可交付成果，解决1+1=2的问题；项目集群管理面向多项目整合管理，侧重于收益交付，完成1+1>2的问题；项目组合管理是面向于组织战略方向，同时在组织有限资源（1，2，3，4…）和经营限制（+，-，×，÷…）的环境下，通过组合管理使组织利益最大化，如图3-2所示。

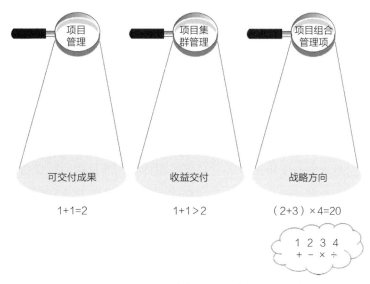

图3-2　项目、项目集群、项目组合管理的侧重点

区别于项目管理的交付结果，项目集群管理在组织中更加侧重于战略导向和收益导向。

**1．战略导向**

项目集群必须能够有效支撑组织战略目标（Strategy Goals），项目集群的成败直接关系组织战略能否实现。所以，项目集群管理工作需要时刻保持并验证项目集群与战略之间的一致性。

**2．收益导向**

项目集群目标需要定义具体的收益（Benefits），收益是项目集群的最终绩效指标，而不应是进度、成本、范围这些项目交付指标。项目集群管理团队以收益为导向，实现项目集群收益的最大化。

项目集群管理的意义在于为组织创造和交付收益，这是建立和管理项目集群的最主要的原因。

### 3.1.4 项目集群管理成功的关键

PMI《项目集管理标准（第3版）》一书将项目集群管理划分为5个绩效域，即项目集群战略一致性、项目集群收益管理、项目集群利益相关方协同、项目集群治理和项目集群生命周期管理（图3-3）。由这5个绩效域一起组成的项目集群管理框架是项目集群成功的关键。

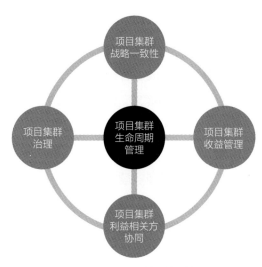

图3-3 项目及管理绩效域

**1．战略一致性**

项目集群管理成功的一个关键点是项目集群管理的战略一致性，组织定义项目集群与组织战略相一致，并确保组织收益的实现。项目集群承接组织的战略和目标，并通过建立基于项目集群层级的活动来实现与组织的战略目标保持一致。

同时，组织建立基于项目集群管理的高层级路线图，它包含项目集群的重要里程碑和收益交付节点，但并不包括具体子项目集群和项目的节点信息，通常那些由子项目集群经理和项目经理来控制。

**2．收益管理**

项目集群管理成功的另一个关键点在于项目集群用来创造和交付收益，而不是像项目那样仅仅交付成果。项目集群对不同项目组件交付的结果进行整合，以实现单独管理它们无法产生的收益，同时确保收益移交给新的项目、项目集群团队或运营部门，以继续维持收益。

**3．利益相关方协同**

项目集群管理比项目管理要面对更广泛的内部和外部利益的相关方，他们可能积极或消极地影响项目集群结果。项目集群经理需要运用领导力，通过评估、区分利益相关方对项目集群的态度和变革意愿来争取利益相关方，扩大他们积极的影响并减轻他们消极的影响。

**4．治理**

项目集群治理指为确保项目集群有效实施和一致管理的实践和过程，通常通过建立项目集群治理委员会来进行。项目集群治理重点放在项目集群复杂组织结构下的权力分配和如何决策。

项目集群治理通常包含项目集群治理与组织的愿景和目标、项目集群的批准、项目集群的融资、项目集群治理计划、项目集群成功标准、项目集群报告与控制过程、项目集群进展监控与变更需要等内容。

**5．生命周期管理**

项目集群生命周期管理包括项目集群定义、项目集群收益交付、项目集群收尾三大阶段相关的项目集群活动（图3-4）。项目集群通过开发新的能力或提升现有的能力来承担收益的交付，为完成这一目标，项目集群经理在项目集群生命周期内，通过整合和管理多个项目组件来交付期望的收益。

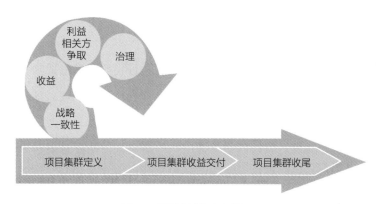

图3-4　项目集群生命周期

## 3.1.5　项目集群管理流程

在项目集群管理中，执行项目管理五大过程组，五大过程组贯穿于整个项目周期。项目及项目集群管理的五大过程组是一致的，并且与应用领域或行业无关。

在项目启动过程中，其主要任务是对项目进行可行性的研究与分析，输出结果是项目章程、任命项目经理、确定约束条件与假设条件。从商务角度看，这个阶段的最重要的产品就是"合同"。在"合同"中明确承诺项目要达到的目标，即项目预期的结果或最终产品。一般来说，项目目标应该至少包括工作范围、进度计划、预算成本、质量标准4大要素。在启动过程中，我们追求的是目标明确。

在项目规划过程中，通过对项目集群的范围、任务分解、资源分析等制定一个科学的计划，这计划不要求很准确、很细致，重要的是确定"Checkpoint"（检验点）和"Baseline"（基准线）。在这个过程中，要完成两件事：时间安排、资源的调配。资源包括人力资源和物质资源。这个阶段的产物是项目集群计划、项目集群范围说明书、项目集群的工作分解结构、项目集群的各项目活动清单、项目集群的各项目网络图、项目集群进度计划、资源规划、成本估计、质量规划、风险及问题计划、沟通管理规划等，要为交付收益和确定要开展的项目集群范围而计划最佳的备选行动路线。

在项目执行过程中，将项目、人力和物质资源进行整合以实施项目集群计划并交付项目集群收益，在执行过程中，需要注意范围的变更、记录项目信息、鼓励项目成员努力完成项目，要强调项目实施的重要内容，如正式验收项目集群范围，在项目集群的执行过程中，重要的内容是项目集群信息的沟通，即及时提交项目集群进展信息，以项目集群报告的方式定期通报项目进度，有利于开展项目控制，为质量保证提供了必要的手段。

在项目监控过程中，按照收益交付预期对项目集群及其组成项目进行监视，并定期测量它们的进展情况，以识别偏离项目集群管理计划之处，项目集群管理的过程控制，是保证项目集群朝目标方向前进的重要过程，就是要及时发现偏差并采取纠正措施，使项目集群进展朝向目标方向。控制可以使实际进展符合计划，也可以修改计划使之更切合现状，修改计划的前提是项目符合期望的目标。控制的重点是范围变更、质量标准、状态报告及风险应对。

在项目收尾过程中，正式验收产品、服务、成果，并有序地结束项目或项目集群。项目集群的收尾包括对最终产品进行验收，形成项目档案，吸取的教训等。另外，要对项目集群相关方做一个合理的安排，项目集群收尾的方式可以根据项目的大小来定，可以召开表彰会、发布会，有些项目最后还需要审计。

## 3.2　项目集群管理领域

### 3.2.1　项目集群范围管理

项目集群范围定义了在项目集群层面上交付一项收益（具有特定特征与功能的主要产品、服务或成果）所需的工作。项目集群范围管理包括所有涉及规划与管理项目集群范围的活动。范围管理使项目集群范围和项目集群的目的与目标达成一致，包括把工作分解到交付相关收益的可交付组件产品。

范围定义活动始于提出项目集群目的和目标的项目集群章程、项目集群范围说明书及收益实现计划。项目集群范围管理的目标是制定详细的项目集群范围说明书，把项目集群活动分解成可交付的组件，并且制定一个计划，用来在整个项目集群期间管理范围。

**1．规划项目集群范围**

在项目集群开始时，项目集群经理要确保项目集群的背景和框架被恰当地定义、评估并记录在项目集群范围说明书中。项目集群相关方应该核实并批准项目集群范围说明书。项目集群范围说明书确立了将采取的方向，并识别出将要完成的重要方面。

项目集群范围通常以预期收益的形式加以描述，但根据项目集群的不同类型，也有可能被描述成用户实例或情景。项目集群范围包含所有由项目集群交付的收益（产品与服务），以项目集群工作分解结构的形式体现。

项目集群工作分解结构是以可交付成果为导向的一种层级分解，涵盖整个项目集群的范围，并包括由组成组件生成的可交付成果。不在项目集群工作分解结构中的元素，就不在项目集群范围中。项目集群工作分解结构包括但不限于项目集群管理工作的产物，如计划、程序、标准、过程、重大项目集群里程碑、项目集群管理可交付成果及项目集群管理办公室支持的可交付成果。项目集群工作分解结构提供项目集群的概览，并揭示每个组件将如何为项目集群的目标做出贡献。分解工作止于项目集群经理所需的控制层级（通常分解到组件项目的第一层或二层）。项目集群工作分解结构作为结构框架，为制定项目集群进度计划服务，并定义项目集群经理的管理控制点。项目集群工作分解结构是一个重要的工具，可用来建立现实可行的进度计划、制定成本估算和组织工作。它也为报告、追踪和控制项目集群提供基础框架。

一旦范围明确，管理、记录和沟通范围变更的计划也应该在项目集群定义阶段被制定出来。

**2．控制项目集群范围**

为确保项目集群的成功完成，对项目集群经理而言，在项目集群的不断进展中始终关注并控制范围是非常重要的。对某一个组件项目和/或项目集群有重大影响的范围变更，可能来源于相关方、项目集群内各组件项目、之前未识别出的需求或结构问题和/或外部来源。

应该建立变更管理政策和程序以管理项目集群的范围变更，包括获取变更请求的方法、评估每个变更请求、决定每个变更请求的处置、将变更决策传递给受影响的相关方、记录变更请求及其支持性细节、授权资金和工作等。变更请求被接受和批准时，项目集群管理计划和项目集群范围说明书均应被更新。

当提出项目集群范围变更请求时，项目集群经理负责确定项目集群的哪些组件项目会受到影响，并应该相应地更新项目集群工作分解结构。在非常大的项目集群中，受影响的组件项目数量可能会很多且难以评估。项目集群经理的范围管理活动应当仅局限于分配的组件层面，同时，应该避免控制那些已被组件项目经理进一步分解的组件项目范围。

### 3.2.2　项目集群进度管理

项目集群进度管理活动确定创造项目集群收益所需组件项目的顺序和时间表，评估完成每个组件项目所需的时间量，识别项目集群实施过程中的重要里程碑，并将结果记录下来形成文件。它包括确定个体组件项目的实施顺序、项目集群路线图和用以测量的里程碑，以使整个项目集群在定义的制约因素中保持正轨。

通常，项目集群进度计划的制定与组件会相互作用和影响。项目集群主进度计划会在项目集群的早期被制定出来。单个组件的项目经理则为他们自己所负责的项目制定详细的进度计划。一旦组件项目进度计划被制定出来，项目集群主进度计划就可能需要更新。项目集群组件之间的相互依赖关系、来自组件项目的关键里程碑和非组件项目里程碑，都需要在项目集群层面上进行追踪，以评估项目集群是否按照与相关方商定和批准的路线交付项目集群收益。

项目经理集中精力按进度基准管理其项目的可交付成果，而项目集群经理则集中精力协调项目集群内所有组件的进度计划并整合它们，以确保项目集群本身按进度完成。项目集群经理要专注于把每个组件项目整合进项目集群的主进度计划中，并按时交付项目集群层面的组件，而非管理任何单一项目组件的细节。

不同组件项目间的依赖关系对整体进度计划有显著影响。一个组件项目的延时完成可能会影响到其他与之有依赖关系的组件项目或整合活动。而一个组件项目的提早完成也可能会给项目集群进度计划带来挑战，从而需要项目集群经理去关注并解决组件项目期望完成和实际完成之间的差距，以及对其他组件项目的影响，或许可能有机会让其他组件项目提早开始，并有可能由此产生收益交付的提前或增加。

**1．规划项目集群进度**

规划项目集群进度始于范围管理计划和项目集群工作分解结构，凭借项目集群工作分解结构，创造项目集群收益的项目集群组件被识别出来。主要的项目集群层面的里程碑和各组件项目应该被交付的顺序也已经被确定下来。初始的项目集群主进度计划常常在还没有单个组件项目的详细进度计划之前就被创建了。项目集群的交付日期和主要的里程碑可以用项目集群路线图和项目集群章程来制定。

项目集群主进度计划是最高层面的项目集群文件，它定义了达成项目集群目标所需的单个项目的进度计划和所需项目集群组件（各单个项目和项目集群层面的活动）间的依赖关系。它还应该包括能体现项目集群输出或与其他组件项目共享相互依赖关系的那些组件项目里程碑。

项目集群主进度计划应该还包括项目集群所特有的活动，包括但不限于与相关方的活动、项目集群层面的风险缓解及项目集群层面的评审。项目集群主进度计划确定了单个组件的时间表，让项目集群经理能够确定项目集群何时交付收益，并识别出项目集群的外部依赖关系。最早起草项目集群主进度计划时，常常仅识别出组件的顺序和开始/结束日期。随着组件进度计划被制定出来，更多中间组件结果的出现使项目集群主进度计划得以不断填充丰富。一旦高层面的项目集群主进度计划被确定，每个单个组件的日期就能被识别出来，并被用来制定组件的进度计划。这些日期在组件层面上成为约束条件。如果一个组件有多个可交付成果是被其他的组件所依赖的，那么这些可交付成果及相互依赖关系就应该反映在整体项目集群的主进度计划中。

除了生成项目集群主进度计划，还需要创建一个进度管理计划，它是成为项目集群管理计划的一部分。项目集群进度管理计划识别出已达成共识的组件可交付成果的顺序，来促进对单个组件项目交付的有效规划。它也为项目集群团队/相关方提供了一个计划，即在整个项目集群期间如何管理项目集群，并建立一套应用于所有组件项目的通用标准。项目集群可能要建立适用于所有项目集群组件的进度标准。这个进度标准可能会包括在项目集群进度管理计划中。项目集群进度管理计划是动态文件，它为项目集群经理提供了用以识别风险并升级为可能影响项目集群目标的组件问题的机制。

作为项目集群主进度计划制定的一部分，项目集群进度的各种风险应被提前识别出来，并且应该纳入项目集群风险登记册中。这些风险可能是由进度计划内组件项目依赖关系导致的，也可能是外部因素，须在项目集群进度管理计划达成共识之时被识别出来。

应定期评估并更新项目集群路线图，以确保项目集群路线图与项目集群主进度计划保持一致。项目集群主进度计划的变更可能要求变更项目集群路线图，而项目集群路线图的变更也应该反映在项目集群主进度计划中。

**2. 控制项目集群进度**

控制项目集群进度是确保项目集群按时产出所需能力和收益的活动。这项活动包括按项目集群主进度计划所规划的时间表来追踪和监督高层面组件、项目集群活动及项目集群里程碑的开始和结束。为了保持一个准确并切合目前情况的项目集群主进度计划，需要不断更新项目集群主进度计划并指导单个项目进度计划的变更。

监督与控制项目集群进度应与其他项目集群活动紧密合作来识别进度偏差，并在必要时指导纠正措施。成功的项目集群管理取决于彼此之间相互依赖的项目集群范围、成本与进度的一致性。进度控制不仅涉及识别延误，还涉及识别机会，并应该适当地应用在风险管理中。作为风险管理活动的一部分，还应该追踪项目集群进度风险，评审项目集群主进度计划，以评估组件项目层面的变更对其他组件项目和项目集群本身的影响。为达成项目集群目标，有时可能需要加速或减速进度计划中的组件项目。对提前交付的识别可能会为项目集群加速提供机会。批准组件项目进度偏差可能也有必要，其结果是实现由组件项目绩效偏差导致的项目集群收益。由于项目集群本质上的复杂性和持续时间，为满足不断演变的项目集群目标，作为那些已被接受的变更请求的结果，项目集群主进度计划可能需要更新以便增加新的组件项目或移除某些组件项目。

监督项目集群进度和控制项目集群主进度计划的活动，包括更新项目集群主进度计划、更新项目集群路线图，以及对作为活动输出的进度风险的识别。

### 3.2.3 项目集群财务管理

项目集群财务管理包括涉及识别项目集群的财务来源与资源的预算，整合项目集群组件项目的预算，制定项目集群整体预算，以及在项目集群及其组件项目的组建过程中控制成本。在整个项目集群期间，这些活动和过程都会与项目集群管理支持过程和活动相互作用、相互影响。

**1. 估算项目集群成本**

实施项目集群成本估算贯穿项目集群始终。在项目集群定义阶段，初始的成本估算会被用来确定组织能力实施此项目集群的可行性。这种初始的量级估算便于财务决策者做出是否出资支持项目集群的决定。

基于所实施工作的风险性和复杂性，可能使用权重或概率来获取估算中的置信因素。这个置信因素被用来确定项目集群成本的可能范围。当确定项目集群成本时，决策者不仅需要考虑开发成本和实施成本，还要考虑项目集群完成后可能发生的维持成本。计算含维护成本的全生命周期成本就是总持有成本。总的持有成本与一个项目集群的预期收益是息息相关的。

**2．建立项目集群财务框架**

项目集群的类型和投资结构共同决定了项目集群持续期间的财务环境。该环境具有投资模式多种多样；完全由单一组织内部投资；在单一的组织内管理，但投资是独立的；完全由外部母公司投资和管理；由内部和外部资金来源提供支持等特点。

通常，项目集群可以有一个或多个投资来源，而项目集群组件则可能有与之完全不同的投资来源。除投资来源以外，出资的时机也会直接影响一个项目集群的实施能力。项目集群成本的发生会比它们相关收益的实现来得更早（常常会早若干年），这种提前的程度远大于组件。在项目集群开发过程中，融资的目的就是通过获得资金来填补开发所花费的经费与项目集群所得收益间的逆差。如何以最有效的方式来平衡这个巨大的负现金流，这是对项目集群财务的关键挑战。由于大多数项目集群涉及的资金额度庞大，出资机构很少是项目集群的参与者。相反，他们会对项目集群管理和业务领导、技术领导及项目集群经理的决策提供重要的输入。正因如此，与项目集群发起人和其他关键相关方的沟通应该是积极和及时的。

在项目集群定义阶段的早期，为了协调可用资金、确定制约因素并决定如何支付，需要确定项目财务框架作为高层面的初始计划。财务框架定义并描述了项目集群的资金流，从而使资金的花费尽可能高效。

随着项目集群财务框架的制定和分析，可能会识别出某些变更，以至于影响最初验证项目合理性的商业论证。基于这些变更，商业论证应在决策者的充分参与下予以修订。

理解项目集群发起人和投资组织代表关于财务安排的具体、独特的需求是非常重要的。为了反映这些需求，沟通管理计划和相关方争取计划可能需要更新。

**3．制定项目集群财务管理计划**

项目集群财务管理计划是项目集群管理计划的组成部分，记录了项目集群财务的方方面面：付款进度与里程碑、初始预算、合同付款与进度、财务报告活动与机制以及财务衡量标准集。财务管理计划在项目集群财务框架的基础上扩展，描述了各个管理事项，如风险储备的现金流问题、国际汇率浮动、未来利率的上升与下降、通货膨胀、货币贬值、当地财政法规、材料成本趋势、合同激励与惩罚条款及合同留存保证金大小等。

在制定项目集群财务管理计划时，项目集群经理还应该将各组件项目的付款进度、运营成本和基础设施成本包括在内。

### 4．估算组件项目成本

由于项目集群具有相当大的不确定因素，所以在项目集群定义阶段做初始估算计算时，可能不是所有的项目集群组件项目都能预先知道。另外，由于项目集群通常具有较长的周期，初始估算也可能需要更新，来反映当前的环境与成本变动。

为项目集群中每个组件项目制定成本估算，得出的组件项目成本就是基准，并成为该特定组件项目的预算。如果由承包商来实施该组件项目，成本就会被写进合同中。

### 5．预算项目集群成本

制定项目集群预算涉及汇总所有可用的财务信息并详细地列出所有收入与支出，所以项目集群成本作为项目集群预算基准的一部分可以被跟踪。一旦生成基准，预算就成为度量项目集群所参照的主要财务目标。当涉及承包商时，合同中会包含详细的预算。在基准预算完成前，项目集群的管理费用要加入初始预算表中。

预算的两个重要部分就是项目集群支付进度计划和组件项目支付进度计划。项目集群支付进度计划识别出从投资组织那里收到资金的进度安排和里程碑。组件项目支付进度计划则指出，根据合同条款，何时以及如何向承包商付款。基准一旦确定，项目集群管理计划就要更新。

### 6．监控项目集群财务

根据定义，项目集群是由多个组件项目组成的。因此，项目集群预算既应该包括每个组件项目的成本也应该包括管理项目集群自身所需资源的成本。一旦项目集群收到最初的投资并且开始支付费用，财务工作就会转向追踪、监督和控制项目集群的资金与花费。这是项目集群经理在治理委员会的监管下所应承担的职责。

在预算内监督项目集群财务并控制花费，是确保项目集群符合出资机构或上级组织目标的至关重要的方面。一个项目集群，如果成本超出计划的预算，就可能不再满足原来验证其合理的商业论证，也可能被取消。即便只是轻微地超出预算，也会面临审计和监管，需要证明超支的合理性。

作为监督与控制项目集群财务活动的一部分，付款要与合同、项目集群财务框架及合同中明确的可交付成果的状态保持一致。当每个组件完成它的工作时，该单个组件的预算会被关闭。在整个项目集群进程中，伴随着显著影响成本的变更被批准，项目集群预算基准也应随之予以更新，并将新预算作为基准。

**7．项目集群财务收尾**

在项目集群收尾前，需要进行估算来确定维持项目集群所创造的收益和所需要的成本。而这些成本中，很多由随后的运营、维护产生，或者随着组件交付，由所在项目集群收益的其他活动产生，这些保留活动用来监督持续的收益。一旦制定出预算，完成收益交付，并开始工作，收尾项目集群财务就正式开始了。

随着项目集群接近尾声，项目集群预算会被关闭，所有剩余的资金都要返还给投资组织。

### 3.2.4　项目集群质量管理

项目集群质量管理包括执行组织为促使项目集群成功而开展的确定项目集群质量政策、目标和职责的一系列活动。它通过政策和程序从始至终、适当地开展持续改进的活动以贯彻、实施质量管理体系。

**1．规划项目集群质量**

规划项目集群质量是项目集群质量管理的第一步，它从整体上识别与项目集群相关的标准，并明确将如何在整个项目集群中满足标准。通常，一个项目集群中会有许多不同的质量保证要求，同时也会有不同的测试及质量控制方法与活动。项目集群管理协调这些不同的规范要求，并加入必须、额外的规范要求以确保项目集群的整体质量。对项目集群经理来说，最佳实践就是把整个项目集群的质量政策记录在一个用于分发的质量政策文件中，并与所有项目集群组件项目分享。在整个项目集群过程中，项目集群管理都要负责规划适宜的质量保证标准，这实际上可能已经超出单个组件项目的时间线。例如，在项目集群生命周期内新的法律与规范发生变化，新的质量控制工具、活动和技术可能就必须被引入项目集群中，并在适当的时候被应用。

当启动某项目集群时，对应质量要求水平的成本应被评估并包含到业务计划中。质量在所有组件项目中是一个可变成本，应该在项目集群质量计划中予以考虑。只要可行的话，以降低成本为目的，把质量测试和检验关联在一起，对项目集群质量进行分析，以评估整个项目集群是有益的。通常，项目集群期间的很多产品和可交付成果都要被测试，这就产生了成本，而收益并未实现。需要注意的是，这项活动的输出是质量管理计划，它提供了对该项目集群的质量保证控制和基于项目集群范围的质量检验方法。

在定义所有项目集群管理活动及每个可交付成果与服务时，都应考虑质量管理。例如，当制定项目集群资源计划时，建议项目集群质量经理参与规划活动，确保质量活动和控制均得以被应用，并向下传递到所有的组件项目集群与项目，包括那些由分包商所实施的工作中。

**2．保证项目集群质量**

保证项目集群质量是定期评估项目集群总体质量的活动，这也为项目集群遵照相关质量政策和标准提供了实证。一旦初始的质量保证规范在准备与规划阶段被确定下来，就应持续监控和分析质量。项目集群经常开展质量保证审核来确保执行了适当的更新。新法律和规章制度可能会产生新的质量标准。项目集群管理团队负责实施所有所需的质量变更。较长的项目集群持续时间往往要求质量保证的更新要贯穿其始终。保证项目集群质量关注跨越项目集群及项目间的质量关系，以及一个项目的质量规格要求将会如何影响另一个项目的质量（如果它们互相依赖的话）。保证项目集群质量还包括分析项目集群组件的质量控制结果以确保整个项目集群的质量得以交付。

**3．控制项目集群质量**

控制项目集群质量是监控特定组件项目或组件项目集群的可交付成果和结果的活动，以便确定它们是否满足质量要求，从而帮助实现充分的收益。质量控制活动通过使用质量评审，通常还结合对组件项目实施的管理评审来确保质量计划在项目层面上得以实施。质量控制要贯穿整个项目集群始终。项目集群的结果包括产品和服务可交付成果、管理结果、成本进度计划、绩效及最终用户所实现的收益。最终用户的满意度是一个有力的指标，应取得该指标以度量项目集群质量。项目集群所交付收益、产品或服务的适用性最好由接收者来评估。为此，项目集群经常会将用客户满意度调查作为质量控制的测量方法。

### 3.2.5　项目集群资源管理

项目集群层面上的资源管理不同于组件层面的资源管理。项目集群经理需要在不确定的边界内工作，并平衡他所负责的各组件项目的需求。项目集群资源管理确保项目经理能在必要时获取所有所需的资源（如人员、设备、材料等），使他们的项目能为项目集群交付收益。

资源包括人员、办公场地、实验室、数据中心、其他设施、所有类型的设备、软件、交通工具及办公用品等。有些资源，如办公用品，是项目集群的消耗品，应该在项目集群层面上作为费用管理。项目集群经理应努力确保所有资源的用途都有说明，并在需要时适当地分配给所有组件。

**1．规划资源**

规划资源是确定需要哪些资源、何时需要、需要多少数量的活动，为的是让所有组件得以有效实施。规划资源还涉及识别现有资源和对额外资源的需求。对于人力资源，成功完成每个组件项目所需资源的总和可能会少于完成项目集群的资源总数量。项目集群经理要分析每个资源的可用性，理解资源将如何在组件项目间分配，从而确保在资源调配上没有被过度承诺。以往的历史信息可能被用来确定类似的项目和项目集群所需的资源类型。

如果资源在项目集群中无法获得，项目集群经理会向更大的组织寻求帮助。如果必要的话，项目集群经理将会与组织合作制定一份工作说明书（SOW），通过合同（采购）的方式获得必要的资源。

**2．排序资源**

排序资源使得项目集群经理可以对那些不充裕的关键资源优先排序，从而在项目集群所有组件间优化其使用。这经常会涉及人力资源规划，用以识别、记录并指派项目集群的角色与职责给个人或小组。

在项目集群执行期间，对人员、设施、资金、设备及其他资源的需求会不断变化。这些波动类似于经济学中的供需关系。项目集群经理管理项目集群层面的资源，而项目经理则管理组件层面的资源。项目集群经理要与项目经理合作，来平衡项目集群需求和资源可用性之间的关系。

项目集群经理通常会创建项目集群资源计划，用于描述稀缺资源的使用情况和可以计划使用这些资源组件的优先顺序。

**3．管理资源相互依赖**

资源常常会在项目集群内的不同组件之间被共享，项目集群经理应该努力确保这些相互依赖关系不会导致收益交付的延误。这是通过仔细地控制稀缺资源的进度安排来实现的。当资源不再为当前项目集群所必需时，项目集群经理要确保资源被调配给其他的项目集群。

当为稀缺的项目集群资源制定进度计划的时候，项目集群经理应与组件项目经理合作，来确保项目集群工作分解结构对这些相互依赖的资源使用的时间安排做出说明。

### 3.2.6 项目集群采购管理

项目集群经理需要能够自由支配和运用众多工具，其中之一就是有能力通过采购产品和服务来协助实现项目集群收益的交付。项目集群采购管理关注那些采购产品和服务的必要活动。

项目集群采购管理关注与管理整个项目集群及组成项目组件不同的独特的采购需求。举例来说，项目集群经理和项目集群管理团队可能决定需要采购一个产品整合的服务来对不同项目的产品输出进行整合，或者可能决定需要采购一些服务来支持项目集群总体层面（如进行项目集群风险管理）的活动。所有项目集群层面的采购活动都应该围绕为组件进行采购优化这一目标。

**1．规划项目集群采购**

项目集群经理应该了解交付项目集群预期收益所需要的资源。有些技术，如自制——外购决策和项目集群工作分解结构在这项活动中都有帮助。项目集群经理需要了解可用资金和所有组件的需求。

与项目采购管理一样，尽早而细致地规划对项目集群采购管理的成功至关重要。通过规划活动，项目集群经理总揽所有的项目集群组件，并制定出一个全面的计划来优化采购，以满足项目集群目标和项目集群收益的交付。项目集群采购管理关注项目集群范围内各种采购的异同，并决定：

①集中采购是否会比分散采购行动更能满足若干单个组件的某些共性需求？

②整个项目集群所规划的采购合同类型的最佳组合；在项目层面上，某特定类型的合同（如固定总价合同）可能会是最好的采购方案，但从项目集群层面来看，同样的采购可能用另一种不同的合同类型（如激励费用合同）会更为理想。

③整个项目集群范围内处理竞争的最佳方法；在项目集群内，某一领域单一供方合同的风险可被项目集群在其他方面与完全开放与竞争相关联的不同风险所抵消。

④整个项目集群范围内平衡特定的外部监管命令的最好方法；例如，与其在项目集群的每个合同中留出一定的比例以满足小企业扶持法案的要求，不如完全通过一个完整的合同以达成相同的法令要求。

通常，规划阶段要实施备选方案分析，可能包括信息邀请书、可行性研究、权衡分析和市场分析，以确定满足项目集群特定需求的最适合的解决方案和服务。

**2．项目集群采购**

项目集群经理有许多可供自主选择的工具和技术用来实施项目集群采购，但是，实施项目集群层面采购的关键是为了建立组件标准。这些标准可能以各种形式出现，如合格的供方名单、预谈判合同、一揽子采购协议及正式的建议书评价标准等。

**3．管理项目集群采购**

一旦项目集群标准就位且合同已授予，很多合同的管理和收尾工作就会被移交给组件。合同的可交付成果、需求、截止日期、成本和质量的细节都在组件层面进行处理。组件层面的各个管理者向项目集群经理报告采购的结果和收尾情况。

项目集群经理应保持采购过程的透明性，以确保为了获得项目集群收益而恰当地花费项目集群预算。

**4．收尾项目集群采购**

收尾项目集群采购是正式关闭项目集群中每个合同的那些活动。在此之前，要先确保所有的可交付成果都已被圆满地完成、所有的付款都已支付，并且没有未解决的合同问题。

### 3.2.7　项目集群沟通管理

项目集群沟通管理包括及时和恰当地生成、收集、分发、存储、检索和最终处置项目集群信息的一系列活动，这些活动在人员与沟通和做出决策所必需的信息间建立起关键连接。项目集群经理需要花费大量的时间和精力与项目集群团队、组建团队、相关方、客户和发起人充分沟通。

项目集群沟通管理不同于项目沟通。由于受项目集群影响的相关方更加广泛，相关方的沟通需求差别很大，所以需要不同的沟通途径与传递方法。

**1．规划沟通**

规划沟通是基于谁需要什么信息、何时需要、如何提供，以及由谁提供等需求，确定项目集群相关方的信息和沟通需求的活动。应该清晰定义沟通需求，从而使信息能以适宜的内容和合适的传递方式，由项目传达给项目集群，然后再由项目集群传达给适宜的相关方。相关方可能包括供方、承包商、监督管理与审计机构、媒体与社区，以及用户与客户。

与项目相比，项目集群通常更复杂，有更大程度的不确定性。随着项目集群的进展，其他组件被加入，从而会有新的相关方被识别并加以关注。在规划沟通时就要考虑这种区别。因为项目集群一般会需要更长的时间来完成，团队成员、项目发起人、项目经理和项目集群经理常常会在项目集群完成之前就离开项目集群。当项目集群团队中包含多个卖方时，相关方的数量也会增加。在制定沟通计划时，应该考虑文化与语言的差异、时区及其他全球化相关的要素。

**2．发布信息**

发布信息是以规定的格式，通过适当的媒介，将及时、准确的信息提供给项目集群相关方的活动。信息发布的接收方包括客户、发起人、组件经理，某些情况下还包括公众和新闻界。发布的信息包括如下内容：

①项目集群、项目或其他工作的状态信息，包括进展情况、成本信息、风险分析及其他与内部或外部受众相关的信息；

②给项目集群和项目团队的变更请求通知，以及对变更请求的相应反应措施；

③用于执行与控制的内部预算信息；

④向公众披露的外部预算信息；

⑤按法律与法规要求应向政府与监管机构提交的外部文件；

⑥发布超出公众知悉范围的声明；

⑦新闻公报；

⑧媒体访谈和收益更新信息。

（1）项目集群沟通的考虑事项

项目集群经理需要具备很强的沟通技能。项目集群经理要把项目集群的战略目标转换到日常的战术和运营活动中去。项目集群经理也应该有能力与项目集群团队成员沟通细节。项目集群经理还应该拥有良好的表达能力，以确保信息被准确地传达，并能够被相关方清晰理解。

项目集群经理是项目集群的关键沟通者。对项目集群经理而言，拥有一个已经定义并文档化的策略来应对宽泛的沟通需求是有益的。在整个项目集群期间都可以使用这个沟通策略以确保适当的信息得以传递给正确的受众。随着受众与信息的不断改变，这种沟通策略应在整个项目集群进程中定期更新。

（2）信息收集与检索系统

信息通过各种媒介被收集和检索，包括人工归档系统、电子数据库、项目管理软件及允许存取诸如工程图、设计规格书、测试计划等技术文件的系统。当使用一个数据库时，分析并分配现有不同文件的访问权限是很重要的。当前的IT环境使大量数据快速传播给众多接收者成为可能。这种情况就需要仔细规划并建立项目集群的信息存贮与检索系统。

（3）信息发布方法

信息发布管理涉及在整个项目集群持续时间内及时地与项目集群相关方沟通信息，且只沟通所需信息。项目集群信息可使用各种方式发布，包括：

①面对面会议、硬拷贝文件分发、人工归档系统，以及共享访问权限的电子数据库；

②电子沟通与会议工具，如电子邮件、传真、语音信箱、电话、视频网络会议及网络发布；

③项目集群管理的电子工具，如进度和项目管理软件的操作界面、会议与虚拟办公室支持软件、门户网站及协同办公管理工具；

④社交媒体（基于互联网的小组沟通工具）、访谈、会议报告、市场宣传、发表文章；

⑤非正式的沟通，如电子邮件、小组讨论、员工会议等。这些是沟通日常活动的主要方法，但不适用于正式沟通项目集群状态。

无论采用何种发布方式，信息都应该保持在项目集群的控制下。给受众的信息，哪怕只有一条不准确，也常常可能给项目集群带来负面影响。

（4）经验教训数据库

经验教训是对所获得知识的汇编。这种知识既可能来自过去执行的相同或相关项目集群，也可能存在于公共领域的数据库中。在制定有效的沟通管理计划时，经验教训是评审的关键资产。在组件项目完成和项目集群收尾时，经验教训数据库就会更新。

**3．报告项目集群绩效**

报告项目集群绩效就是合并绩效数据以提供给相关方信息，说明资源如何被应用于交付项目集群收益的活动。绩效报告汇聚所有项目和非项目活动的绩效信息，提供一份项目集群整体绩效的清晰图景。

绩效信息通过发布信息活动传递给相关方，为他们提供所需的状态或可交付成果的信息。另外，绩效信息还应传递给项目集群团队成员及其组成项目，为他们提供项目集群绩效的总体情况和背景信息。沟通应该是双向的信息流，对任何由客户或相关方发起的关于项目集群绩效的沟通，都应该通过项目集群管理进行收集、分析，并按需要发布项目集群。

### 3.2.8 项目集群风险管理

项目集群风险是一个或一系列事件或条件，一旦发生就可能影响项目集群的成功。积极的风险通常被称为机会，消极的风险则通常被称为威胁。这些风险可能来自项目集群组件及其彼此的相互影响，也可能来自技术的复杂性、进度和/或成本制约，以及项目集群所置身的环境。

风险监督涉及追踪在项目集群登记册中已识别出的项目集群层面的风险，并识别在项目集群执行中出现的新风险。例如，在组件项目层面上没能被解决的风险就需要在项目集群层面上提供一个解决方案。所需的行动可能包括确定是否有新的风险产生、当前风险是否已经变化、风险是否已经被触发、是否具备必要的风险应对措施、措施是否有效，以及项目集群假设是否依然有效。

风险控制既要关注可能发展成实际问题或后果的威胁，也要关注可能给项目集群增加价值的机会。风险控制涉及实施那些已经包括在风险应对计划中的措施和应急计划。

当风险仍未得到解决时，项目集群经理要确保这些风险逐级向更高的管理层升级，直到能够解决为止。项目集群的治理和升级程序应准备就绪，以便于对风险在组织中产生的可能的影响进行必要的评估。

项目集群的风险情况、计划，以及正在实行或已经完成的风险应对措施的状态和有效性都应该被包括在项目集群评审中。所有有关风险评审及风险的其他变更所导致的修改，也应被纳入风险应对计划中。

**1. 规划项目集群风险管理**

规划项目集群风险管理是通过考虑项目集群组件来识别如何着手处理与组织项目集群风险管理活动。风险管理计划作为这项活动的输出，定义了管理风险所运用的方法。

规划风险管理活动确保风险管理的层级、类型和可见度与风险及项目集群对组织的重要性相匹配。它识别出风险管理活动所需的资源和时间。另外，它还为评估风险奠定共同认可的基础。

每当项目集群发生重大变更时，可能都需要重复进行项目集群风险规划活动。

首要的是定义组织的风险概况，从而构想最适合的方法来管理项目集群风险、调整风险敏感性和监督风险临界。风险目标和风险阈值都会影响项目集群管理计划。项目集群及其组件的市场因素应被列为环境因素。在形成风险管理的方法时也需要考虑组织和相关方的文化。

**2．识别项目集群风险**

识别项目集群风险活动确定哪些风险可能会影响项目集群，记录它们的特征，并为它们的成功管理做好准备。识别风险活动的参与者可能包括需要的项目集群经理、项目集群发起人、项目集群团队成员、风险管理团队、来自项目集群团队外的主题专家、客户、最终用户、项目经理、其他项目集群组件的管理者、相关方、风险管理专家及外部评审员。

风险识别是一个迭代的活动。伴随着项目集群的进展，新的风险可能会出现或变得确定。迭代的频率和参与者的参与情况都可能会发生变化，但是风险陈述格式应该保持不变，这样才可以在项目集群中对风险事件进行比较。在风险识别期间，每个项目集群团队成员都要预测当前战略、计划及活动的结果，并运用他们的最佳判断力来识别出新的风险。非常重要的是，要包含阐述风险如何或为什么会影响项目集群成功的上下文情境信息；识别活动应该提供充分的信息，以便风险被分析和排序。

来自以往项目集群的项目集群文件可能被用来收集信息。这包括实际数据和经验教训。这些数据可能还包括或导致生成模板来记录风险说明。

**3．分析项目集群风险**

在项目集群层面的风险分析应该整合相关项目集群组件的风险。定性与定量风险分析技术对支持项目集群管理决策均有帮助。针对组件项目及其相互依赖关系的评估应该包括各组件项目的成本、进度和绩效结果。对项目集群而言，风险管理的生命周期可能包括一个产品全生命周期或一个服务小组的生命周期。

在项目集群层面应该考虑消极风险（威胁）和积极风险（机会）对组织实现的收益和交付的价值所带来的影响。项目集群和项目之间的一个重要区别就是时间规模的大小。项目层面的风险应该在相对更短的时间框架内被处理（如在项目某阶段的结束点），而项目集群风险则很有可能在一个很远的未来依然适用。

项目集群管理团队不应该承担组件层面管理团队的权限和职责，而应管理那些应该在组件层面被管理的风险。组件经理管理项目层面的风险。这些风险仅在两种情况下有可能升级到项目集群层面：①项目层面的风险无法在组件层面被项目管理团队解决；②项目层面的风险影响不止一个项目或需要更高层面的授权才能解决，所以在项目集群层面管理这些项目层面的风险更加有效。

项目集群管理团队通过提供有助于高效管理其组件风险的环境来支持风险

分析。

①信息的可用性：提供有效存贮和检索关于项目、相关方、环境特征及其他方面信息的方法。

②资源的可用性：最大化和协调资源的高效使用。项目集群管理团队与控制资金和其他资源，如人力资源、基础设施、信息和应用程序等的高管协商。

③时间和成本：为在宏观层次上有效地安排项目进度提供长期的视角，并考虑单个项目失败和不足的影响。

④信息的质量：确保风险分析基于可靠、可证实的信息。如果必要的话，确保有额外的时间和精力用来证实数据的质量。

⑤控制：设计机制来保持对那些超出项目团队直接控制范围的工作及其依赖性进行评价。这可能包括通过建立组件项目与其他项目集群之间的命令与控制渠道来进行定期和有效的沟通。

**4．规划项目集群风险应对**

项目集群经理应识别那些可能威胁项目集群存在的风险并制定缓解计划，如环境的变化或政府政策和规章制度。项目集群经理可能持有应急储备，作为项目集群层面上风险的应对措施。项目集群的应急储备并不能取代为组件项目准备的应急储备。组件项目的应急储备被保留在组件层面上。

项目集群风险登记册的组件项目可能在以下事件上被更新，包括：

①风险负责人及分配的职责；

②共同认可的应对策略；

③用来实施所选应对策略的特定行动；

④风险发生的征兆和预警信号；

⑤用来实施所选应对措施所需的预算和进度活动；

⑥为相关方风险容忍度所设计的应急储备时间和成本；

⑦应急计划及启动应急计划的触发条件；

⑧当风险已经发生且主要应对措施不足时使用的应对风险的应急计划；

⑨规划的措施实施后仍然存在的残余风险，以及那些可接受的风险；

⑩作为实施某个风险应对措施而引起的直接后果的次生风险。

**5．监控项目集群风险**

已规划的风险应对措施应该持续地监督，以便发现新的和正在变化的风险。监督和控制项目集群风险是识别、分析和规划新风险，追踪已识别的和观察清单中已列出的风险,并重新分析现存风险的活动。它包括监督触发条件、应急计划、残余风险,并评估风险应对措施的有效性。通过持续地识别、分析、报告和管理风险,监督工作能降低某个威胁的影响,并最大化某个机会的影响。风险的监督与控制是在项目集群期间持续进行的活动。

实施风险监督还可以被用来确定:项目集群的假设条件是否依然适用;借助趋势分析,已评估的风险是否相比先前状态发生了改变;恰当的风险管理政策和程序是否得到遵循;成本或进度的应急储备是否要修改,以保持与项目集群风险协调一致。

### 3.2.9 项目集群整合管理

项目集群整合管理包括识别、定义、合并、统一与协调项目集群中多个组件所需的协调整个项目集群管理生命周期中的各种项目集群管理活动。

**1. 启动项目集群**

启动项目集群活动,一般发生在项目集群管理生命周期的项目集群定义阶段。项目集群启动的就是定义项目集群、落实财务资源,并论证项目集群将如何交付所期望的组织收益。典型的启动项目集群活动包括以下内容:

(1) 项目集群发起人的选择与筹资

发起组织会选择一名项目集群发起人来监管项目集群,为组织落实适宜的资金,并确保以商定的成本、范围和进度交付预期的收益。初始的项目集群资金予以落实,而在整个项目运行期间,伴随着新组件的引入,可能会需要筹措更多的资金。

(2) 项目集群经理的选派

在项目集群启动阶段,应该尽早指定项目集群经理,定义好角色与组织接口。

(3) 范围、资源与成本的估算

针对范围、资源和成本的研究工作在项目集群的早期就要确定下来,以便评估组织实现项目集群的能力。此时,将备选的项目集群与组织拟采取的其他初始方案相比较,以此确定项目集群的优先级。

(4) 初始风险评估

初始风险评估会在项目集群启动阶段实施。为确定项目集群成功交付组织收益的可能性,应对威胁与机会进行分析。风险的应对策略与计划也要在此时予以考虑。

（5）商业论证更新

评估所构建的项目集群实现期望收益和目标的可行性的活动，其结果可能导致商业论证的创建或更新。

（6）项目集群路线图和项目集群章程的制定

在项目集群启动阶段，为传达整个项目集群的方向，会制定出一些关键文件。这些文件包括项目集群路线图和项目集群章程。

1）项目集群路线图：项目集群路线图按照时间顺序展现项目集群的预期方向。它描绘了主要里程碑间的关键依赖，传递业务战略与规划和优先工作之间的连接，揭示并解释差距，并为关键里程碑和决策点提供高层面的视角。

2）项目集群章程：项目集群章程是决定是否授权该项目集群所要评审的主要文件。项目集群章程一般包括以下内容：

①合理性：项目集群为什么重要？它要实现什么？

②愿景：目标状态是什么样的？它将如何有益于组织？

③战略匹配：关键的战略驱动因素是什么？项目集群与组织的战略目标及其他现行的战略举措之间的关系如何？

④成果：实现愿景所需的关键项目集群收益是什么？

⑤范围：什么会被包括在项目集群中？什么被认为应置于范围外？

⑥收益策略：所追求的关键收益是什么？设想它们会如何实现。

⑦假设与制约：所考虑的决定或制约项目集群的假设条件、制约因素、依赖关系及外部因素都是什么？

⑧组件：为了交付项目集群，项目和其他项目集群组件将被如何配置？可能还包括针对所有组件高级层面的项目集群计划。

⑨风险与问题：在准备项目集群管理纲要期间识别的初始风险和问题是什么？

⑩时间线：包括所有的关键里程碑日期，项目集群的总时长是多少？

⑪所需资源：所估算的项目集群成本和资源（如人力、培训、差旅等）需求都是什么？

⑫相关方的考虑事项：谁是已经识别出的相关方？谁是最重要的相关方？他们对项目集群的态度如何？争取他们的初始策略是什么？这些内容应该由项目集群沟通管理计划草案给予补充。

⑬项目集群治理：推荐用什么样的治理结构管理、控制与支持项目集群？推荐用什么样的治理结构（包括汇报要求）管理与控制各项目和其他项目集群组件？

经理拥有怎样的权限?

**2. 制定项目集群管理计划**

制定项目集群管理计划活动整合了项目集群各个子计划,建立管理控制,并为整合与管理项目集群的各个组件而建立的一个全盘计划。该计划包括如下子计划:

①收益实现计划。

②相关方争取计划。

③治理计划。

④沟通管理计划。

⑤财务管理计划。

⑥项目集群管理计划。

⑦采购管理计划。

⑧质量管理计划。

⑨资源管理计划。

⑩风险管理计划。

⑪进度管理计划。

⑫范围管理计划。

制定项目集群管理计划是个迭代活动,通过不断解决相互竞争的优先级、假设条件与制约因素,始终关注如商业目标、可交付成果、收益、时间及成本等关键要素。

对项目集群管理计划、各个子计划及项目集群路线图的更新与修订,将通过项目集群治理被批准或否决。

**3. 制定项目集群基础设施**

制定项目集群基础设施活动的目的就是要调查、评估和计划一个支持结构,这个支持结构将使项目集群成功实现其目标成为可能。该活动在项目集群定义阶段发起,在项目集群期间的任何时间点都可能被再次实施,以便更新和修改基础设施来支持项目集群。活动包括以下内容:

(1)项目集群组织与核心团队的选派

尽管项目集群经理是在项目集群启动阶段被选派的,但项目集群管理团队却是作为项目集群基础设施建立的一部分被任命的。尽管没必要选派到项目集群进行全职工作,但这些关键相关方在确定和开发项目集群的基础设施需求方面还是很有帮助的。

（2）项目集群资源选派计划的制定

项目集群需要各种资源，如人员、工具、设备及资金等，它们会被用来管理项目集群。这些资源要与管理项目集群各个组件所需的资源进行清楚地区分。大多数项目集群资源和成本是在组件层面上加以管理的。

（3）项目集群管理活动的定义

为了实施和管理所定义的项目集群基础设施，项目集群资源会选择和记录所需的项目集群管理活动。

（4）项目集群管理办公室

对许多项目集群而言，项目集群管理办公室是项目集群基础设施的核心部分。项目集群管理办公室支持项目集群和组件工作的管理与协调。

（5）项目集群管理信息系统

项目集群管理信息系统收集那些管理和控制项目集群所需的信息。有效的项目集群管理信息系统包含：软件工具；文件、数据与知识库；配置管理工具；变更管理系统；风险数据库和分析工具；财务管理系统；挣值管理活动与工具；需求管理活动与工具；其他所需的活动与工具。

**4．管理项目集群交付**

管理项目集群交付活动包括贯穿整个项目集群收益交付阶段的对项目集群组件的管理与整合。下列活动用于启动、变更、移交和收尾项目集群组件。

（1）组件启动

组件的启动请求由组件经理或发起人提交。项目集群经理和治理委员会将该请求与组织已批准的选择标准进行比对，从而评估该组件；利用治理职能来决策该组件是否应该被启动。项目集群经理可能要重新定义项目集群组件的优先级。根据项目集群团队和组件需求的定义，组件启动可能会被延迟或加速。

（2）变更请求

作为这项活动的一部分，处于项目集群经理职权范围内的变更请求会被批准或否决。

（3）组件移交和收尾

随着项目集群各组件抵达各自生命周期的终点，和/或达到计划的项目集群层面的里程碑，项目集群经理要与客户/发起人合作，同意并落实资源来着手准备组件的移交活动。组件移交的正式请求会被提交项目集群治理委员会批准。

组件移交过程完成时，要同时更新项目集群路线图，来反映所做出的影响项目集群高层面里程碑、范围、各重要阶段时间及基础单元的做/不做决策和已被批准的变更请求。

**5．监控项目集群绩效**

在整个项目集群进程中，项目集群和组件的管理组织都在实施监督与控制活动，包括收集、度量与分发绩效信息，进而评估项目集群的整体趋势。这项活动为项目集群管理层确定项目集群的状态与趋势提供了必要的数据，并且可能会指出那些需要调整或重新校准的方面。

（1）项目集群绩效报告

项目集群层面的绩效状态报告包含其各组件进展情况的汇总，描述项目集群在收益方面的状态，并识别出资源的使用情况，用以确定项目集群的目标和收益能否被满足。报告中的内容陈述一般都是高层面的，围绕哪些工作已经完成、挣值状态、剩余的工作，以及正在考虑的风险、问题和变更。

（2）预测

预测使项目集群经理和相关方能够评估实现计划产出的可能性。

**6．移交项目集群与维持收益**

项目集群的建立是为了创造特定的收益。有些组件可以立刻产生收益，而有些则需要提交给其他组织后才能实现持续的收益。收益的维持可能要通过运营、维护、新项目或其他的努力才能实现。随着项目集群的收尾，维持收益的管理工作可能需要移交给另一个组织。

**7．项目集群收尾**

项目集群的结束基于两种原因，或者章程已被履行，或者项目集群提前收尾的条件出现。当项目集群已经履行了它的章程时，其收益或者已完全实现，或者转为组织运营的一部分被继续实现与管理。把剩余的收益维持工作移交完毕并得到发起组织批准后，项目集群才能关闭。项目集群收尾活动包括以下内容：

（1）终结报告

项目集群终结报告记录了可用于引领未来项目集群和项目取得成功的关键信息，以及高级管理层实施公司治理所需的数据。可能包括在终结报告中的事项有：

①财务与绩效评估。

②成功与失败。

③有待改进的方面。

④风险管理结果。

⑤未能预见的风险。

⑥客户签收。

⑦项目集群收尾原因。

⑧技术与纲领性的基准历史。

⑨项目集群文件归档计划。

（2）知识移交

项目集群一旦完成，项目集群经理就要评估项目集群的绩效并与所有团队成员分享经验教训。如果会议中报告了额外的经验教训，这些信息应该被追加到项目集群终结报告里。经验教训应让当前或将来的项目集群能够避免遭遇同样的陷阱。

（3）组件资源遣散

有效和恰当地释放项目集群资源，是收尾项目集群的一项重要活动。在项目集群层面，作为批准项目集群收尾的活动，项目集群治理主要是指对资源进行释放。组件资源遣散包括把资源移交给其他执行中的组件或组织中需要类似技能的其他项目集群。

（4）项目集群关闭

项目集群基于两种情形被正式关闭：或者项目集群被取消，或者从项目集群治理委员会和/或项目集群发起人处收到正式的收尾验收，表明项目集群已达成其目标。项目集群可能因绩效不佳而被取消，也可能因变更商业论证使项目集群失去其存在必要性而被取消。在项目集群关闭前，要完成所有组件并正式关闭所有合同。

## 3.3 项目集群管理绩效域

在整个项目集群管理工作范围内，项目集群管理绩效域是互补的，这些活动区域可以在某一绩效域中单独体现并区分于其他领域。在所有项目集群管理阶段，项目集群经理在多个项目集群管理绩效域主动执行相关工作。项目集群管理绩效域如图3-5所示。

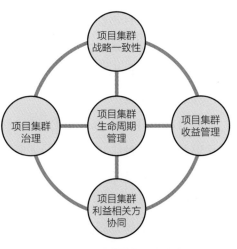

图3-5 项目集群管理绩效域

### 3.3.1 项目集群管理绩效域的定义

组织启动项目集群，目的是交付收益并实现影响整个组织的一致目标。组织执行项目集群需要考虑和平衡变更的程度、相关方期望、需求、资源，以及跨组件项目之间的时间冲突。项目集群在其整个持续时间内提出变更，这种变更体现为引进某种新产品、服务或组织能力。变更也可以通过项目集群经理在五个项目集群管理绩效域的行动、指引和领导力，来引进多种业务流程（如提供新的或改进的服务流程）。这些绩效域一起组成的项目集群管理框架是项目集群成功的关键。项目集群管理绩效域的定义如下：

①项目集群战略一致性——识别通过实施项目集群来实现组织战略目标的机会和收益。

②项目集群收益管理——定义、创造、最大化、交付和维持项目集群提供的收益。

③项目集群相关方协同——识别和了解相关方的需求、期望和需要，分析项目集群对相关方的影响，取得和维持相关方支持，管理相关方沟通，减轻疏通相关方阻力。

④项目集群治理——在实施整个项目集群期间，为维持项目集群管理的监督而建立过程和秩序，以及为使用的政策和实践提供决策支持。

⑤项目集群生命周期管理——管理所有与项目集群定义、项目集群收益交付及项目集群收尾相关的项目集群活动。

这些绩效域在项目集群持续时间内并行。项目集群经理和项目集群团队在这些绩效域里执行他们的任务。正在执行的项目集群，其本质与复杂性决定了特定绩效域在任何特定时刻需要执行的活动的深度。在整个项目集群过程期间，所有项目集群在每个绩效域都需要有一些活动。这些绩效域内的工作在本质上是迭代的，并且频繁重复。

**1. 项目集群生命周期阶段**

项目集群提供组织战略目标与各组件（项目、子项目集群、其他工作，包括项目集群管理活动）之间的重要联系，这些组件是实现战略目标的具体方法。尽管项目集群在范围、复杂性、成本及关键性方面存在很大的不同，但建立共同、一致的系列管理过程并按照阶段定义非常有用。这些阶段组成项目集群的生命周期。

项目集群通常按照独立的（有时是重叠的）阶段执行。这些阶段包括：

①项目集群定义——项目集群定义活动通常是组织计划的成果，旨在实现战略目标或组织的项目组合期望状态。项目集群定义阶段的主要目的是渐进明细项目集群将要实现的战略目标、定义期望的项目集群结果，以及寻求批准项目集群。

②项目集群收益交付——在收益交付的迭代阶段期间，计划、整合及管理项目集群组件，从而促进项目集群期望收益的交付。

③项目集群收尾——项目集群收尾阶段的目的是执行受控的项目集群收尾。

如图3-6所示为项目集群生命周期阶段。单个子项目集群、项目和其他工作构成项目集群生命周期，它们被共同称为项目集群组件。

| 项目集群定义 | 项目集群收益交付 | 项目集群收尾 |

图3-6　项目集群生命周期阶段

项目是持续时间相对较短的临时性工作，然而项目集群通常持续相当长的时间，而且在某些情形下可达数十年。不论持续时间如何，所有的项目集群都应遵循相似的轨迹。在项目集群定义阶段启动和定义项目集群；在项目集群收益交付阶段执行项目集群，在该阶段通过各组件（项目）的启动、执行、移交和收尾，从而实现收益的交付、移交和维持；在项目集群收尾阶段移交和收尾项目集群，或者把工作移交到另一个项目集群。

**2．项目集群活动**

为实施整体项目集群，在项目集群内进行的所有工作的集合统称为项目集群活动。项目集群活动的名称和描述可能和项目活动相似，但是范围和内容不同。例如，项目风险管理活动集中在单个组件项目，然而，项目集群风险管理包含项目层面的风险和项目集群层面的风险，用以解决项目集群的整体风险。项目集群层面的活动过程通常包含更多数量的输入和更大的范围。需要注意的是活动很少直接支持单个项目集群组件，因为组件可以执行和控制它们自己的活动。例如，单个组件项目风险规划工作的成果为项目集群风险规划工作提供输入。风险控制在项目组件和项目集群两个层面持续且同时执行。累积效应的风险需要在项目集群层面解决。项目层面的风险可能升级到项目集群层面，或者具有累积效应的风险需要在项目集群层面解决。尽管组件可在自身层面控制风险，但同时也要确保整个项目集群的风险得到管理和控制。项目集群则可以直接监控这些控制结果，同时确保整个项目集群的风险得到管理和控制。

### 3.3.2　项目集群管理绩效域交互

正如上述内容，所有五个项目集群管理绩效域在整个项目集群期间彼此交互。存在多少交互及何时发生交互，将取决于项目集群及项目集群组件。对于任何特定的项目集群，交互数量随存在的项目集群数量而不同。通常，组织追求和执行相似的项目集群是因为他们的组织结构和拥有的资源就是为了处理那些特定的项目集群，进而建立的。在这样的情况下，绩效域的交互是相似的，而且经常重复。大型的技术型组织为了定义收益，并且确保相关方对相关收益的范围有一致的理解，通常规定绩效域的交互。所以五个绩效域之间存在着不同程度的交互。在实施项目集群期间，这些绩效域是项目集群经理需要花费时间的领域。这些绩效域准确地反映了更高层面的业务功能，而这样的业务功能是项目集群经理工作必不可少的方面。

### 3.3.3　项目集群与项目的区别

项目管理为组织提供一个有效的框架来管理相互关联的过程组工作，而把这些工作作为单独的初始方案来管理是无法产生收益的。不同于项目所具有的独特性和临时性的特征，项目集群通常规模大、复杂、持续时间长，并且较难定义。这里讨论项目与项目集群在根本上的差异，主要体现在面对不确定性与变更时所采取的管理方式不同。

**1. 项目集群不确定性与项目不确定性**

项目集群和项目都存在于组织环境中，这些项目集群和项目工作的输出或结果在一定程度上存在不可预知性或"不确定性"。然而，在组织背景下，与项目集群相比，单个项目具有更显著的确定性。

在项目集群和项目初期，项目的期望成果（输出）通常比项目集群的期望成果（输出）更加确定。随着项目的开展，由于渐进明细排除了不确定性，所以项目按时、按预算、按规范来交付结果的能力会变得更加确定。相比之下，项目集群在启动时，范围定义可能是不完整的，这使得初始项目集群的方向和结果是不确定的。在项目集群期间，范围和内容将持续地细化、澄清、调整，以保证项目集群的结果仍与预期的收益保持一致。这就导致初始的项目集群环境被认为不确定，同时也意味着需要使用能有效解决不确定性的管理风格。因为在项目集群管理过程中，为达成最佳目标，项目集群的方法可能被修改，所以项目集群活动可能被认为用来减少项目集群的不确定性。当通过这种方式考虑项目集群时，项目集群包括项目集群的各组件项目都可能会成功地获得其预期交付：精确地按照计划提供期望的结果、产品或服务。然而，在项目集群的结果和预期的收益环境里，这些单个组件项目可能根本不会贡献期望的结果。这为项目集群实现收益增加了额外的不确定性。

由于致力于收益实现和多个组件协同工作以产生预期结果，项目集群的复杂性和持续时间要求项目集群经理以纵观全局的视角来审视所有项目集群的组件，以便深入了解和成功管理组件部分的进展和贡献。

**2．项目集群变更与项目变更**

在项目和项目集群里，变更管理过程承担了关键的功能性角色，其所提出的必要性、变更的影响，以及执行和沟通变更的方法（或过程）确保相关方仔细分析变更内容。变更管理过程也建立了监管机制——特定的相关方和团队成员必须共同批准或否决提出的变更。

（1）项目变更

项目变更管理用来帮助项目经理、项目团队和相关方监督和控制计划成本和进度的偏差，同时保护批准的计划输出的属性及特点。如果所要求的变更影响到成本、进度、范围、质量、输出（可交付成果）或预期成果，则可以提出变更请求以修改项目的成本、进度或输出（可交付成果）。如果批准了变更，变更便合并到项目中，同时调整成本、进度和属性内容，以适应变更的所有方面。然后，重新规划项目计划，更新后的成本、进度和可交付成果成为该项目新的基准。项目采用变更管理来帮助项目执行过程中所面临的突发事件，以及因此所引发的各种变化的影响。

（2）项目集群变更

项目集群经理在项目集群层面采用完全不同的方式来处理变更。项目集群经理依据预先确定的、一致的项目集群组件绩效水平来处理变更。对于项目集群组件，与项目一样，采用变更管理来限制每个组件的进度、成本和输出的可变性。

考虑到项目集群组件的一致性交付，项目集群经理会考虑和解决整体项目集群产出成果的不确定性，并预计项目集群一些组件的成功交付。为了解决项目集群固有的不可预知性，项目集群经理可能将单个组件进行编组，以便更加有效地进行管理。此外，在项目集群不断变化的环境背景中，如果组件工作不会对实现预期项目集群收益有帮助，项目集群经理可能会重新确定指导方向、重新计划或完全终止这些单个组件工作。当这种情况发生时，项目集群经理在项目集群层面采用变更管理来改变项目集群方向，同时修改项目集群路线，来确保项目集群符合预期交付价值、新战略、社会或经济状态，或者项目集群受益人的认知。

项目集群采取一种前瞻的、主动应对的变更管理方式使项目集群适应环境的变化。此外，变更管理在项目集群执行过程中是频繁重复的迭代过程，以确保项目集群从一开始就能按计划交付其收益。

总之，项目采用变更管理来约束或控制项目工作输出可变性的影响，而项目集群积极使用变更管理来使项目集群本身及项目集群组件与它们所处环境的各方面保持一致。

### 3.3.4 项目集群与项目组合的区别

尽管项目集群和项目组合都是项目、活动及非项目性工作的集合，然而，二者之间还是存在清晰的区分要素。项目集群是"经过协调管理以获取单独管理所无法取得的收益的一组相关联的项目、子项目集群和项目集群活动"。为了阐明这两大重要组织构造之间的差异，应该引起关注。

**1. 相关性**

项目集群区别于项目组合的首要差异是项目集群定义中提及的关键词"相关联"所包含的内容。项目集群中包含的工作是相互依赖的，其预期结果基于项目集群范围内所有要素的交付。而项目组合中包含的工作是按照项目组合拥有者选择的方式进行关联的。典型的项目组合工作群组包括同一资源池内的人员配置、面向同一客户的交付或同一会计周期内的工作实施。其他类型的工作群组也包括在同一地理区域下开展的工作。项目组合中的工作可能涵盖各种不同的初始方案，这些初始方案之间相互非常独立。尽管它们可能完全独立且互不关联，但为了便于监管和控制，组织可把这些初始方案按照群组来管理。

**2. 时间**

项目集群区别于项目组合的另一属性是时间因素。项目集群将时间视为工作的一个层面来考虑，尽管项目集群可持续多年甚至数十年，但项目集群的开始、未来终结点及一系列的输出结果和通过执行项目集群获取的计划收益都有明确的定义。另外，尽管出于决策考虑会定期进行评审，但项目组合并无明确的"结束"时间限制。项目组合定义中的各种初始方案与工作内容之间并不直接相关，而且也无须相互依赖才能实现收益。在项目组合中，组织的战略计划和业务周期指明了投资的开始或结束时间，而且这些投资服务于广泛分散的目标。此外，项目组合内的工作和投资可持续几年或几十年，或者在组织商业环境发生变化时可能被改变或终止。最后，项目组合包含各种初始方案建议书，包括在批准前需要评估和契合组织战略目标的项目集群和项目。

总之，项目集群主要在两个方面不同于项目组合。项目集群包括的工作（项目、子项目集群和其他工作）以某种形式相关且共同为实现项目集群结果及期望收益而贡献绩效。项目集群也包括时间概念，而且通过整体进度计划方式使得具体的里程碑达成情况得以度量项目组合，为组织提供了有效管理这些投资和工作集合的方法，而这些投资和工作集合对实现组织的战略目标非常重要。

### 3.3.5　组织战略、项目组合管理与项目集群管理的联系

项目集群通常在组织做战略规划时确定其启动点，此时，一系列的投资组合得到评估，并与组织的运行战略保持一致。在这些规划工作中，组织持续开展项目组合评审，用以评估项目组合内的项目、项目集群和运营工作日常业务产生的价值。当商业环境或组织战略发生改变时，组织通过项目组合评审持续地评估充实项目组合中能够与组织目标保持一致并能够实现预期收益和组织目标的组件，结束那些不具有上述特征的初始方案。对组织全面发展具有潜在贡献的新的初始方案在项目组合评审过程中被提出，同时也创建了新项目、组合组件和项目集群的起点。

在组织的项目组合评审过程中，项目集群得到评估，以确保其符合预期并仍然与组织的战略和目标保持一致。项目集群一般会被审查，以确保项目集群的商业论证、能反映预期结果的当前和最准确的概况。当实际的项目集群批准后，资金被正式批准和分配，同时，项目集群经理也被指派到初始方案中。在交付阶段，项目集群组件被引入、整合，其收益也得以交付。在此阶段，项目集群内单个项目和子项目集群可在项目集群持续交付收益的过程中开始或结束。在预期收益实现或有理由结束项目集群时，即可结束项目集群。也可以在项目集群实现的收益和目标已不再适合组织战略，或者项目集群关键绩效指标的测量结果表明项目集群商业论证不再可行时，结束项目集群。

## 3.4　项目集群战略一致性

项目集群管理和项目管理之间的关键区别是项目集群的战略聚焦。项目集群设计既要与组织战略保持一致，又要确保组织收益的实现。为实现这一目标，项目集群

经理需要具有战略愿景和规划技能，以确保项目集群目标与组织长远目标保持一致。

组织在制定其战略时，通常存在一个初始方案评估和遴选过程，以帮助组织决定批准、拒绝、延迟哪些初始方案。不管这个遴选过程是正式的还是非正式的，组织总是选择和批准那些能够体现其战略的初始方案。

组织在项目集群管理领域越成熟，在选择项目集群的过程中则越可能有一个正式的遴选过程。项目组合评估委员会或执行委员会形式的战略决策主体可能签发项目集群指令，定义特定项目集群的战略目标和期望交付的收益。该项目集群指令确认组织资源的承诺，决定该项目集群是实现这些目标最恰当的方法，同时触发项目集群的启动。

项目集群经理的责任是确保各计划与项目集群目标和预期收益保持一致，以支持组织的战略得以实现。

项目集群规划分析关于组织与业务战略、内外部影响、项目集群驱动因素、相关方及预期受益人期望实现收益的可利用信息。项目集群从预期结果、所需资源及为了在跨组织范围内进行需要的变革来实施新能力的复杂性三个方面来定义。

项目集群启动的标志：组织或项目组合决定项目集群的需求，同时通过开展商业论证明确项目集群的预期成果。后续步骤包括制定项目集群计划，以及在整个项目集群过程中通过应用项目集群方法来开发项目集群全局路线图。为实现这一目标，需要开展环境评估以提供必要的输入，以便确保商业论证、项目集群计划、项目集群路线图能够基于该项目集群的环境产生合适的价值。如图3-7所示，说明了项目集群管理计划和其他相关战略文件的关系。

所有这些要素成为制定全面项目集群管理计划的基础，项目集群管理计划在项目集群实施过程中为实现组织战略和目标建立起一套指导项目集群执行的纲要。

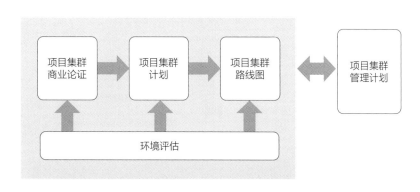

图3-7　项目集群战略一致性的要素

### 3.4.1 项目集群与组织战略的一致性

组织战略是战略规划周期的成果，在此背景下，愿景和使命转换成符合组织价值观的战略计划。组织通过制定战略来解释如何实现愿景。战略计划被划分成组织的一系列初始方案，其部分会被市场波动、客户和合作伙伴需求、股东、政府规章及竞争对手所影响。这些初始方案可能被编组在既定周期内与实施的项目组合保持一致，项目集群通过组织初始方案的选择及授权过程被正式授权。连接项目组合管理与组织战略的目标是建立平衡的、可操作的计划，该计划帮助组织实现其目标，以及平衡组织在执行项目集群、项目及其他运营活动过程中资源的使用以实现价值最大化。

战略规划和组合管理过程，一方面为组织识别和度量收益，另一方面提供项目集群期望结果和成果的释义。项目集群开始时，组织常常选择开展初始项目集群的可行性研究，以阐明项目集群的目标、需求和风险，确保项目集群与组织的愿景使命、组织战略和目标保持一致。如图3-8所示，描绘了组织内战略与运营过程的一般关系。

项目组合管理描述组织战略与已批准项目集群和项目的管理之间的关系。为指导组织对已批准项目集群和项目的管理，组织通常将这些初始方案融入项目组合

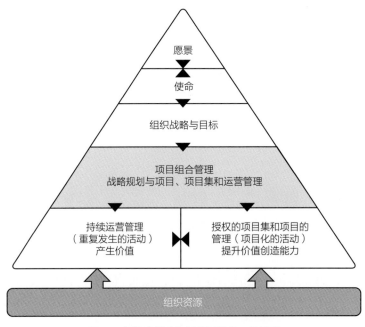

图3-8 组织内战略与运营过程的一般关系

中。这些项目组合将一组已按优先级排序的项目集群、项目与组织战略连接起来，并且专注于内部和外部相关业务驱动因素，而这些内部和外部业务驱动因素在战略计划中已进行了考虑。

以客户为中心的项目集群与组织的业务战略计划互为补充，同时伴随客户正式授权或合同协议而启动。

**1．项目集群商业论证**

在项目集群定义期间，项目集群经理频繁地与关键发起人或相关方合作开发项目集群商业论证。项目集群商业论证的目的是评估项目集群成本和收益之间的平衡。项目集群商业论证包括评估预期项目集群目标及制约的关键参数。

项目集群商业论证可能包括关于问题或机会、业务与运营影响、成本收益分析、替代解决方案、财务分析、内在与外在收益、市场需求或障碍、潜在利润、社会需要、环境影响、法律含义、风险、上市时间、制约及项目集群与组织战略目标一致性程度的细节。此外，商业论证也作为项目集群交付其期望价值和因交付价值而合理使用组织资源的依据。

**2．项目集群计划**

项目集群计划包含很多内容，并正式解释组织的概念、愿景、使命及项目集群产生的预期收益；它也定义面向特定项目集群的目标和目的。项目集群计划与组织战略一致性的相关内容将在后文进行详细描述。项目集群计划为即将启动的子项目集群、项目和相关活动提供授权，以及提供项目集群实施过程中使子项目集群、项目和相关活动得以监管和管理的框架。项目集群计划是在贯穿整个项目集群过程中度量项目集群是否成功所遵循的整体性文件，包括所有阶段、客户合同、新业务交付及项目集群的长远目的和目标。项目集群计划应当包括项目集群成功的衡量标准、度量方法及项目集群成功的清晰定义。

（1）项目集群愿景

项目集群愿景描述项目集群期望的未来状态，同时指明项目集群的长期方向及描绘项目集群的未来状态。愿景陈述被用作一个框架，便于在项目集群实施过程中迭代开发项目集群计划，并对项目集群目标及其预期收益进行不间断的提醒。

（2）项目集群使命

项目集群使命陈述项目集群的目的，清晰地表达项目集群存在的依据。使命陈述也描述项目集群所遵循的宗旨和价值观，以及详述项目集群所运行的环境。

## （3）项目集群目标和目的

目标是经清晰定义的项目集群预期交付的结果和收益。结果是通过单个组件项目实现的最终成果、输出或可交付成果。对组织而言，收益是来自项目集群成果的经济方面或其他可利用效果的实际收获和价值资产。例如，对于组织变革项目集群，如果员工信息管理系统是一个项目的可交付成果，那么新的人力资源管理和薪酬政策是该项目的输出，更好的经济效益和生产力则是收益。目标既可以是长期的，也可以是短期的，并展现项目集群使命和愿景的成就。项目集群计划定义了每个项目集群组件追求项目集群目标的方式与时点。度量方法的建立用来监测项目集群绩效并跟踪项目集群目标和目的的实现。项目集群计划的最终目的是确保项目集群始终与组织战略保持一致，以及确保项目集群组件交付预期的收益。项目集群计划也阐述了在项目集群过程中，如何通过项目集群治理过程来监控和管理目标的落实情况。

### 3.4.2 项目集群路线图

项目集群路线图（图3-9）应当按照时间顺序，以图示化的格式展现项目集群的预期方向，同时又是每个时间顺序事件一系列文档化的成功标准。项目集群路线图也应当建立起项目集群活动与预期收益之间的关系。

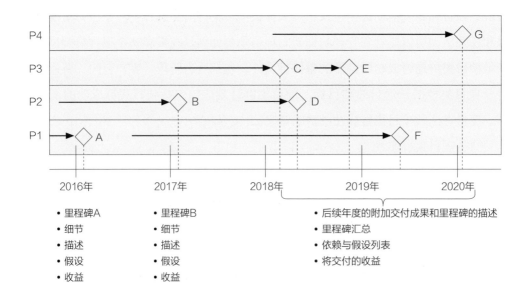

图3-9　项目集群路线图实例

应该注意到，项目集群路线图的要素和项目进度计划有相似之处，项目集群路线图适用于为规划和制定更加详细的时间表而勾勒出主要的项目集群事件。

项目集群路线图是管理项目集群执行情况和评估项目集群实现其预期收益的进展情况的有价值的工具。为了更好地有效治理项目集群，项目集群路线图可以用来展示项目集群的主要阶段或模块如何组成；然而，项目集群路线图并不包括具体组件内部的详细细节。例如，针对大型建筑项目集群，项目集群路线图可用来展示不同建筑阶段的交付情况；针对系统开发和产品项目集群，项目集群路线图可以用来描述组织能力如何通过渐进的版本或系列的模型得以最终交付。

### 3.4.3 环境评估

通常，项目集群内部和外部的影响因素对项目集群的最终成功有着显著影响。一些影响虽然来自项目集群本身之外，但存在于实施项目集群的更大组织之内，而一些影响则完全来自组织之外。项目集群经理需要识别这些影响，并在开发和管理项目集群的执行中重视这些影响，以确保持续地与相关方需求和组织目标保持一致，以及确保项目集群的整体成功。

**1. 事业环境因素**

项目集群之外的组织因素影响项目集群的选择、设计、资金提供及项目集群管理。项目集群的选择、排序基于项目集群本身如何及怎样支持组织的战略目标。当发生这种情形时，组织方向的改变可能导致项目集群的方向不再适合组织修订后的战略目标。

附加的环境因素包括但不限于：

①商业环境。
②市场。
③资金。
④资源。
⑤行业。
⑥健康、安全和环境。
⑦经济。
⑧文化差异。
⑨地理差异。
⑩规章。

⑪立法。

⑫成长。

⑬供应基地。

⑭技术。

⑮风险。

考虑这些因素有助于组织的持续评估和演进，以及项目集群的调整。持续的项目集群管理包括主动和不断地监控商业环境、项目集群功能需求及收益实现计划，来确保项目集群始终与组织的战略目标保持一致。

**2．环境分析**

下面列出了项目集群经理可使用的具有代表性的环境分析方法：

（1）比较优势分析

当以战略初始方案和/或商业论证为背景来实施比较优势分析时，重要的是考虑到组织竞争力可能存在于组织之内，也可能存在于组织之外。典型的商业论证包括对真实或假设的替代工作的分析和比较。如果合适，这项技术还包括"假设情景分析"，用以说明项目集群的战略目标和期望收益如何通过其他方法得以实现。

（2）可行性研究

以商业论证、组织目标和其他既有的初始方案为基础，可行性研究评估过程包括对在组织内的财务、来源、复杂性及制约概况条件下的项目集群可行性进行评估。这种分析为决策者批准或否决项目集群提供了所需要的主体信息。

（3）SWOT分析

通过对优势、劣势、机会和威胁（SWOT）的分析，为制定项目集群章程和项目集群计划提供信息。SWOT分析也可在项目集群过程中应用于其他目的。

（4）假设分析

假设是出于规划目的的那些被认为正确、真实或确定的因素。假设会影响项目集群的所有方面，同时也是项目集群渐进明细的部分。作为规划过程的一部分，项目集群经理定期地识别和记录假设。此外，这些"假设"应当在项目集群实施过程中不断地得到证实，以确保其并未因其他事件或项目集群活动而失效。

（5）历史信息

以往完成的项目集群可能是新项目集群获得经验教训和最佳实践的源泉。历史信息包括所有的构件、衡量标准、风险，以及源自与当前项目集群有关的那些以往项目集群、项目和持续运营活动的评估。描述成功、失败、经验教训的历史信息在项目集群定义期间尤为重要。

## 3.5 项目集群收益管理

项目集群收益管理绩效域由众多要素组成，这些要素是成功实施项目集群的中枢。项目集群收益管理包括确定项目集群的计划收益和预期结果，还包括监督项目集群按这些收益和结果进行交付的过程。

项目集群收益管理的目的是使项目集群相关方（包括项目集群发起人、项目集群经理、项目经理、项目集群团队、项目集群治理委员会及其他项目集群相关方）在项目集群过程中通过实施各种活动获得交付的结果与收益。为此，项目集群经理应持续地进行以下活动，包括：

①识别和评估项目集群收益的价值与影响；

②监督项目集群内各种项目可交付成果之间的相互依赖关系，以及这些输出如何有助于整体的项目集群收益；

③分析项目集群的计划变更对预期收益和结果造成的潜在影响；

④分派实现项目集群收益的责任与义务；

⑤保持预期收益与组织目标和目的一致；

⑥分派实现项目集群收益的责任与义务，并确保收益能够维持。

项目集群和项目通过提高现有能力或拓展新的能力进而交付收益，这些能力支持发起组织的战略目标和目的。收益可能在项目集群完成时才能实现，或者可能通过项目集群内项目之间以迭代方式产生的渐进成果而实现。

根据项目集群的性质，项目集群路线图可能被定义用来产生渐进的收益，并且开始实现项目集群收益和成果的投资回报。

在项目集群结束时交付其预期收益的例子包括大多数建筑工程、公共设施（如道路、水坝和桥梁）、航天计划、飞机或轮船建造、医药设备与制药。

项目集群收益管理同样要确保组织投资项目集群而产生的收益在项目集群结束后能够得以持续。在项目集群收益交付阶段，收益分析和规划活动与收益交付活动按照迭代的方式执行，尤其在需要采取纠正措施以实现项目集群收益的情况下。

项目集群收益管理在整个项目集群持续时间内需要与其他项目集群绩效域持续交互。例如，项目集群战略一致性与项目集群相关方协同，为项目集群提供关键输入/参数，包括愿景、使命、战略目标和目的，以及定义项目、集收益的初步商业论证。项目集群绩效数据通过项目集群治理来评估，以确保项目集群总是产生其预期的收益和结果。

如图3-10所示，为项目集群生命周期与项目集群收益管理绩效域的相互关系。

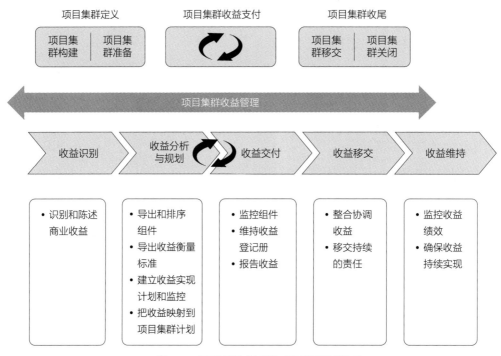

图3-10　项目集群生命周期与项目集群收益管理

## 3.5.1　收益识别

收益识别的目的是识别和陈述项目集群相关方期望实现的收益，分析组织和业务战略、内部和外部影响，以及项目集群驱动因素的可用信息。组织的初始方案在早期的组织战略规划活动中记录与识别。这些初始方案描述组织的目标和任务，通常，以项目集群治理委员会形式存在的战略决策主体会通过签发项目集群指令，定义项目集群将专注的战略目标和期望实现的收益。同时，该项目集群指令也被商业论证所支撑。组成收益识别的活动包括：

①定义项目集群目标与关键的成功因素；

②识别与量化商业收益；

③开发有意义的衡量标准和关键绩效指标来度量实际与计划交付的收益；

④建立对照收益计划进行进展度量的过程；

⑤创建必要的跟踪和沟通过程以记录项目集群进展并报告给相关方。

**1．商业论证**

作为项目集群治理绩效域的一部分，商业论证是组织管理层授权和批准项目集群的关键输入。它是项目集群实现其期望价值及因实现该价值而合理使用组织资源的依据。商业论证在说明项目集群的结构方向、指导原则和组织的同时，还应建立起商业需求的权威、意图和理念，以及发起项目集群。商业论证将组织的战略和目标与项目集群目标连接起来，并且帮助其识别和实现项目集群收益所需要的投资额度。

**2．收益登记册**

收益登记册收集和记录了项目集群的计划收益，在整个项目集群过程中也使用收益登记册来度量和传递这些收益的交付情况。在收益识别阶段，首先以项目集群商业论证、战略计划及其他相关项目集群目标为基础编制收益登记册，然后与关键相关方一起评审收益登记册，以针对每个收益制定恰当的绩效度量方法。关键绩效指标在收益识别阶段得以识别，并且它们的相关量化度量方法在后续阶段得以明确和充实完善，同时项目集群收益登记册也被更新。收益登记册有多种格式，典型内容（至少）包括：

①计划收益列表；

②体现在项目集群路线图中的计划收益与项目集群组件之间的映射图；

③每项收益如何度量的描述；

④针对评估收益成果而衍生的关键绩效指标和阈值；

⑤每个收益的状态或进度指标；

⑥针对收益成果的目标日期和里程碑；

⑦个人、小组或组织交付每个收益所承担的责任。

### 3.5.2 收益分析与规划

收益分析与规划的目的是制定项目集群收益实现计划，并且为在项目集群内监督与控制项目和收益度量而制定收益衡量标准与框架。组成收益分析与规划的活动有：

①建立指导项目集群其他工作的收益实现计划；

②定义与排序项目集群组件，包括组件项目和子项目集群及它们的相互依赖关系；

③为有效监督项目集群的收益交付，定义所需的关键绩效指标及相关量化度量方法；

④建立项目集群绩效基准，并将项目集群绩效衡量标准传递给相关方。

量化收益的渐进交付尤其重要，这样，计划收益的完整实现就可以在项目集群实施期间得以度量。有重要的度量能够帮助项目集群经理和相关方界定收益是否超过监控阈值及是否按时交付。这包括交付收益的时机（如什么日期收益实现应该开始）。量化渐进收益包括：交付收益的时机（如什么日期收益实现应该开始）；无形收益描述（如工作士气或组织的感知提升）；量化产生的收益（如时间节约、利润增长、目标实现，文化、政治或立法获得改进，市场占有率提高，竞争对手实力减弱，或者生产力逐步提高）和成本，正如图3-11所示。在这个例子中，项目集群收尾后运营成本计入整个项目集群的投资资金，该成本将继续投入以便维持项目集群收益；项目集群成本也可能在项目集群收尾后结束。此外，这个例子还表明可计量的收益还没有超过项目集群的成本，正如商业论证中详细说明的那样，随着时间的推移，项目集群收益期望超过项目集群成本。

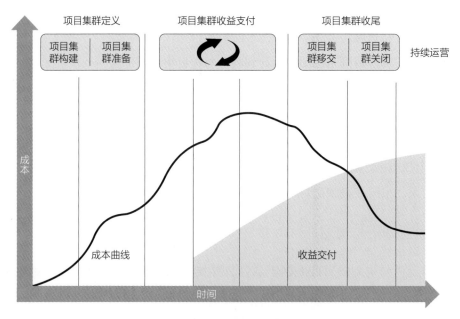

图3-11　贯穿项目集群生命周期的成本与收益实例

项目集群内的项目集群治理功能将收益与项目集群目标、财务支出（运营和资本）、度量标准（包括关键绩效指标），以及度量和评审点相结合，帮助项目集群团队分析和确定收益实现是否在既定参数范围内发生，并且在必要时，可能提出针对组件项目或项目集群的整体变更。在收益交付阶段，在为项目集群相关方提供反馈信息用以推动收益成功交付时，项目集群收益计划也用来证实收益正按计划实现。

**1．收益实现计划**

收益实现计划正式记录为实现项目集群计划的收益而采取的必要行动。它指明预期收益如何且何时交付给组织，同时明确说明应当就绪的以确保收益总是完整实现的具体机制。收益实现计划是项目集群实施过程中指导收益交付的基准文件。收益实现计划还识别为驱动收益实现而进行变更的相关任务、过程与系统，以及现有过程和系统所需要的变更，还包括何时转入运营状态及如何转入。收益实现计划应当：

①定义每个收益和关联假设，并确定如何实现每个收益；

②连接组件项目输出与规划的项目集群结果；

③定义度量收益的衡量标准（包括关键绩效指标）与程序；

④定义管理收益所需的角色与责任；

⑤定义如何将产生的收益和能力移交给运营部门以便实现收益；

⑥定义如何将产生的能力移交到负责维持收益的个人、小组或组织；

⑦提供流程以确定每个项目集群收益在项目集群正式收尾前的完成程度。

**2．收益管理与项目集群路线图**

项目集群收益管理确立项目集群架构，该架构映射组件项目将如何交付并实现项目集群预期收益的能力与结果。项目集群架构通过识别组件之间的关系及组件之间的治理规则来定义项目集群组件的结构。项目集群路线图同时也是总结关键结束点的目标、关键挑战和风险，以及提供支持基础设施和组件计划的高层面实况。

**3．收益登记册更新**

收益登记册最初在收益识别时产生，在收益分析与规划时更新。随后，收益登记册通过适当的相关方评审从而定义、批准和监督项目集群绩效表现，并使用关键绩效指标及其他度量方法。

### 3.5.3 收益交付

收益交付的目的是确保项目集群交付收益实现计划中定义的预期收益。组成收益交付的活动包括：

①监督组织环境（包括内部和外部因素）、项目集群目标及收益实现，以确保项目集群仍与组织战略目标保持一致。

②启动、执行、移交及结束组件项目和子项目集群，并管理它们之间的相互依赖关系。

③评估项目集群风险，以及与项目集群财务、合规性、质量、安全和相关方满意度相关的关键绩效指标，以监督收益交付。

④在收益登记册中记录项目集群进展，并向沟通管理计划中指定的关键相关方报告。

收益交付阶段确保用于向项目集群管理办公室、项目集群治理委员会、项目集群发起人及其他项目集群相关方汇报的一系列报告或衡量标准已被定义。通过持续地监督和报告收益量，相关方可以评估项目集群的整体健康状况，并采取恰当的行动来确保收益的成功交付。

收益管理是一个迭代过程。收益分析与规划和收益交付存在循环的关系。收益分析与规划可能需要伴随形势变化而被不断修改。为响应从组织环境监督中获取的相关信息，可能需要采取纠正措施。为使预期项目集群成果与组织战略目标保持一致，组件项目和子项目集群可能不得不进行调整。同样地，作为项目集群风险及关键绩效指标评估的结果，纠正措施也可能需要实施。组件项目和子项目集群也可能因与财务、合规性、质量、安全和/或相关方满意度的绩效而做出调整。在收益交付阶段，这些纠正措施可能要求增加、变更或终止项目集群组件。

**1. 项目集群收益与项目集群组件**

项目集群由多个组件组成。包括组件项目和子项目集群。每个组件应当在项目集群内恰当的时间予以启动，同时，为了使组件的输出合并到整体项目集群，还需进行整合。这些组件的启动和收尾是项目集群路线图和计划表的重要里程碑，同时还标注了实现的成果和渐进收益的交付。当修订收益实现计划来反映项目集群节奏变化时，项目集群路线图也应该进行相应的更新

**2. 项目集群收益与项目集群治理**

要使收益具有价值，就必须及时且充分地实现收益。正如收益实现计划中的定

义，由项目集群组件和项目集群本身交付的真实收益应当定期地与预期收益进行对比评估。

项目集群治理绩效域整合收益管理绩效域，有助于确保项目集群总是连续不断地与组织战略保持一致，并且确保预期价值仍然可以通过项目集群收益的交付得以实现。

有效的治理有助于确保承诺的价值伴随收益的交付而实现。由此产生的收益评估需要从多个方面的因素出发，对比分析计划收益和实际收益，包括关键绩效指标。可从以下几个方面说明，尤其是收益交付阶段进行分析与评估。

（1）战略一致性。致力于确保企业与项目集群计划之间的连接；将注意力集中在项目集群价值主张的定义、维持及确认上，以及将重点放在项目集群管理与事业运营管理的一致性上。对于组织内部目标集中的项目集群，收益实现过程应度量新的收益在引入变革时如何影响组织内部的业务运营流程，以及度量引入变革时所带来的负面影响和潜在破坏性，综合考虑如何将其影响降至最低。

（2）价值实现。致力于确保项目集群交付承诺的收益，并将这些收益转换成实用价值。可能存在实现特别的计划收益和该收益产生实用价值的机会窗口。项目集群经理、项目集群治理委员会及关键相关方确定机会窗口与项目集群或项目集群组件项目中的实际事件是否匹配或受到损害（如延迟、成本超支或功能特征减少）。投资同样也有时间价值，组件进度计划的改变对财务有额外的影响。

### 3.5.4 收益移交

收益移交的目的是确保项目集群收益移交到运营，并且移交后收益可以维持。当组织、社区或其他项目集群受益人能够利用这些收益时，项目集群收益的价值也就得以实现。组成收益移交的活动有：

①核实项目集群及其组件的整合、移交、收尾应满足或超过为实现项目集群战略目标而建立的收益实现标准。

②制定移交计划，以便当项目集群移交到受影响的运营领域时促进收益的持续实现。

收益移交应确保项目集群移交的范围得以定义，接收组织或部门的相关方得以指明并参与规划，项目集群收益得以度量，项目集群维持计划得以制定，项目集群移交得以执行。

项目集群内的收益移交规划活动只是完整移交过程的一部分。接收组织或职能部门负责在其职责领域内做好所有的准备过程和任务，以确保项目集群产品、服务和能力顺利被接收并与其职责领域相整合。当单个项目集群组件收尾或项目集群内的其他工作任务收尾时，可能存在多项移交事件。

收益需要量化，从而使收益的实现总是能够得以度量。有时，收益需要在项目集群有效工作任务结束后的很长时间才能得以实现，并且还需在项目集群关闭后很好地实施监督。当项目集群结束时，产生的收益应该与商业论证承诺实现的收益进行对比，以确保项目集群真实地交付预期的收益。

收益移交活动应确保单个项目集群组件的成果或输出满足验收标准、满意地收尾，或者与其他项目集群要素整合，以及对一系列聚合的项目集群收益的全面实现做出贡献。收益移交活动可能包括：

①关键绩效指标的适用验收标准和对项目集群和项目集群组件进行的评估；
②适用于交付的组件或输出的验收标准的评审与评估；
③对运营和项目集群过程文档的评审；
④对培训和维护材料的评审（假如提出）；
⑤适用的合同协议评审；
⑥评估以判定产生的变更是否已成功整合；
⑦提升对变更的认可度的相关活动（研讨会、会议、培训等）；
⑧对准备情况的评估，以及接收个人、小组或组织的批准；
⑨所有相关资源的释放。

基于单个组件事件和项目集群类型，在移交过程中的接收者将各不相同。产品支持组织可能是公司开发的产品线的接收者。针对为客户提供的服务，接收者可能是服务管理组织。如果开发的产品针对外部客户，那么移交应当针对客户的组织。在某些情形下，移交可能从一个项目集群到另一个项目集群。

移交过程中通常需要提供所有相关文件、培训和材料、支持系统、设施和人员，也包括移交碰头会和正式会议。

### 3.5.5 收益维持

收益维持的目的是确保不间断运行的维持任务已经正式移交到恰当的实体，或者移交至正在进行中的"移交后"工作的项目集群。当项目集群关闭时，项目集群提供的收益维持职责可能传递到另一个组织。收益可以通过运营、维护、新项目和/或项目集群或其他方法得以维持。收益维持计划应先于项目集群收尾加以制定，以便识别必要的风险、过程、度量、衡量标准和工具，从而确保持续地实现交付的收益。

持续维持项目集群收益应当在实施项目集群的过程中，由项目集群经理和组件项目经理进行规划。确保收益维持的实际工作通常在项目集群关闭后开展，且超出单个组件项目的范围。尽管确保收益持续实现的工作跨越了项目集群结束，是由接收个人、组织或收益小组在项目集群结束后再执行的，但是，项目集群经理有责任在项目集群实施过程中规划"移交后"的工作。

虽然收益的维持责任落在传统意义上的项目生命周期之外，但是这项责任仍然处在项目集群生命周期之内。尽管这些持续的产品、服务或能力支持活动可能属于项目集群的范畴，然而，它们在本质上属于典型的运营活动，而且通常不被视为项目集群或项目。收益维持的相关活动包括：

①通过项目集群接收者（个人、小组、组织、行业、部门）对运营、财务、行为的必要变革的规划来持续监督绩效；

②执行要求的变更，确保项目集群在实施过程中提供的能力在项目集群关闭后能够持续地将项目集群资源释放回组织；

③从可靠性和可用性的角度监督产品、绩效，包括关键绩效指标；

④监督所部署的产品、服务、能力和成果的绩效，同时实际与计划相比较的绩效包括关键绩效指标；

⑤监督所属产品、服务、能力和成果的持续适合性，以便提供客户拥有或运营项目集群的期望收益。这可能包括与其他产品、服务、功能上的持续完善；

⑥根据技术进步和卖方继续支持旧配置的意愿，以及持续可用性；

⑦对客户就其产品、服务、功能或成果在辅助支持方面提出的需求、性能或功能改进的响应；

⑧为产品、服务、功能或成果提供随需而变的支持，或者某些方面改进的技术，以及信息或实时帮助的支持；

⑨将项目集群管理功能与放弃其他产品支持功能分离，而为产品、服务、功能或成果规划与建立运营提供支持；

⑩更新与产品、服务、功能相关的技术信息，或者应对频繁更新的产品提供可查询的改进；

⑪在组织内，规划从项目集群管理到业务运营功能的产品或支持能力的移交；

⑫规划产品或能力的退役和逐步淘汰，或者为当前客户提供恰当的指导以便

于停止支持；

⑬开发商业论证和可能启动新项目或项目集群来应对部署的产品、服务的运营问题，以支持功能或公众对改进的接受/反馈；

⑭开发商业论证和有可能启动新项目来应对部署或正在支持的产品、服务、功能或成果。

开发商业论证需要关注诸如退出特定市场、改变客户行为的立法行动或改善观念等问题。应解决的问题也可能包括提升可行性、加强沟通、修改营销及培训方案、更新配置以持续地确保与其他产品或服务的有效接口连接，或者提供附加功能以满足不断变化的需求。

## 3.6 项目集群相关方协同

相关方代表所有与项目集群之间相互影响及因实施项目集群而受影响的个人或组织。从传统意义上讲，项目集群经理和项目经理在区分和管理相关方期望的方式上与识别和应对风险相似。相关方像风险一样应当被识别、研究、分类和跟踪。相关方也像风险一样，可能存在于内部或外部，他们可能积极或消极地影响项目集群结果。项目集群经理和项目经理需要具有相关方和风险意识，以便理解与关注项目集群和项目所处的变化环境。

相关方不能被管理，只有相关方协同管理。许多情况下，与项目集群经理、项目集群团队甚至项目集群发起人相比，相关方具有更大的影响。考虑到相关方对项目集群收益实现的潜在影响，平衡相关方的利益很重要。人们有拒绝来自非直线管理者直接管理的倾向。正因为如此，绝大多数项目集群管理文献都将重点放在相关方协同而非相关方管理的概念上。

相关方协同通常表现为相关方个人或组织与项目集群的领导和团队之间直接和间接地沟通。然而，相关方协同不仅局限于沟通。相关方协同的主要目标是获得并维持相关方对项目集群目标、收益和结果的认可。除沟通方面以外，相关方协同关注目标协商、寻求收益的一致、对资源的承诺，以及在整个项目集群期间持续不断地给予支持。

相关方是和项目集群有利益关系的个人或团体，他们能够影响项目集群或受项目集群过程或结果的影响。不同相关方在项目集群内的利益及影响程度可能存在巨大差异。相关方可能对项目集群不知情，或者知情却不支持项目集群。把大量的时间和精力花在所有已知的相关方身上，以确保所有观点都得以考虑和解决，是项目集群经理的责任。

项目集群经理在致力于相关方协同时应通晓客户关系管理（CRM）领域的专业知识。客户关系管理方法在识别相关方及建立他们与项目集群之间的关系时非常有用。

项目集群经理通过评估相关方对项目集群的态度及变革意愿来协同相关方。项目集群经理将相关方纳入项目集群活动中，并围绕相关方需求、期望和需要开展沟通。项目集群经理在这样的背景下，理解相关方与项目集群之间的关系并监督相关方的反馈。这种双向沟通可确保项目集群经理为组织交付达到符合项目集群章程的收益要求。

由于相关方视项目集群收益为变革，在项目集群层面协同相关方会变得具有挑战性。当人们对变革没有直接需求、没有参与、不理解变革的必要性或只关注变革对自身带来的影响时，通常情况下有抵制变革的习性。为此，在整个项目集群期间，项目集群经理和项目集群团队成员应理解每个相关方的态度和轻重缓急。项目集群经理应拥护组织变革，并理解每个相关方可能试图改变项目集群进程或有意使项目集群偏离正常轨道，或阻止项目集群实现其预期的一个或多个收益或结果的动机。

项目集群经理需要弥合组织当前的"现状"与组织渴望的"未来"愿景之间的差距。为此，项目集群经理应该理解"现状"，以及如何通过项目集群及其收益实现组织"未来"的状态。因此，项目集群经理需要熟知组织变革管理。

成功的项目集群经理运用突出的领导力技能，围绕项目集群将带来的变革，为项目集群团队设定相关方协同的清晰目标。这些目标包括协同相关方以评估他们对变革的意愿、规划变革、提供项目集群资源及支持变革，并获取和评估相关方对项目集群进展的反馈。

### 3.6.1　项目集群相关方识别

项目集群相关方识别活动的目标在于系统地识别尽可能多的项目集群相关方来创建相关方名录。通过详细的相关方分析而创建的相关方登记册将按照相关方与项目集群之间的关系、影响项目集群结果的能力、支持项目集群的程度，以及项目集群经理感到可能影响相关方的认知和项目集群结果的其他特征或属性，对相关方进行记录和分类。对于大型项目集群，项目集群经理可以制定相关方映射图来直观地展示所有相关方当前和期望获得的支持和影响的交互关系。

最佳方法：从识别主要相关方开始，然后逐渐对相关方进行更为详细的分解，从而突显他们的不同需要、期望或影响。如图3-12所示，从利益和权力两个维度阐述了项目集群内相关方的作用和影响。

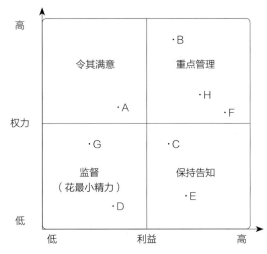

图3-12 项目集群内相关方映射图

相关方名录是识别相关方活动的主要输出。建立和维护相关方名录的方式应该便于项目集群团队成员使用相关方名录来报告、分发项目集群可交付成果，以及开展正式和非正式沟通。

关键项目集群相关方的例子包括：

①项目集群发起人——为项目集群初始方案提供支持，同时对提供项目集群资源负责，以及对交付收益最终负责的高管个人（或高管团体）。

②项目集群治理委员会——负责确保项目集群的目标实现，以及在组织范围内为解决项目集群风险和问题提供帮助的团体。

③项目集群经理——负责管理项目集群的个人。

④项目经理——负责管理项目集群内组件项目的个人。

⑤项目集群团队成员——执行项目集群活动的个人。

⑥项目团队成员——执行项目活动的个人。

⑦资金提供组织（出资组织）——为项目集群提供资金的内部或外部组织。

⑧执行组织——通过组件项目和非项目工作来执行项目集群工作的组织。

⑨项目集群管理办公室——负责定义和管理与项目集群相关的治理过程、程序、模板等，通过集中的行政管理为单个项目集群管理团队提供支持。或者为项目集群经理提供专门帮助的部门。

⑩客户——将使用项目集群新能力/成果并且获得期望收益的个人或组织。客户是项目集群最终成果的主要相关方，也是决定项目集群是否能成功进行的主要相关方。

⑪潜在客户——将密切观察项目集群如何交付既定收益的过去或未来的客户。

⑫供应商——通常因政策和程序变更而受影响的产品及服务提供商。

⑬政府监管机构——确保其在所在地区/地方，在国家政府法律/法规允许的范围内组织运营，同样也应遵守相关非政府组织制定的标准和要求。

⑭竞争对手——有些竞争对手受项目集群团队交付特许收益能力的影响，竞争对手可能对执行组织的项目集群的收益有所依赖，并将之作为他们自己项目集群中的一个组件，在这种情况下，竞争对手会对项目集群的成功感兴趣。竞争对手也可能会将执行组织的成功作为他们成功的基准。受影响的竞争对手可以作为相关方管理。

⑮受影响的个人或组织——因项目集群活动而获益或自身利益受损的个人或组织。

⑯其他团体——代表消费者、环境或其他相关利益（包括政治利益）的团体。

最后，项目集群管理团队依靠自身经验和专家判断识别并完善相关方清单。初始的项目集群团队成员与关键相关方一起进行头脑风暴，这将有助于识别潜在的相关方、定位自身角色，以及他们对项目集群的重要性。

应该从相关方那里获取关键信息内容，以及项目集群的整体影响。这些信息可以通过历史信息、个人访谈、小组会议、问卷和调查的方式获得。与个人访谈或小组会议相比，问卷和调查的形式便于面向更多的相关方。不论采取何种技术，关键信息应该通过开放式问题来收集，以得到相关方的反馈。从收集到的信息中建立排序的相关方清单，这将有助于将相关方协同工作的重点放在对项目集群成功具有至关重要作用的人或组织上。项目集群经理应当在两类活动之间建立起一种平衡：一类是减轻对项目集群持负面态度的相关方的消极影响的活动；另一类是鼓励把项目集群看作正面贡献的相关方的积极支持的活动。随着项目集群的推进，全面的相关方清单及排序的相关方协同活动需要被定期评审与更新。

## 3.6.2 相关方协同规划

相关方协同规划活动概要地描述了所有项目集群相关方在整个项目集群持续期间如何被协同。对相关方名录进行分析，同时考虑组织的战略计划、项目集群章程、项目集群商业论证，以及理解项目集群的运作环境。作为相关方分析和协同规划的一部分，针对每个相关方，以下几个方面均需考虑：

①组织文化及对变革的接受度；

②关于项目集群和项目集群发起人的态度；

③对项目集群收益交付的期望；

④对项目集群收益的支持或反对程度；

⑤影响项目集群结果的能力。

相关方协同计划包含在项目集群持续时间内有效协同相关方的详细策略。相关方协同计划包括相关方协同指导方针，并提供对如何协同项目集群内各种组件的相关方的深入理解。该计划定义用于度量相关方协同活动绩效的衡量标准。面向项目层面的相关方协同指导方针应该提供给项目集群中的组件项目和非项目型工作。相关方协同计划提供了用于制定项目集群的沟通计划以及与已知相关方变化持续保持一致的关键信息。

### 3.6.3　相关方协同的实施

随着项目集群进展和收益交付，相关方清单和相关方的态度及观点也随之发生变化，因此，相关方协同是连续的项目集群活动。所有创建和关闭的项目集群都至少有一个相关方。在项目集群持续期间，项目集群经理的主要角色之一是确保所有相关方都被充分和恰当地协同，识别相关方和规划相关方协同活动直接支持该过程。相关方名录和相关方协同计划应当经常被参考、评估，并按需更新。

协同相关方和与相关方互动，便于项目集群团队就项目集群收益及其与组织战略目标的交集进行沟通。有些相关方经常提出问题，这些问题以及给予他们的回复应当以某种方式采集并公布，从而便于多个相关方从这些信息的交换中受益。

为推动项目集群向前发展，要为行使决策权的相关方提供足够的信息，以便在正确的时间内做出正确的决策。项目集群经理可使用强有力的沟通、谈判及解决冲突的技能来帮助缓和相关方对项目集群及其既定收益的反对。存在不同相关方群体的大型项目集群，当相关方或相关方群体之间存在期望冲突时，也可能需要召开协商会议。

为帮助相关方对项目集群收益的交付建立起共同的高层面的期望，项目集群经理向相关方提供项目集群章程和项目集群商业论证中包含的恰当信息，这可以包括总结风险、依赖关系和收益的全部细节的简要汇报。

相关方协同的主要衡量标准是对实现项目集群的目标和收益、相关方参与，以及与项目集群团队之间的沟通频率或比例的积极贡献。项目集群经理努力确保所有涉及相关方的沟通都被充分记录，包括会议邀请、出席情况、会议纪要和行动条目。项目集群经理定期评审相关方衡量标准，用以识别因相关方缺乏参与而导致的潜在风险；分析相关方参与趋势，识别和关注相关方不参与的原因，相关方参与的历史纪录提供了可能影响相关方感知和期望的重要背景信息。例如，如果相关方群体没有主动参与过，可能他们对项目集群方向的信心，或者可能对项目集群的期望不明确，甚至已经对项目集群失去了兴趣。通过分析，避免了可能导致不良项目集群管理决策管理者行为的不正确假设。

在项目集群团队与相关方一起工作的过程中，项目及团队接受和记录相关方的问题及关注点，并管理至结束。使用问题日志来记录、优先排序及跟踪问题将帮助整个项目集群团队理解来自相关方的反馈。当相关方清单条目较少时，简单的电子表格就是足够的跟踪工具。那些具有复杂风险和问题，会影响众多相关方的项目集群，可能需要更加复杂并对相关方进行跟踪和优先排序的系统。

## 3.7 项目集群治理

项目集群治理涵盖由发起组织对其项目集群和战略进行定义、授权、监督和支持的体系与方法。项目集群治理是指发起组织用于确保项目集群（在可行的范围内）被有效和持续管理而执行的实践和流程。项目集群治理通过在授权范围内负责对项目集群的建议做出签署或批准的评审与决策机构的行动来实现。该机构通常被称为项目集群治理委员会。

项目集群经理在管理项目集群与项目集群治理委员会之间的相互影响和作用中承担着重要责任。项目集群治理委员会负责为项目集群的管理方式提供适当的支持。

项目集群治理也指项目集群团队用以监督和管理正在执行的组件项目和子项目集群从而支持项目集群的体系与方法。

有效的项目集群治理通过以下方面支持项目集群成功：

①建立清晰、易理解的协议，用来说明发起组织如何监控项目集群。同时也说明项目集群在实现其目标时所被赋予的自由程度；

②确保项目集群目标与发起组织的战略愿景、运营能力和资源承诺保持一致；

③签署和启用项目集群组件，包括项目、子项目集群和其他项目集群工作；

④为组织建立沟通项目集群风险和不确定性的场合；

⑤为组织建立沟通和解决在项目集群执行过程中产生的问题的场合；

⑥对项目集群交付其预期收益的进展实施定期的评审，从而保证组织能够评估项目集群和组织战略计划的可行性及实现目标所需的支持水平；

⑦提供建立、评价和执行项目集群符合组织标准的集中场合；

⑧在项目集群期间，通过为每个项目集群与关键治理相关方的相互影响和作用建立起清晰的期望，推动项目集群相关方的参与。

由于项目集群环境的复杂性及不确定性，以及由于这种复杂性及不确定性所导致的对成果和可用信息实时应对的需要，建立有效的项目集群治理尤其重要。项目集群治理过程使得澄清推动项目集群与组织战略保持一致的组织愿景成为可能。这些过程使得项目集群需求与当前的组织能力之间保持周期性的平衡。确保组织对项目集群进行监督，以及必要时这些活动通过专注于推动项目集群方法的适应性调整来确保交付预期项目集群收益。项目集群治理过程与项目治理过程存在根本性的不同，项目治理过程更加严格地着眼于控制，从而确保按照定义的范围、时间和预算的限制来执行项目。

项目集群治理绩效域中的实践包括对以下问题的审视：

①项目集群治理委员会的建立；

②项目集群治理委员会的责任；

③项目集群治理与项目集群管理的关系；

④与项目集群治理相关的一般个人角色；

⑤项目集群作为治理主体——项目集群组件治理；

⑥其他支持项目集群管理的治理活动。

### 3.7.1 项目集群治理委员会

大多数组织通过建立项目集群治理委员会确保获得恰当的项目集群治理，项目集群治理委员会负责定义并执行恰当的治理体系与方法。有效的项目集群治理委员会通常包含被认为拥有组织洞察力和决策权的个人，这些个人对于项目集群目标、战略和运营计划的建立非常关键，并且他们也能够为实现项目集群目标的收益提供了足够的可用资源。项目集群治理委员会通常由决策层相关方组成，他们因具有战略洞察力、技术知识、职能责任、经营责任和管理组织的项目组合责任，和/或有能力代表重要相关方群体而被选择。通常，项目集群治理委员会包括来自负责支持项目集群重要内容的职能团体的高层领导，如负责支持组件项目和项目集群的组织高管和领导。通过这种方式为项目集群治理委员配备人力资源，提升了项目集群治理功能的可能性，包括：使项目集群治理功能处于有利的位置；随时可以有效解决在项目集群执行过程中出现的问题或疑问。在理想状况下，项目集群治理委员会将确保项目集群在这些环境中开展：拥有丰富的组织知识和专业知识；有一致政策和有效过程的良好支持，以及授权他们与有决策权的人的接触机会。

对某些组织而言，有时候，在非常小的组织里项目集群治理委员会又被称为指导委员会、监督委员会。有一位高管可能会承担项目集群治理委员会的职责。

### 3.7.2 项目集群治理委员会的责任

项目集群治理委员会的常见角色和责任如下。

**1．项目集群治理与组织的愿景和目标**

组织的愿景和目标为驱动大多数项目集群启动的战略指令提供了基础。项目集群治理委员会的职责是确保任何项目集群在其授权范围内定义项目集群的愿景和目标，从而有效地支持组织的愿景和目标。

**2．项目集群的批准和启动**

在大多数组织中，项目集群治理委员会也承担这样的职责，即批准每个项目集群所采取的方法与计划如何实现项目集群和组织目标，以及授权使用资源以支持组件项目、子项目集群和其他项目集群工作来寻找这些方法。这些审批活动发生在启动项目集群之前或项目集群定义阶段的初期。

批准项目集群章程。项目集群治理委员会批准项目集群章程，该项目集群章程授权项目集群管理团队使用组织资源来执行项目集群，同时项目集群章程将项目集群与商业论证和组织战略优先级连接起来。

批准项目集群商业论证。项目集群治理委员会对项目集群商业论证的批准作为项目集群交付期望价值的正式预测，以及为交付该价值而使用资源的正当理由。

**3．项目集群筹资**

项目集群治理委员会的重要角色是确保得到支持已批准项目集群计划的必要资金。通常，项目集群资金由负责监督多个项目集群的治理委员会控制的预算过程来提供。在此情况下，项目集群资金的供给与项目集群需求及组织的优先级考虑相一致，这可以通过组织的项目组合管理过程来定义。

有时，项目集群资金需要从外部来源获取，获得这些资金是项目集群治理委员会的职责。通常负责为获取所需的支持而适当引入必要的协议法规或一些其他限制的制约。

**4．建立项目集群治理计划**

项目集群治理始于监管项目集群的组织过程和实践的建立。项目集群治理委员会与项目集群经理联合主要相关方实施的这些过程和实践定义了对如何承担治理相关角色和责任的具体期望。不同领域的项目集群治理，如国家或地方政府、航空与国防、银行与财政、制药研发，都会有明显不同的需求。然而。在各种情况下，发起组织总在寻求实行既能保证组织监督项目集群所追求的目的和目标，又能与组织需求保持一致的治理过程。

有效的治理确保战略一致性的优化，并且确保项目集群交付其所期望的目标价值和收益。治理也可确保所有相关方都得到适当的协同，以及恰当的支持工具和过程得以定义和被有效利用。治理过程为确保制定合理且具有正当理由的决策，以及清晰地定义为其实施责任和义务提供了基础。

为推动有效治理的设计与执行，许多组织都用文档描述每个项目集群的治理结构、过程和职责。这些描述汇总在项目集群治理计划中。

项目集群治理计划的目的被描述为执行治理过程而确定的目标、结构、角色、职责、政策程序和后勤。在整个项目集群过程中，该计划均得以参考，从而确保项目集群符合已建立的治理期望和协议。基于项目集群期间所获得的成果，项目集群治理计划可能会被适当地修改。通常，确保这些修改可以有效地传递给负责项目集群治理和项目集群管理的相关方是被普遍接受的良好实践。

（1）项目集群目标汇总

项目集群目标汇总罗列项目集群和项目集群的每个组成组件的目标及项目集群的预期收益交付。它记录与传播项目集群治理委员会将如何对所追求的目标在组件范围内进行监督和度量。

（2）项目集群治理委员会的结构与组成

项目集群治理计划描述项目集群治理委员会的结构和组成。它说明项目集群治理委员会的角色和职责，以及治理委员会如何执行治理过程。

（3）个人角色与职责的定义

项目集群治理计划识别与描述参与项目集群治理的关键相关方的角色和职责，

包括项目集群的执行发起人、项目集群经理、项目集群变更经理、项目集群管理办公室的代表、单个组件项目或子项目集群领导，以及项目集群团队成员。此外，针对项目集群治理委员会做出的关键决策，治理计划明确了谁将承担决策的责任及其权利。

（4）规划的治理会议

治理计划应包括预期的与项目集群相关的治理会议和任务的时间表，项目集群治理计划提供这些额外的治理会议或任务的时间安排指导方针。因此，定义了治理交互和评审项目集群要求的项目集群治理计划服务于项目集群计划。

（5）规划的阶段关口评审

为使治理可以批准或"把关"项目集群从一个重要阶段进入另一个重要阶段，阶段关口评审在项目集群计划中选择合适的时间评估项目集群进展和成果。项目集群治理计划勾勒出规划的项目集群阶段关口，以及在阶段关口评审时所需实现的决策标准或目标，还有预期的时间安排。阶段关口评审也为评估项目集群是否按照其收益管理计划交付收益提供了机会。

（6）组件启动标准

为确保项目集群治理委员会保持对新组件进行投资的持续欲望，阶段关口评审通常先于新的项目集群组件启动。只要可能，项目集群治理计划应该清楚地明确出相关标准，以便组织确认其对每个组件启动的持续支持。通常，项目集群治理委员会将基于特定组件的商业论证来批准组件的启动。

（7）组件收尾或移交标准

阶段关口或其他治理评审也会制定时间计划，以便批准新项目集群组件的收尾或移交。作为项目集群计划中组件收尾或移交的一部分，项目集群治理计划应该清晰地说明所要完成活动的组织期望。

（8）周期性的"健康检查"

阶段关口评审不能替代被称为"健康检查"的周期性项目集群绩效评审。通常，这些评审在阶段关口评审之间进行，并评估项目集群持续的绩效与进展。这些在阶段关口评审之间进行的对项目集群持续的绩效与进展的评估有助于实现和维持收益。治理计划应该为适用于每个项目集群的健康检查所使用的进度、内容和评估（或衡量标准）明确治理要求。

（9）问题升级流程

有效的问题升级和解决过程可以确保重要的问题恰当地升级并得到及时解决。

典型的升级过程在两个层面执行：第一，项目集群内，组件团队与项目集群管理团队之间；第二，项目集群外，项目集群管理团队与组织的高层管理者或其他相关方之间。也有一些情况要求项目集群经理与高层管理者和外部相关方直接沟通。治理计划应该围绕着所有层面问题升级的期望进行描述，从而确保组织清晰地定义其要求，这些要求是为了有效解决问题而在恰当的时间协同治理相关方。

**5．沟通与签署项目集群成功的标准**

项目集群治理委员会为成功的项目集群建立最低、可接受的标准，以及用于度量、沟通和签署这些标准的方法。因此，项目集群治理委员会确保成功地定义与关键项目集群相关方的期望和需求相一致，同时确保项目集群寻求交付收益的最大化。

**6．批准项目集群方法与计划**

项目集群治理委员会批准实现特定目标的项目集群所采用的方法。项目集群治理委员会也会批准项目集群过程中管理和监控项目集群组件的框架。

**7．项目集群绩效支持**

项目集群治理委员会通过组织资源的分配（人员、预算和设备）使得项目集群的追求及项目集群的绩效优化成为可能。那些监管非常大的项目集群，可能通过创建项目集群管理办公室来寻求确保项目集群管理一致性和专业性达到较高水平。

**8．项目集群报告与控制过程**

为支持组织监督项目集群进展的能力，以及增强组织评估项目集群状态并使其与组织的控制保持一致的能力，很多组织都定义了适用于所有项目集群的标准报告与控制过程。项目集群治理委员会通常承担确保项目集群符合这些过程的责任。这些报告与控制过程包括：

①项目集群、子项目集群组件、组件项目及相关活动的运行状态和进展；

②期望的项目集群资源需求；

③已知的项目集群风险，及其应对计划和升级标准；

④战略和运营假设；

⑤实现和期望维持的收益；

⑥决策标准、跟踪和沟通；

⑦项目集群变更控制；

⑧遵守公司和法律政策；

⑨项目集群知识管理；

⑩问题和问题应对计划；

⑪项目集群筹资和财务绩效。

**9．项目集群质量标准与规划**

质量规划是项目集群的单个组件项目和子项目集群的关键要素，并且它们通常都在组件层面进行规划。然而，针对某些项目集群，在项目集群层面的质量保证也很重要。例如，复杂的工程项目集群可能要求项目集群中每个组件的输出都遵守相同的独立质量测试程序。项目集群质量计划的目的在于通过识别和运用跨组件的质量标准，建立适当的机制，从而确保项目集群质量。项目集群质量计划定义了以下几个方面：

①应用于项目集群所有组件的最低质量标准与规范；

②所有组件输出或结果所需的最少测试或验证要求；

③组件质量规划、质量控制和质量保证的最低要求；

④任何需要项目集群层面的质量保证或质量控制活动；

⑤项目集群层面的质量保证和质量控制活动所需的角色和职责。

**10．监督项目集群进展与变更需求**

项目集群治理委员会在监督项目集群追求组织目标的进展中具有独特的地位。项目集群治理委员会与项目集群经理协作，最大化每个项目集群成功的机会。项目集群治理委员会凭借其在下列活动中的中心作用履行这一角色：批准项目集群战略和计划、建立汇报和建制过程、监督项目集群进展、开展周期性的健康检查和阶段关口评审、签署项目集群组件的启动与移交，以及解决来自项目集群团队的升级问题。项目集群治理委员会应负责定义项目集群经理所能拥有的独立授权的可批准变更的类型，而对于那些显著的变更，则需要项目集群治理委员会讨论和预先批准。在与项目集群经理共同工作的过程中，当项目集群的规划方法或任务需要变更时，项目集群治理委员会应该就提供支持而有所准备。

项目集群经理、项目集群团队、项目集群治理委员会成员或其他相关方都可能提出变更请求。这些变更请求可能由各种原因所引发；然而在实践中，由于不确定性的缘故，这些变更通常都由新实现（或预期）的项目集群成果所激发，这种不确定性是项目集群在构建和审批之前的计划时所必须要面对的。在项目集群环境中，变更需求可被视为项目集群适应环境演变的一种机会，同时确保项目集群为交付其预期收益和价值保持最佳定位。项目集群经理和项目集群治理委员会应支持这种需求，并通过协作确保必要的变更，以确保追求收益的交付。

最重大的变更请求通常会与修改项目集群战略、计划或资源使用的期望相关。为实现项目集群和组织的目标，项目集群经理的责任是与项目集群团队合作，共同考虑这些变更的含义，以评估是否需要提升项目集群团队的能力来实现项目集群和组织的目标。同时，项目集群经理应该同步评估与该变更所关联的当前风险是否可以接受、建议的变更是否具有可操作性、组织是否支持，以及该变更是否重要到需要项目集群治理委员会审批。项目集群经理要提出需要项目集群治理委员会审批的变更。对提出的项目集群变更批准的请求应包含各种项目集群文档的更新，包括：

①由项目集群团队维护的变更日志中的变更建议、变更依据及其变更结果的记录。

②项目集群治理委员会治理决策登记册中的决策、会议纪要、行动日志或其他格式的决策记录。

③按照项目集群沟通计划，就变更请求的本质和结果与恰当相关方的沟通记录。

④项目集群治理计划和项目集群计划的更新。

⑤根据核准，组件项目或子项目集群计划的更新。

⑥项目集群预算和资金的修订。

⑦项目集群结构的修订。

⑧角色和责任矩阵的修订。

### 11. 阶段关口与其他决策点评审

项目集群治理委员会按计划在关键决策点评审项目集群。这些评审会在与项目集群重要阶段的开始或与完成相一致的时间开展，它们通常称为阶段关口评审。这使得治理层能够批准或不批准项目集群从一个重要阶段进入另一个重要阶段，同时评审和批准项目集群所需的任何变更。例如，项目集群治理委员会有时可能要求对项目集群进展中的阶段关口进行更新，从而支持对以下各项的评审：

①项目集群、项目集群的组件与项目集群和组织的预期目标的战略一致性。

②根据项目集群的组件活动结果，以评估项目集群实际（相对于计划）所实现的收益以及为应对该结果而调整项目集群计划的潜在需求。

③项目集群所面对的风险，以及确保可接受的风险水平，并且还要协助项目集群治理委员会应对风险，并为其提供机会。

④项目集群资源需求，以及组织承诺和履行承诺的能力。

⑤针对项目集群当前绩效的相关方满意度。
⑥外部（环境）发展对项目集群战略和计划的潜在影响。
⑦项目集群遵守的组织质量或过程标准。
⑧战略优先级或作为项目组合管理活动一部分的组织运营投资的关键信息。
⑨为改进项目集群进展而必须解决的问题。
⑩为进一步提升项目集群的绩效和成功的可能性，潜在需求；对项目集群计划或项目集群其他要素变更的潜在需求。
⑪退出前一阶段和进入后一阶段时所履行的标准。

为支持组织决策需要，也可能进行其他决策点评审。例如，对管理或预算过程进行的项目集群评审。这些评审包括支持项目组合管理或预算过程而进行的项目集群评审。

通过实施评审，项目集群治理委员会有机会确认对既定项目集群持续进展的支持。或者，项目集群治理委员会可能启动或支持对项目集群的战略或计划做出适应性变更的建议，来提升项目集群实现和交付预期收益的能力。

阶段关口或其他决策点评审可能会导致项目集群的终止。例如，当项目集群被终止时，可能存在很多原因，如项目集群不太可能交付其预期收益，不能得到所需的投资支持水平，或者在项目组合评审中决定不再继续。

**12．批准组件启动或移交**

项目集群治理委员会的批准通常要求在项目集群计划中的单个组件启动之前，至少要达到组件项目启动要求的程度：第一，负责监督和管理组件项目的附加治理结构说明；第二，完成组件的组织资源的坚实承诺。在寻求对这些组件启动的批准时，项目集群经理经常扮演"发起人"的角色。对新的项目集群组件启动的治理审批通常包括：

①开发、修订或再确认组件的商业论证。
②确保执行组件所需资源的可用性。
③定义或再确认管理和执行组件所需的个人职责。
④确保关键的、与组件相关的信息传递给关键相关方。
⑤确保面向特定组件、项目集群层面的质量控制计划的建立。
⑥授权治理结构按照组件目标跟踪其进展。

当新组件启动时，涉及组件的所有项目集群层面的文档和记录都应被更新，以便同步反馈受到影响组件的任何变更。单个项目集群组件的收尾或移交通常要求得到项目集群治理委员会的批准。项目集群发起人也会批准组件收尾。针对项目集群组件移交或收尾的任何建议的评审通常包括：

①证实组件的商业论证已经充分满足。

②确保组件的收尾在恰当的项目集群层面传递给关键相关方。

③确保组件遵守项目集群层面的质量控制计划。

④评估组织或项目集群层面的经验教训，作为移交过程中的组件绩效结果。

⑤证实用于项目或项目集群收尾的所有其他可接受的实践都已经被满足。

**13．项目集群收尾**

最后，项目集群治理委员会批准项目集群收尾的建议。项目集群治理委员会确认保证项目集群收尾的条件已经满足，并且项目集群收尾的建议与当前的组织愿景和战略保持一致。另外，项目集群也会因为组织战略或环境的改变导致项目集群的价值下降或对项目集群的需要下降而被终止。

### 3.7.3　项目集群治理与项目集群管理的关系

在项目集群治理和项目集群管理各自的责任之间建立恰当的合作关系对于项目集群成功交付组织期望的收益非常关键。项目集群经理依靠项目集群治理委员会成员来创造这样的组织条件能够使项目集群有效执行，并且能够解决项目集群自身与其他项目集群、项目或持续的运营活动发生需求冲突时所引起的不可避免的问题。

项目集群治理委员会与项目集群经理之间建立起的合作关系对组织的成功也非常关键。项目集群经理承担着项目集群治理委员会授予的为追求组织目标而进行有效管理的责任和义务。项目集群经理执行这些责任和义务以确保项目集群实现组织的战略方针，这使得项目集群经理承担着类似于项目集群治理功能本身的战略性角色。因此，为确保项目集群目标可持续、高效及有效地实现，项目集群经理和项目集群治理委员会成员彼此之间的关系应建立在共同的组织目标和共同的责任基础之上。

### 3.7.4　项目集群治理相关的常见个人角色

在组织内，项目集群治理和项目集群管理功能之间的关系通常由指定的关键角色来进行管理，这些关键角色个体既是这些功能的一部分，同时又是公认的重要相关方。这些常见角色包括：

①项目集群发起人：项目集群发起人是组织中负责支持项目集群使用组织资源并确保项目集群成功的个人。项目集群发起人角色通常由项目集群治理委员会的执行成员、可以指导组织及组织投资决策，被授予个人权利来确保相关项目集群成功的高管担任。在许多组织中，项目集群发起人承担项目集群治理委员会主席的职责。

②项目集群治理委员会成员：项目集群治理委员会成员是共同负责批准和监督项目集群的人员。

③项目集群经理：项目集群经理通常是负责管理和监督项目集群与项目集群治理功能之间交互的个人。项目集群经理负责建立和管理项目集群，同时负责确保项目集群按照计划执行。在一些组织中，项目集群经理也被称为项目集群领导。

④项目经理：在项目集群背景中，项目经理角色通常是指负责监督或管理作为项目集群组件而正在执行的项目的个人。在此背景下，项目经理的职责包括有效地规划、执行和跟踪项目集群的组件项目，以及交付项目章程和项目集群的计划中定义的项目输出。

⑤项目集群团队成员：项目集群通常由负责项目集群各方面的个人所组成的项目集群团队所支持。项目集群团队成员对项目集群战略或计划的定义负有参与责任，或者对作为项目集群计划的一部分而实施的相关活动负有监督或协调责任。项目集群治理委员会成员确定项目集群团队成员到某个具体项目集群，以确保每个项目集群都能够获得恰当的支持。

### 3.7.5　项目集群作为治理主体：项目集群组件治理

项目集群有负责通常称为组件治理的治理功能。在这样的环境下，项目集群经理可能承担着在"父项目集群"下建立一套组件项目和子项目集群的治理框架的责任。很多因素可能影响了项目集群团队治理某组件项目和子项目集群的自治权的决策，包括项目集群经理的经验、项目集群和项目集群组件的规模与复杂程度，以及在更大的组织环境下管理项目集群所需的协调程度。

### 3.7.6　其他支持项目集群管理的治理活动

项目集群治理功能通常承担建立支持有效和高效的项目集群管理的组织能力的责任。这可由单独的项目集群治理委员会创建，用以支持该项目集群，或由组织的核心资产创建，在基于各自项目集群治理委员会认可的情况下，用以支持多个项目集群。

**1. 项目集群管理办公室**

执行多个项目集群的组织及那些规模庞大、十分繁杂或性质复杂的项目集群，通常由正式的项目集群管理办公室来追求其在项目集群管理方面的一致性和专业性。项目集群管理办公室在本组织内，通过提供受过项目集群管理严格培训的员工，从而在应用项目集群管理可接受的实践方面提供适合本组织的专业知识和支持。在组织内，项目集群管理办公室可能负有向某一项目组合内不同的项目集群提供集中的、一致的项目集群管理专业知识的任务。另外，执行规模特别巨大、十分繁杂或复杂的项目集群的组织，可能建立多个项目集群管理办公室。项目集群管理办公室可能专门负责实施一个或多个关键组织的项目集群。

**2. 项目集群管理信息系统**

有效的项目集群管理要求在项目集群管理、项目管理、项目组合管理与组织的项目集群治理功能之间存在高效和有效的信息交换。这要求组织的相关方可以访问对项目集群重要的当前信息。通过建立项目集群管理信息系统，在项目组合中，与项目集群和项目管理相关的信息能够被收集、访问、报告和分析，组织的项目集群治理功能便能够支持其组织的项目集群管理能力。

**3. 项目集群知识管理**

项目集群管理支持活动也包括项目集群内处理知识管理所需要的工作和资源。知识管理包括三项主要内容：跨项目集群的知识收集与分享；掌握项目集群具体知识内容的个人和主题专家；存储收集的项目集群知识和项目集群构件的项目集群管理信息系统。项目集群知识管理将包括及时地识别、存储和传递给各种项目集群组件、团队成员和相关方的关键知识，以支持他们做出可靠和及时决策的相关活动。在整理用于参考的项目集群知识时，项目集群经理确保重要的项目集群信息和文档对于所有有需要的人是易得易用的。

**4. 项目集群管理审计支持**

基于企业的具体性质，项目集群治理功能通常承担确保项目集群在其管辖范围内保持为要求或期望的审计做好准备的组织责任。

**5. 项目集群管理教育与培训**

项目集群智力功能可以通过提供在项目集群角色与职责、技能、能力和胜任度方面的组织教育和培训来进一步支持项目集群管理。由项目集群职能部门与项目集群管理层或项目集群管理办公室合作发起的特定的教育与培训，使得在本组织内可以将培训重点放在项目集群管理的特定实践和需求上，也可以使得组织确保那些负责重要项目集群有效开展的人员为履行角色做好充分准备。

## 3.8 项目集群生命期

通常情况下，项目集群始于资金被批准或项目集群经理得到任命。在定义和批准项目集群前，组织通常会开展相当多的前期工作。在项目集群交付阶段，组件得以批准、计划和执行，同时收益得以交付。在期望的收益完成时，或者由于项目集群治理委员会确定的其他原因，包括组织战略方向调整导致项目集群不再与组织战略相一致或项目集群收益无法完成时，项目集群治理委员会批准项目集群收尾。

### 3.8.1 项目集群定义阶段

项目集群定义阶段通常是战略计划的成果，旨在实现组织收益或组织的项目组合期望状态。项目组合管理团队在项目集群定义阶段开始前将开展大量活动。项目组合管理活动包括概念开发（产品、服务或组织成果）、制定范围框架、初始需求、时间表、可交付成果，以及可接受的成本指导原则。

项目集群定义阶段的主要目的是详尽阐述商业论证或战略计划目标及期望的项目集群成果。这一过程最初体现为商业论证与项目集群计划的更新，随后记录到项目集群路线图中。更多细节通过项目集群管理计划来说明。项目集群定义阶段的成果是项目集群管理计划的批准。通常，项目集群定义阶段分成两个既有区分又有重叠的子阶段：项目集群构建和项目集群准备。项目集群经理在项目集群构建阶段得到甄选和任命。

**1．项目集群构建**

项目集群构建期间，发起组织会任命项目集群发起人来负责项目集群。在这个子阶段期间，项目集群发起人的关键职责包括获得项目集群资金和物色项目集群经理。项目集群发起人、发起组织和项目集群经理紧密协作，开展以下工作：

①获得项目集群资金。
②进行范围、资源和成本的初始研究和估算。
③开发初始风险评估。
④开发项目集群章程及项目集群路线图。

项目集群准备阶段始于项目集群章程的正式批准。项目集群构建阶段的输出可能会在整个项目集群定义阶段期间持续更新。

**2．项目集群准备**

项目集群管理计划依据组织的战略计划、商业论证、项目集群章程及其他项目集群构建阶段的输出而制定。项目集群管理计划包括候选项目集群组件和实现组织期望收益所需的管理计划。项目集群准备子阶段的关键活动包括：

①建立项目集群治理结构。

②组建初始的项目集群组织。

③制定项目集群管理计划。

### 3.8.2 项目集群收益交付阶段

在这个迭代阶段，项目集群组件被不断规划、项目集群团队为组件的成功完成提供监管与支持。整合和管理，以促进项目集群期望收益的交付。组件工作与活动在项目集群范畴下统一集成，以便于项目集群收益的管理和交付。本阶段工作包括项目集群与组件管理计划（涵盖成本管理、范围管理、进度管理、风险管理、资源管理等）在组件层面（组件层面工作）制定，在项目集群层面（整合工作）整合，以维持与项目集群的方向相一致（项目集群层面工作）从而交付项目集群收益。项目集群促进与组件之间的交互以达成目标、管理变更，并缓解风险和问题，从而获得成功。

项目集群具有显著的不确定性因素。尽管项目集群管理计划和路线图记录了项目集群的预期方向与收益，但项目集群包含的完整组件在项目集群定义阶段并不明确。为适应这种不确定性，项目集群经理需要在整个项目集群收益交付阶段持续地监管组件，并且在必要时重新规划恰当的组件整合，或者通过适应性变更来改变项目集群方向。项目集群经理也负责以协同一致的方式管理全部组件，以获得采用单独的方式来管理无法获得的成果。每个项目集群组件将通过如下所述的面向组件层面的子阶段进行迭代：

①组件规划与授权。

②组件监管与整合。

③组件移交与收尾。

当项目集群收益已实现、交付并接受，或者做出终止项目集群决策时，本阶段结束。

**1．组件规划与授权**

组件规划贯穿于整个项目集群收益交付阶段，用以响应那些需要重大再规划的事件或新的组件启动请求（由请求组件提交）。组件规划包括将组件整合到项目集群以确保每个组件都能够成功执行的活动。这些活动包括正式确定组件需要完成的工作范围，以及识别满足项目集群目标和收益的可交付成果。

每个组件都有相关的管理计划。取决于需要考虑的工作类型，这些管理计划包括项目管理计划、移交计划、运营计划、维护计划或其他类型的计划。来自每个组件计划的恰当信息将被整合进项目集群的相应计划。这包括项目集群用来帮助管理与监督整体项目集群的信息。

**2．组件监管与整合**

在项目集群环境里，一些组件可能立即产生收益，然而，另外一些组件则在相关收益实现前需要与其他组件进行整合。每个组件团队均需要执行相应的计划和项目集群整合工作。在该活动的整个过程中，组件将状态和其他信息提供给项目集群经理和与它们相关的组件，这样，组件的工作得以与整体的项目集群活动相整合和协调。项目集群经理可以启动新的组件来管理对多个组件的整合工作。如果忽略这一步骤，即便单个组件可以产生可交付成果，收益也可能因缺乏协调交付而无法实现。

**3．组件移交与收尾**

当项目集群组件产生可交付成果并协调组件的产品、服务或成果成功交付之后，组件将被关闭或移交到另一个组织后关闭。为实现连续不断的收益，组件移交设法解决持续活动的需求，如从项目集群组件到运营支持功能的产品支持、服务管理、变更管理、用户参与或客户支持。

在项目集群收益交付阶段结束前，所有组件将被评审用以核实项目集群收益确已交付，并已移交其余项目及维持性任务。

### 3.8.3 项目集群收尾阶段

项目集群收尾阶段的目的是执行受控的项目集群收尾。本阶段由两个子阶段组成：项目集群移交与项目集群关闭。

**1．项目集群移交**

在项目集群移交之前，应咨询项目集群治理委员会以决定项目集群处于下列哪种情况：项目集群已经实现所有的期望收益，并且在组件内已执行所有移交工作；

会有其他项目集群或维持活动来监督该项目集群产生的持续收益。对于第二种情况，可能包括移交资源、责任、知识与经验教训到另一实体组织的工作。

**2．项目集群关闭**

一旦发起组织批准项目集群收尾，则需要开展大量活动来正式关闭项目集群。

# 第4章 建筑企业项目组合管理

## 4.1 项目组合管理概述

### 4.1.1 项目组合管理的产生

传统项目管理采取的是自下而上的管理方式，即数据从项目管理的底层开始收集，传送至高层经过分析后对项目进行管理和控制，这是一种偏向于战术性的项目管理方式。采用传统项目管理方式常存在以下问题：

（1）不能及时发现与企业目标发生偏差或超越企业执行和控制能力的项目。

（2）项目的选择缺乏统一的评判标准，没有及时的信息或者简洁明了的评判工具提供给项目的决策层，以帮助其做出正确的决策。项目选择中容易出现"偏好"现象，项目选择有时缺乏客观性。

（3）项目的过程缺乏透明度和可控制性，不能及时发现项目过程中出现的问题并对项目加以调整，从而造成项目失败。

（4）项目管理过程中缺乏意见和建议的交流，不方便做到知识共享。

（5）对项目的管理停留在项目的水平上，即以分散的项目为基础的、单一项目管理，而不是将所有项目视为一个整体进行管理，忽视了企业是一个系统的战略整体。

（6）不能在整个企业的范围内对所有项目进行统一的资源管理和分配，造成企业资源（财务和人力资源）的浪费。鉴于以上问题的存在，就需要有一个整体的视角来管理多个同时运作的项目，要求企业采用有效的管理系统理论的方法，体现战略的要求，合理分配资源，以期获得高效率的项目管理。

项目化管理的企业经常处于同时运作多个项目的状态之中，那些集中于管理单个项目的传统的项目管理工具和实践已经难胜其力，项目组合管理就是在这种单项目管理不适用的情况下产生的。

最早提出"组合管理"思想的是诺贝尔经济学奖获得者、美国经济学家哈里·马科维茨（Harry Markowitz）。他于1952年在《Journal of Finance》（金融杂志）上发表文章《现代组合理论》，阐述如何进行投资组合选择，以减少投资风险。1998年，管理学家约翰·索普（John Thorp）在《The Information Paradox》（信息悖论）上发表文章指出：组合管理常被用于进行风险把控，也可以用来获取投资的最大回报。这种管理思想在金融投资领域称为投资组合管理（Portfolio Management）。近年来，随着信息技术和项目管理技术的发展，这种思想被引进到项目管理领域，称为项目组合管理（Project Portfolio Management，PPM）。项目组合管理作为一个相对较新的研究领域，它旨在解决企业进行多项目运作管理的问题。随着全球经济的不断增长和竞争压力的不断增大，项目组合管理将会成为越来越重要的管理方法。

### 4.1.2　项目组合管理概念

**1. 多项目管理**

企业项目管理（EPM）与单项目管理（PM）的一个重要区别在于企业项目管理所关心的是企业所有项目目标的实现。一个企业在同一时间内可能会有很多项目需要完成，如何经济、有效地同时管理好众多的项目是企业项目管理的重大问题。

为了一些经济方面的原因和有效地使用资源，企业项目管理中常常采用一种新的管理方法——多项目管理。所谓"多项目管理"，简单地说就是一个项目经理同时管理多个项目，协调所有项目的选择、评估、计划、控制等各项工作。需要说明的是，将一个复杂的项目分解为子项目群进行管理的情况，仍属于一般项目管理的范畴，不属于"多项目管理"。

项目组合管理是从企业整体出发，动态地选择不具类似性的项目，对企业所拥有的或可获得的生产要素和资源进行优化组合，从而有效、最优地分配企业资源，以分散企业风险，达到企业效益最大化，提高企业的核心竞争能力。

**2. 项目组合的概念**

关于项目组合，国外关于项目组合的定义主要有如下几种：

国际项目管理协会研究委员会主席罗兰·加雷斯（Roland Gareis）认为项目组合是项目导向型组织在某一特定时间点所持有的所有项目和计划集合，以及这些项目和计划之间的联系。

阿奇尔（Archer）和加赛姆扎德（Ghasemzadeh）对项目组合的定义是，项目组合是由一个特定的组织或管理层实施的一系列项目的集合。项目之间彼此相关或独立，但它们有相同的战略目标并竞争有限的资源。

可以认为，项目组合是企业在某一时点所拥有的一系列项目的集合，这些项目彼此相关或独立，但都有共同的战略目标、竞争相同且企业资源有限。

**3．项目组合管理概念**

项目组合管理的概念在国内外主要有以下几种描述。

（1）国际项目管理协会研究委员会主席罗兰·加雷斯（Roland Gareis）认为项目组合管理是一个动态的决策过程。

（2）鲍勃·布蒂里克（Bob Buttirick）认为项目组合管理是科学和艺术地将知识、技巧、工具和方法运用到项目集群中去，以达到或超过组织投资战略的需要和期望。正确管理个体项目能保证我们正确地执行目标；而成功地管理所有项目能保证我们做正确的项目。做正确的项目往往比正确地做项目更具有战略意义。

（3）阿奇尔（Archer）和加赛姆扎德（Ghasemzadeh）对项目组合管理的定义是关于有效确定、评价、选择和管理项目集群的过程。

（4）王井祥认为，项目组合管理是对企业所拥有的项目组合和资源约束条件下，按照企业的战略目标进行项目确定、评价、选择和管理的动态决策过程。

（5）张立军对项目组合管理概念的解释：项目组合管理不是简单地管理多个项目，每一个项目组合都需要根据自身的商业价值和公司战略来评价，并且要能够实现一定的商业目标或商业利益。

（6）PMI的定义为：项目组合管理是指在企业战略计划和可利用资源的指导下，进行多个项目或投资计划的选择和支持。

综上所述，项目组合管理是从企业整体出发，按照设定的统一标准选择符合组织战略发展需要的项目。对企业所拥有的或可获得的生产要素和资源进行优化组合，以便有效、最优地分配企业的有限资源，并在项目执行过程中对所有项目的成本、进度、风险、收益等要素进行严格的动态监控，以达到企业效益最大化的目的。

### 4.1.3　项目组合管理的特点

（1）组合管理的战略性

组合管理是战略性的体现，项目组合分析及资源分配与公司总体经营战略性紧密相连并保持一致，这是企业竞争成功的关键。在组合管理中，高层管理人员的合作和积极参与是其重要的特征之一。组合管理在某种程度上考虑了风险、不确定性和成功的概率，并且将其体现在项目选择的决策过程中。

（2）组合管理的动态性

组合管理的环境呈现动态特性，在组合中项目的状态和前景是经常改变的，组合管理可以不断发现新机会，新机会又与现有的项目竞争资源结合，这些情况使得企业需要将自己的活动不断调整到一个合适的位置和重点上，要求对处于不同阶段、具有不同质量和数量信息的项目之间进行比较，这是传统项目管理方法所无法解决的。组合管理的方法能够适应整个项目寿命周期内所发生的目标、需求和项目特征的变化，能够同时处理项目中的资源、效益、结果之间的互相影响，使管理人员对现行项目按时间变化做出计划，对组合进行适度调整，明确项目在总体组合中所起的作用。

（3）强调组织的整合性

项目组合体中各项目小组成员在一个统一的合作体中工作，可形成一种连续式的沟通机制。技术、知识、信息共享程度较高，易于形成和强化统一的合作观念，沟通效率和有效性较高。而传统的项目管理模式中，各项目小组分散在不同的项目中，项目间的成果和技术沟通较多，过程和人员沟通较少，是一种间歇的沟通机制，沟通效率和有效性较低。项目组合管理有利于显示决策过程的信息，能够系统地选择每个项目，并评价组合中某一个项目的状态，以及它与公司目标的适应程度。

（4）强调选择项目的重要性

项目组合管理不仅是管理项目，关键是选择项目。项目组合管理是针对企业管理层所管理的所有项目的一种方法，具体的单个项目的管理由项目经理层负责。项目组合管理的主要任务是选择项目，在有限的资源范围内，使所选项目组合起来能够更好地实现组织目标。在单个项目的管理中，"怎样做好这个项目"可能是问题的关键。而在项目组合管理中，"怎样实现各个项目对目标贡献最大"才是关键的问题。

## 4.1.4　项目组合管理与项目管理的区别

**1. 传统项目管理（Project Management）的内涵**

美国项目管理协会是这样定义项目管理的：项目管理是指为达到项目要求，将知识、技能和技术应用到项目活动。《项目管理知识体系指南（PMBOK®指南）》（第六版）给出了更加具体的解释。项目管理就是指把各种系统、方法和人员结合在一起，在规定的时间、预算和质量目标范围内完成项目的各项工作，有效的项目管是指在规定用来实现具体目标和指标的时间内,对组织机构资源进行计划、引导和控制工作。

**2. 项目组合管理(PPM)与传统项目管理(PM)的区别**

项目组合管理作为一种新的管理方法,与传统的项目管理存在很大的区别,如表4-1所示。

项目组合管理与传统项目管理的区别　　表4-1

| 管理内容 | 项目组合管理 | 传统项目管理 |
| --- | --- | --- |
| 管理目标 | 项目选择和优化 | 项目完成交付 |
| 管理方式 | 自上而下,战略性的 | 自下而上,战术性的 |
| 管理范围 | 企业的所有项目或者部分项目 | 单个项目 |
| 管理周期 | 长期的,企业只要有项目就会一直存在 | 短期,从项目启动到项目结束 |
| 管理决策层次 | 高层管理者/组织级管理者 | 项目经理 |
| 主要关系人<br>(Main Stakeholders) | 企业高层管理者;<br>企业最终股东 | 项目发起人;<br>项目经理;<br>项目客户 |
| 管理内容 | 根据战略目标进行项目组合范围定义;<br>进行项目分析选择;<br>多项目组合分析;<br>动态管理组合 | 项目管理的九大领域(PMI):项目整体管理、范围管理、时间管理、费用管理、质量管理、人力资源管理、沟通管理、风险管理、采购管理 |

(1)传统项目管理

1)传统项目管理的目的是"Do the thing right",强调"怎样做项目",通过有效的项目管理方法保证项目按照进度、成本、质量的要求进行交付,是针对单个项目的管理方法。美国项目管理协会编写的《项目管理知识体系指南(PMBOK®指南)》(第六版),从项目管理的十大领域介绍了在实施项目过程中需要管理的内容和方法。

2)传统项目管理是针对项目内部的管理,其主要管理者是项目经理。

3)传统项目管理采取的是自下而上的管理方式,即数据从项目管理的底层开始收集,传送至高层,经过分析后对项目进行管理和控制。

(2)项目组合管理

1)项目组合管理强调"做什么项目",它能够确保企业所执行的项目与企业战略相一致,并且使项目之间保持恰当的平衡。

2）项目组合管理是组织以及战略层面的管理活动，是进行组织决策的过程，是面向多个项目的管理。

3）项目组合通过为最有价值的项目设定优先级和配置资源，以保证企业的有限资源实现最大效益。

4）项目组合管理采取的是自上而下的管理方式，即先确定企业的战略目标，优先选择符合企业战略目标的项目，在企业的资金和资源能力范围内有效执行项目。

5）项目组合管理是利用同一个项目管理系统，按照设定的统一标准选择符合组织战略发展需要的项目，并在项目执行过程中对所有的项目成本、进度、风险、收益等要素进行严格的动态监控。

### 4.1.5 项目组合管理对于企业的作用

企业中的某些工作（如技术创新）往往是以组群的形态出现，项目彼此间会进行有机联结，并与公司的战略相关，只有把它们有机结合并协同作用，将其视为一个整体进行管理，才能促进企业持续高速的发展。而合理地进行项目组合管理，可以使企业的技术和财务资源得到有效的配置和利用，进而提高企业的创新效率和市场竞争力，使企业获得持久的竞争优势。

在企业中引入项目组合管理将产生以下作用：

（1）培养和提升核心能力

在资源有限的条件下，往往导致许多企业选择一些快速、容易、低成本的项目，通常这些项目又是不重要的，如一些产品的改进和延伸。而那些能够产生实际竞争优势的、带来重大创新的重要项目实则并未受到重视，从而导致有利于核心能力培养和发展的真正的好项目却缺乏人力和资金。通过有效的项目组合管理，选择符合企业战略目标的项目将有助于培养、拓展和强化企业的核心能力。

（2）与企业经营战略相匹配

项目组合管理能保证在不同类型、不同经营领域和市场的项目之间的费用分配与经营战略相符，实现与企业经营战略相匹配。

（3）组合价值最大化

项目组合管理合理分配资源可以使企业在一些战略目标（如长期营利能力、投资回报期、成功的可能性或其他一些战略目标）的组合价值最大化。项目组合管理能产生比单一资源、单独使用更大的效益，使资源在企业的不同阶段的配置更为合理，可以分散或降低风险，有利于企业发展过程各环节的一体化，降低交易成本，能够根据项目各自的优势对企业活动进行合理分工。

（4）引进项目评估与选择机制

对项目的特性以及成本、资源、风险等项目要素（选择一项或多项因数），按照统一的计分评定标准进行优先级别的评定，选择符合企业战略目标的项目。许多企业的战略目标最终会分解成一个个单独的项目，并加以实施。项目组合管理要做到的是根据企业目标分解项目选择的因素，然后根据这些因素判断新的项目是否符合企业的战略，提高项目选择的客观性和科学性，减少主观性和盲目性。

（5）实现项目的财务和非财务收益，保持竞争优势

以往项目管理中会较多注重单一项目的财务收益，而在实际当中，有些项目的实施并非只是获得财务回报。项目组合管理兼顾了项目的财务收益和非财务收益，以及项目之间的依赖关系及贡献，从而实现整个项目组合的最佳收益，保证企业的竞争优势。

（6）平衡企业所有的项目结构关系

企业发展到一定阶段就会产生不同的项目，只有实行组合管理，才能有效平衡长期和短期、高风险和低风险以及其他因素的项目。

（7）优先保证项目的资源分配

只有实现了项目的组合管理，才能快速地对企业的资金和资源能力做出判断，并在企业的能力出现短缺时，采取有效的措施，如资源能力比较时，可能采用项目外包的形式。同时，实现组合管理有利于将资源优先分配给关键的项目，以保证企业目标的顺利实现。

（8）实现对项目实施的有效监控

借助于计算机信息系统，项目组合管理主要通过以下几个方面实现对项目的有效监控：

第一，提高项目管理的可见度。这可能是企业决策者在以前的项目管理中碰到的问题，以往对项目的管理只能依靠下层经理提供的数据报告。实施组合管理后，决策层可以清楚地了解到组合内所有项目的状况，加强对项目的控制。

第二，固化项目的管理流程。目前，企业中普遍存在项目管理各自为政、自成体系的情况，也就是不同的项目经理可能采取了不同的项目控制流程。项目组合管理强调在同一企业内相同类型的项目管理采取同样的管理流程，这样可以使项目管理的流程进一步得到优化，有利于项目实施过程的控制以及明确责任。

第三，实现项目之间的横向管理。这是在单一的项目管理模式下所不能做到的。通过项目组合管理，建立了项目之间的里程碑依赖关系，通过依赖关系控制项目使其发生变化，并对其所依赖的项目造成的影响采取相应的措施。

第四，促进项目执行过程中的交流。项目组合管理给企业的决策层和执行层（纵向）以及不同部门之间（横向）项目的参与者提供了一个交流的工具。使项目的参与者能够互相交流其管理过程中的经验和意见，了解项目的进展状况，以及自己在项目实施中的位置和作用，这对于项目取得成功都是非常重要的举措。

### 4.1.6 建筑企业项目组合管理存在的问题

随着我国建筑业的不断发展，许多有实力的建筑企业通过市场竞争的手段能够获得越来越多的工程项目。多个项目的管理不同于对单个项目的管理，对于多个工程项目的管理会产生不同于单项目管理的许多问题。这些问题主要包括项目经理和职能经理之间的冲突问题、多项目选择的决策问题和多项目的资源有限性约束和进度的安排问题，这些问题都是在多项目管理的过程中需要解决的。这些问题的存在会影响项目目标的实现，在项目的质量、成本、工期等方面产生不利影响。企业必须在经济、有效的同时管理好多个项目。

长期以来，如何有效防范和减少多工程项目管理中出现的问题，一直是困扰我国建筑企业的一个难题。

**1．项目经理和职能经理之间的冲突问题**

当获得新的建筑工程合同之后，建筑企业将任命一位员工来担任该项目的项目经理。项目经理首先需要为这个工程项目组建一支合适的项目团队，只有通过这个团队的合作，项目才能顺利完成。而组成这个团队的成员主要来源于公司的各个职能部门。此时，项目经理需要和有关职能部门的经理进行协商，从各个部门中抽调人员及其他资源来为项目工作。在项目团队中，项目经理和职能经理处于同一级别，他们同时领导着项目团队的成员。由于两个经理的目的、领导方式等都不一样，所以在涉及项目优先次序、资源配备等问题上就会产生冲突。

多项目管理和单项目管理中项目经理与职能经理的冲突是不一样的。在单项目管理中，也存在着项目部门与职能部门之间的协调问题，但是职能部门都是围绕着单一的项目开展工作，各部门的目标比较一致，关系也容易处理。多个项目的出现使项目部门与职能部门之间的矛盾变得更为复杂化。在多项目经营的情况下，各个职能部门要同时面对多个项目，这就涉及首先为哪个项目服务的问题，并可能导致职能部门与项目部门之间出现责任推托和矛盾深化等问题。在多个工程项目的管理过程中，项目经理与职能经理之间可能会因为如下几种原因出现冲突：

（1）项目经理和职能经理对资源的配置不同

项目经理更注重自己所负责的项目内的资源配置，因此当几个项目经理同时在一个职能部门内争夺资源时，常常会跟职能经理在资源配置上产生冲突。每个项目经理都希望争取到更多的资源，这就可能需要牺牲一些职能部门的利益。而职能经理更关注于本部门综合目标的实现，可能会将这些资源配置到对本部门最有利的项目中去，这就无法照顾到所有的项目。

对于建筑企业的人力资源，项目经理只关心合理利用现有的人力资源，而职能经理更关注于人力资源的培养，例如，项目经理为了减少项目的风险，可能更希望挑选技能较为成熟的项目成员，而职能经理为了本部门的可持续发展，则希望更多的新员工在项目中得到磨炼与提高。

（2）项目经理和职能经理对资源的控制权不同

职能经理的控制权主要在于项目团队成员的人事权上，而项目上的其他资源主要由项目经理控制。项目成员来自于各职能部门，职能经理是他们的行政领导，因此职能经理对他们人事的控制权更大。项目上的其他各种资源，如资金、设备、材料等，项目经理的控制权更大。

针对多项目管理环境所产生的项目经理和职能经理之间的冲突，需要对企业的组织形式进行重组，采取一种适合多项目管理环境的组织形式来解决这一冲突。

（3）项目之间缺乏交流，不利于知识共享

职能经理和项目经理都没有动力去横向联系各个项目，从而无法加强项目之间的联系。项目之间的联系对于项目组合管理来说是重要的，尤其是对于相似的项目来说，项目之间的联系能够降低项目的成本和风险，以便更好地实现项目目标。

对于多项目管理过程中项目经理和职能经理之间的冲突问题，较好的解决办法是进行组织结构的变革，采用新的组织形式来管理多个工程项目，从而消除他们之间的冲突。

**2．多项目选择的决策问题**

建筑企业在发展壮大之后，可以承接很多的工程项目。在面对多个工程项目时，应当如何正确选择是摆在企业面前的难题。

项目组合管理是企业在可利用的资源和企业战略目标等条件下进行的多个项目

或项目群投资的选择和管理过程，它通过项目评价选择、多项目组合优化等确保项目实施符合企业的战略目标，实现企业收益的最大化。项目的选择是项目组合管理的重要内容，因此，建筑企业选择工程项目时需要考虑以下原则：

首先，进行项目选择要避免选择中出现低劣项目。建筑企业选择的项目不能有较差或是低劣的项目，或是有一些被认为没有经济效益、市场成功率低、风险大的项目。一旦发现企业中出现了这样的项目，就要及时削减，以提高项目组合的质量。

其次，进行项目选择时需要考虑这样的一个原则，即被企业选定的项目必须与企业的战略目标相一致。建筑企业的主要业务就是一个一个的工程项目，是项目性企业。建筑企业的战略目标需要通过这些工程项目来实现。所以，在进行项目选择的时候一定要选择符合企业战略目标的项目。

**3. 多项目的资源有限性约束和进度的安排问题**

资源调度是指把各种资源按照各个项目的进度合理地分配给各个项目，并在项目实施过程中对资源进行合理控制。对单个项目而言，资源调度相对简单，但在多项目环境下的资源调度将面对复杂的环境，调度效率明显下降。

多项目环境下的资源调度需要在各个工程项目之间协调进行。在多项目环境下，管理那些相互竞争的项目的整体目标应该是所有项目的共同成功，而不是个别项目的成功。因为项目经理通常只对一个项目负责，所以每一个项目经理倾向于选择那些对自己项目有利的行为。但是企业的资源是有限的，一个能力非常强的项目经理可能会使他的项目获得巨大的成功，然而，这个项目的成功可能会造成其他项目由于资源短缺而导致进度延迟，进而使企业利益受损。

企业需要关注如何在项目之间合理分配资源。为了充分发挥各种资源的效用，就必须根据各个项目的特点及需求，及时调度资金和人员，通过协调各项目的进度计划和资源调配，最终实现整个企业的效益最大化。但是，目前建筑企业在工程项目的管理过程中，大部分的讨论主要集中在时间问题上，而没有重视资源的有限性，以及他们与项目进度的联系。由于人员、仪器、机器、场地、设备和工具之间的搭配不合理，项目常常在关键工作上发生延误。此外，若这些资源管理不当，也会随项目推迟或项目成员加班加点等情况进而增加人力成本，而设备的成本也会因提前租赁或在需要时得不到而增加。

资源调度的不力会带来项目的损失，所以要进行资源调度的研究。本书对这个问题的看法是：建筑企业在项目组合管理的过程中，对资源的分配体现在各个工程项目进度的安排上，只要各个工程项目的进度安排协调好，就能够使企业的资源得到最有效的利用。

在多项目管理资源的配置过程中，所有项目的资源是共享的，各个项目对资源的占有是短暂的，一旦项目活动完成，活动所占有的资源就会重新在项目之间进行分配。资源分配活动的持续进行要求资源分配的计划部门对资源的状况有详细、准确的了解，否则他们将无法做出资源配置计划。资源的共享性使得管理者对资源使用的控制相比于传统项目管理要求更高。

### 4.1.7 实施项目组合管理的策略

项目组合管理确实给企业提供了一种很好的思路和方法，它可以帮助企业科学地选择项目投资、评估项目健康状况、降低管理复杂程度、平衡资源需求、减少矛盾冲突、推进知识管理。但是，如何实施项目组合管理却远比单项目管理来得复杂。

**1．领导重视，设立专门的管理机构**

企业领导要首先关注和了解项目管理的先进思想和方法，项目组合管理是结合战略的项目管理方法，它是项目管理思想的一次重大变更，它给高层领导提供了一套管理和决策的工具与方法。传统项目管理强调"如何做项目"，是一种自下而上的管理方式，关注的是项目底层数据的收集；而项目组合管理则强调"做什么项目"，是自上而下的管理方式，关注的是如何落实企业战略。企业要在一定层级设立专职项目管理的办公室或者项目组合管理推进机构，以达成统一协调、专职管理的目的。

**2．提高战略分解能力**

在项目组合管理中，将战略与项目紧密地联系在了一起，项目的评价标准是对战略的支持程度。企业有各种各样的项目，有些是企业级的，有些是部门级的，往往有些部门级的项目放在部门内部看似很合理，但放到企业的全局去看，则不一定是合理的。项目组合管理要将所有项目都放到同一个平台上考虑，并使各个层级的管理人员都了解企业的战略目标。

**3．提高项目管理的数字化水平**

组合管理需要收集大量的项目信息，以进行动态更新。在企业高层面前，展示的是一幅可视化的全部项目组合、项目群以及项目的全景图，项目的价值、占用的资源、项目的优先级等情况可以一目了然，便于各级管理人员了解和决策使用。

### 4. 引入项目组合管理的软件、工具和方法

如IBM公司的Rational Portfolio Manager项目组合管理软件，该软件工具在项目组合管理方面的能力极具特色，尤其是对IT行业比较适合。它提供了强大的项目组合分析工具，用于监控项目/项目组合的健康状况，对多个项目进行统计与比较，帮助企业高层完成各种投资分析与决策。在工具和方法方面，很多研究者也提供了一些好的模型，如项目组合管理漏斗、项目评估矩阵以及生命周期组合模型等，其中应用生命周期组合模型可直观地观察和分析一组项目之间存在的问题。

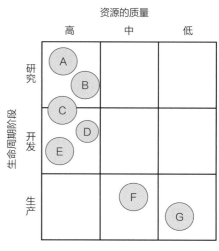

图4-1 生命周期组合模型

如图4-1所示，是某系列产品开发的一个例子，该系列产品属技术关联型，每个圆圈表示一个项目，圆圈的位置表示了资源的质量和项目所在的生命周期，圆圈的大小表示该项目与其他项目规模的比较。从图中可以看出，公司在研究和开发阶段同时启动了五个项目，而且项目的规模大小几乎没什么差异，项目没有优先级。项目资源冲突十分剧烈，各项目都需要高质量的资源，由于项目之间在技术上是关联的，大家都想要相同的技术人员，出现了一个技术人员同时负责几个项目的情况。而在项目必须使用的一些关键设备和设施上也出现了瓶颈。研发阶段投入较大，从研究、开发到运营生产的大周期分布上不均衡，有很高的资金风险。通过深入分析，可能需要推迟研究阶段的一些项目，或者缩小项目规模，从而集中优势资源加快开发阶段的一些项目，使之尽快进入生产阶段，为公司创造现金流。

### 5. 提高企业项目管理成熟度

在任何时候，项目组合管理都是一件非常复杂的管理工作，其要求的项目管理水平远高于一般的项目管理，实施组合管理，需要企业整体项目管理水平的提高，从某种程度上说，成熟度水平可能是实施组合管理的首要问题。PMI发布了OPM3组织项目管理成熟度模型（Organizational Project Management Maturity Model），它为组织提供了一个可测量、比较、改进项目管理能力的方法和工具。模型包括如图4-2所示的五个层次，每个层次象征着项目管理成熟度的不同程度。

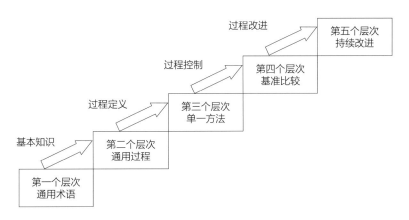

图4-2 项目管理成熟度的五个层次

## 4.2 项目组合与企业战略

### 4.2.1 企业战略

企业战略是指企业为了满足顾客需求，确定市场地位以及获得卓越的公司业绩而制定的策略。一个完整的企业战略至少包含以下三个方面的内容：

第一，企业战略是一种规划，即战略应规划出企业发展的未来之路。企业战略指明了企业的经营方向，因而必须具有前瞻性，必须用于指导企业的业务，而不应该是业务的附属品。

第二，战略作为一种规划，应具有很强的策略性，它的目的在于建立消费者对本企业的忠诚度，获得相对于竞争对手的持续竞争优势。而且，战略还应指导企业各事业部、各职能部门、不同管理人员、不同员工的决策和行动，使其协调一致。在战略框架下，公司内各部门将围绕统一的目标而行动，分散的行动将形成一个以统一的目标为中心的整体，个人的努力都将成为团队力量的一部分。

第三，战略规划和战略实施对企业的成功是同样重要的。对任何企业而言，仅拥有完美的战略规划是远远不够的，根据战略合理配置企业资源，并确保在战略的指引下自始至终采取协调一致的行动同样至关重要。

战略往往包括多个层次。在业务多元化的公司中，战略被分为四个层次：公司战略、业务战略、职能战略、经营运作战略。在单业务公司中，战略被分为三个层次，即业务战略、职能战略和经营运作战略。然而，在许多单业务公司里，管理者将公司战略和业务战略合二为一，统称为公司战略。公司战略实际上是一家业务多元化公司的整体策略规划，它包括公司为其所涉足的各个业务单元在各自不同的行业中确立相应的地位所采取的各种策略和行动，以及公司用以管理多元化业务之间的相互关系及协调发展的策略和方法。业务战略是指公司某一些业务的策略规划，它所要回答的核心问题是如何建立并加强公司在行业市场上的竞争地位，特别是长期竞争地位。一个公司的业务战略包括管理者为获得某一业务领域的成功而制定的各种经营策略和行动方案。

### 4.2.2 项目管理与企业战略的关系

从全球范围看，企业生存发展的环境越来越趋于动荡多变，迫切需要系统的战略观念去指导企业的项目管理实践。近年来，在国外的项目管理研究报告中，"Strategic project management, managing organizations by project"之类的词语出现的频率越来越高。这充分说明了项目管理与企业战略之间的关系越来越受到学者们的重视。

**1. 项目管理与企业战略相结合的必要性**

自20世纪80年代开始，随着项目管理理论在西方国家的不断成熟和完善，其应用范围也越来越广泛。从传统的"工程项目"扩展到各行各业广泛的"一次性任务"，虽然当时"一次性任务"成为项目管理的对象，但它与企业或政府部门这样的长期性组织（是区别于"项目"的临时性组织而言的）之间存在着不协调的因素。因为对"单个项目"的项目管理方法所关注的重点是该"单个项目"自身目标的实现，当组织开展多个项目的时候就不可避免地发生各种冲突。各个"单个项目"追求的是自身目标的实现，但结果可能是部分"单个项目"的目标虽然实现了，但整个长期性组织的目标却未能实现；甚至连"单个项目"的自身目标都由于各个项目间的相互牵制而无法实现。可见，缺乏战略性视角的单项目管理不能满足企业发展的需求，着眼于企业层次总体战略目标实现的多项目管理是企业所呼唤的，建立一套支持企业进行多项目管理的组织体系和管理方法是企业获得长期发展所必需的。

众多企业在实践中不断认识到战略管理和项目管理两者之间的关系以及他们的重要性，从单纯强调战略制定转为制定和实施并重，认识到项目管理原则既可应用到运作性计划实施当中，也可应用到战略计划的实施中。这些实践活动使他们认识到企业项目管理不应孤立地进行若干个独立项目的管理，企业项目管理活动的有效性都要从企业整体角度来衡量，企业正日益强烈地意识到从系统角度进行战略项目管理活动的重要性。

**2. 项目组合管理和战略管理相结合的基础理论框架**

如图4-3所示,为项目组合管理和战略管理相结合的基础理论框架。项目组合管理是战略管理的延伸,是项目管理的前期规划,资源管理贯穿于其始终。项目组合管理是项目管理的高层次的管理,它是通过选择合理的项目组合,根据项目对组织战略的贡献程度制定项目的优先度,根据优先度配置组织资源,并根据战略的变化及时调整项目组合,对组合进行平衡和有效的管理。通过项目组合管理,可以保证组合中的项目与组织战略目标的一致性,将项目与战略结合起来,同时还能优化组织的资源配置。

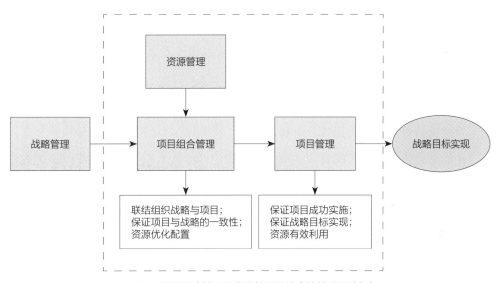

图4-3 项目组合管理和战略管理相结合的基础理论框架

**3. 项目管理与企业战略实施的关系**

企业战略理论的不断发展越来越注重战略的实施,若战略无法得到很好的实施,战略规划也不过是"纸上谈兵"。

项目是实现企业发展战略的载体。在企业中,项目是企业变革的发动机;项目带来新产品,提供新服务,建立新工厂,安装新设备。项目的实施改善了企业的基础设施;配置了新的系统,使企业运行于新的程序之中。企业为实施战略而必须开展的任何活动都可分为两类,一类是连续不断、周而复始的活动,人们称之为"运作"(Operations),如企业日常的生产产品的活动;另一类则是临时性、一次性的活动,被人们称之为"项目"(Projects),如企业的技术改造活动、一项环保工程的实施。"运作"为"项目"创造了条件，只有两类活动共同作用才能使企业"车轮"正常运转。

因此，可以说，企业战略最具体的表述之一就是项目组合。项目组合的规划、实施及完成就是战略实施的全过程。高层管理者必须确定项目组合，以贯彻其基本战略规划。

**4．企业级项目管理**

企业级项目管理概念的提出是项目管理与企业战略相联系的结果。企业级项目管理是指"管理整个企业范围内的项目（Managing projects on an enterprise-wide basis）"，即为着眼于企业层次总体战略目标，实现对企业中诸多项目实施管理。如微软研究人员提出了EPM解决方案，特别为企业集中管理和分享项目信息而设计。该解决方案可实现三类目标：内部标准化的项目与资源信息集中储存，以实现高效的项目信息分享、分析与管理；决策层可利用它获得关于全公司的活动及相应状态的宽广视图，从而进行项目组合分析和风险管理，并做出合理的运营决策；项目经理和项目组成员以及项目合作伙伴可以通过基于Web的协作界面创建项目计划，并对项目进行跟踪、报告、分析和控制。

企业项目化管理模式的真正出现是在20世纪80年代末期开始的，特别是当时信息技术类企业的飞速发展和技术的急速变化，使得此类企业在管理模式上出现了质的飞跃。企业项目化管理是企业迎接挑战，面向未来，增强竞争力的有力武器。成功的企业已经学会如何驾驭项目管理的能力，并将它转换成一套组织的哲学，这些公司被视为由项目组合而成的动态企业，并采用项目化的管理理念处理他们日常的经营活动。这种新生的管理模式具有以下特点：

①理念：企业级项目管理的目标要符合企业整体的发展战略。

②导向：企业级项目管理以顾客需求为导向。

③对象：企业级项目管理要管理企业的所有项目，而不是数量有限的个别项目。

④组织：企业级项目管理本质上需要企业全员参与。

⑤职能：企业级项目管理是项目管理职能与战略管理职能的有机融合。

⑥过程：企业级项目管理是一个持续不断的过程。

⑦文化：企业级项目管理要融入企业文化之中。

⑧模式：企业级项目管理是涵盖项目、项目组及企业层面的系统管理模式。

随着项目管理的应用从传统的"工程项目"扩展到广泛的"一次性任务"，企业项目化管理逐步得到研究学者和企业实践者的关注。虽然基于对国内外项目管理实践与理论的分析研究，可以得出对项目管理的"战略关注"趋势渐成主流，但是基于战略视角的企业项目管理还未形成一个系统的理论体系。企业需要一套从企业整体战略角度出发，用于分析、识别、评价其所面对的所有项目的管理策略。

### 4.2.3　项目组合管理的战略实施

#### 1．战略实施与项目组合管理

战略实施是一项系统工程，组织的发展战略目标是通过战略实施来实现的，抓好战略计划、战略匹配和战略控制等各项工作是保证战略实施的关键。实际工作中制定的战略难以得到有效实施，主要原因有以下几个方面：

（1）战略实施缺乏有效的载体，往往精心制定的战略成为"空中楼阁"。

（2）资源有效分配困难，往往与战略目标相偏离，导致战略执行效率低。

（3）组织协调管理困难，对外部环境和内部情况的变化反应迟钝。

（4）信息沟通不畅，战略执行效率低、风险大。

战略实施存在这些问题，反映出的根本点是企业的项目、资源分配和战略目标不一致。而项目组合管理就是解决这一问题的首选方法。战略实施的问题可以通过项目组合管理来解决。

项目组合管理是对组织内所有项目进行统筹管理，它关注的是组织整体战略目标的实现。不论从项目的选择、资源的分配、项目执行过程中的协调还是项目结束后的评价，始终围绕着组织战略这个根本点和出发点来进行。

#### 2．项目组合管理的战略实施模型

通过分析战略实施与项目组合管理关系，构建出基于项目组合管理的战略实施模型，如图4-4所示。

战略制定是基于项目组合管理进行战略实施的前提，通常包括设定企业愿景、建立企业目标、分析评估战略以及选择战略等步骤。战略实施通常包括四个步骤，即战略目标分解、制定行动方案、配置资源和执行战略。战略目标分解是对企业总体战略目标的时间分解和空间分解；制定行动方案主要指对分解后的目标制定措施和行动计划；配置资源指落实人、财、物等方面的资源，合理配置、优化配置以保证战略实现；执行战略指按照行动方案逐步推进和落实。战略评价与控制是企业战略管理的最后环节，通过设定衡量标准，评价战略实施的绩效，发现实际效果与目标之间的差异，采取相应的纠正措施，保证战略目标实现。

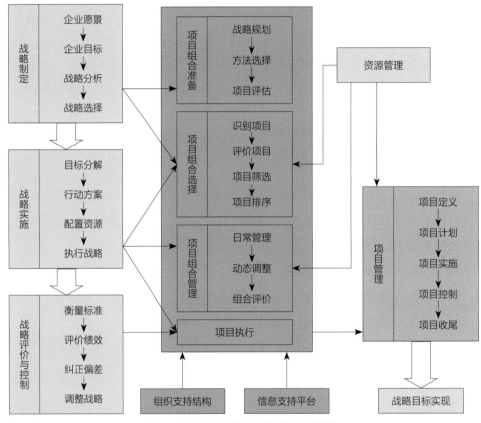

图4-4　基于项目组合管理的战略实施模型

项目组合管理作为战略管理与项目管理之间的纽带，将战略实施与项目管理关联起来。项目管理作为战略实施的有效载体，通过项目的实现确保战略目标的落实，同时，借助项目组合管理的方法和技术能更为有效地推动企业战略实施。这些关联主要体现在以下几个方面：

（1）企业的项目很多，而资源是有限的。因此，在项目组合准备、项目组合选择阶段要以企业制定的战略为依据，选择有助于实现战略目标的项目，并根据企业战略，对项目获取资源的先后进行排序。这样就将项目、资源分配与企业战略联结在一起，保证了三者的一致性。

（2）在项目组合管理阶段，通过项目组合的日常管理，协调使用相关资源，动态调整资源配置，依据企业战略目标评价项目组合的效果。

（3）在项目执行阶段，按照传统的项目管理方法，根据分配的资源，通过项目识别、项目计划、项目实施、项目控制和项目收尾等几个阶段完成项目，将战略实施落实到项目执行上，在项目目标完成的同时确保了企业战略目标的实现。

（4）战略实施通过项目组合来实现，因此，对战略的评价与控制转化为对项目执行的管理和控制。

（5）项目组合管理的组织支持结构和信息支持平台对战略实施起到支持作用，通过协调各个项目，合理配置资源，进行系统化管理，从组织结构和信息系统两个方面保证了战略的有效实施。

企业战略在实施过程中会有一些调整，基于项目组合管理的战略实施模型能够根据战略的变化及时对项目做出调整，以保证项目执行与企业战略保持一致。

### 4.2.4 企业战略实施的障碍与对策

**1．战略实施的主要问题**

据美国学者亚历山大的调查研究表明，企业战略实施过程中经常会遇到以下九个问题，即战略实施的实际时间总是超过原来的计划时间；未能有效协调各项经营活动；企业内外日常事务分散战略管理者对战略实施的注意力；员工对战略的执行力不足；超出管理者控制之外的各种环境因素所产生的变化；职能部门领导的指挥不恰当；对基层员工未进行适当的培训和指导；没有明确关键项目和任务；管理信息系统对企业内外各种活动的监控不够。

**2．战略实施的主要障碍和影响因素分析**

（1）高层管理团队的认识不统一

公司战略是高层管理团队共同制定的，以执行为导向。高层管理团队的意见统一对战略实施非常关键，只有达成共识才能自觉地推动战略实施。

（2）战略目标不明确

战略目标应体现"SMART"原则，即目标必须是具体的，目标必须是可以衡量的，目标必须是可以达到的，目标必须具有相关性，目标必须明确规定完成时限。战略目标是战略执行的前提，如果战略目标不明确，就难以分配有限的企业资源，不好确定公司各项工作的轻重缓急，更无法有效衡量管理工作的成果和评估各自的贡献。

（3）沟通渠道不畅通

管理层和员工的沟通渠道不顺畅。对于缺乏与下级沟通的管理者来说，往往把员工看成战略实施的执行者，很少征求下级的意见。员工在执行过程中遇到的困难和问题也不愿意主动反馈，或主动想办法解决，这样就造成了信息交流和沟通不畅。

（4）资源分配问题

企业资源在战略实施的过程中经常会成为制约因素，其中包括公司的财务资源、人力资源等均会影响战略实施。没有足够的资源，公司制定的战略只能成为空中楼阁，难以落实。

（5）组织结构问题

组织结构适宜性对战略实施影响重大。相对于企业外部环境的变化而言，战略与组织结构做出反应的时间是有差别的。企业一旦意识到外部环境的变化，首先是在战略上做出反应，以谋求效益的增长，即所谓的战略前导性；然后在一定程度上需要调整企业的组织结构，以适应战略发展的需要，即所谓的组织结构滞后性。组织结构与战略之间的匹配程度如何，将最终影响企业战略实施的效果与效率。

（6）企业文化

企业文化为战略实施提供了强劲动力，通过员工的共同价值观体现出公司的文化特色。企业文化有助于激发员工的工作热情，调动工作积极性，协调员工的行为方式，从而使战略得到有效贯彻和实施。企业文化与战略相互适应和协调，才能保证战略的成功，同时，战略的发展和变化也要求不断丰富企业文化的内涵，促进企业文化的建设。

**3．企业战略实施的对策**

从某种意义上来说，企业战略的实施比制定更为复杂和困难。通过分析战略实施过程中的各种障碍和问题，采取以下相应对策，提高战略实施的有效性和效率。

（1）管理者，特别是高层管理者，不仅要重视战略的制定，更要关注战略的实施，以战略实施为导向，将战略实施作为一项主要工作。

战略实施是高层管理团队的主要工作，也是最重要的工作之一。在企业外部环境相同的情况下，竞争优势的主要来源是战略的实施。管理者要充分认识到战略实施的重要性，亲自参与到战略实施中，发现问题、解决问题。管理者的身先士卒和表率作用将直接影响和决定战略的成败。

（2）建立完善战略实施计划体系，将战略转化为清晰的业务方向。制定战略实施的计划体系，合理分配资源，将战略转化为企业运作清晰的业务方向，是成功实施战略的重要过程。实施计划包括明确年度、季度、月度等具体目标；确定阶段性成果和时间表；落实责任人和配合人；进行合理的费用预算；明确计划中具体的行为和项目；落实人员、资金、物资、设备、管理等方面的支持资源。一个清晰合理的战略实施计划直接关系着战略的可操作性，能有效指导战略实施工作。

（3）推动公司信息化建设，健全内部沟通机制。公司信息交流和沟通机制对于战略实施具有十分重要的作用。建立公司信息管理系统，快速提高公司的运作效率，同时采取专栏、看板、专题会等多种方式健全公司内部的沟通渠道。上下级之间，不仅战略的制定需要员工的参与，更重要的是战略行动主要依靠员工去实施，在实施过程中存在的各种问题需要得到上级的支持和协助解决；各员工之间，建立统一的信息交流平台和多种沟通渠道，便于资源的充分利用和共享，促进战略实施。

（4）完善组织结构，适应战略变化。正确分析公司目前的组织结构优势和劣势，设计出适应战略需求的组织结构模式；合理划分公司内部的管理层次、匹配相应的责权利，采取适当的管理方法和手段；在关键岗位选择合适的人才，保证战略得以顺利实施。在环境变化、战略转变的过程中，客观上存在一个交替时期，因此要正确认识组织结构滞后性的特点，在组织结构的变革上不能操之过急，但又要努力缩短滞后的时间。

（5）加强企业文化建设，培育学习型管理团队和学习型组织。通过经常性的学习和宣传，在员工中培养共同的价值观，塑造良好的行为规范，树立员工对公司的使命感、责任感、成就感、归属感。在战略制定过程中加强沟通，一方面，让员工参与，充分发表想法和意见；另一方面，积极向员工宣讲战略方案、意图等，得到员工理解。在战略实施前和实施中，强调团队合作，培育学习型管理团队，要求高层管理者不断提高对战略实施全过程的组织、协调、控制能力，积累知识和经验，带动全体员工学习和提高；同时，不断营造学习氛围，培育学习型组织，在公司树立好学上进的风气，不断提高员工的业务技能和工作水平，适应环境变化，满足战略实施的要求。

（6）建立与战略相适应的控制、评价方法，保证战略方向的正确性。由于人们认识的局限性、信息的有限性以及外界环境的变化等因素，战略在实施过程中会产生偏差。对战略的实施进行系统化检查、评价和控制成为企业的一项重要工作。评价一般从战略内容的一致性、环境的适应性、实施的风险性、方案的可行性和资源的配套性等方面进行评价，对出现的偏差分析原因，采取必要的措施进行纠正和控制。常用预算、审计和现场观察三种方法进行控制。

（7）运用项目组合的管理方法，推动战略实施项目组合的管理方法是从战略的角度筛选评价项目，充分体现了与战略目标的一致性，使得所选择的项目成为战略实施的载体，也是企业竞争成功的关键。组合项目的成功与否直接影响战略目标的实现。

（8）项目实施与跟踪管理，及时了解组合项目的状态信息和变化情况。监控项目进展，对战略目标、项目环境变化和影响因素变化进行审查，做好变更控制。项目组合管理过程是一个动态的持续执行、循环往复的过程，随着环境的不断变化，项目组合的分析优化也随之变化。动态地跟踪项目的执行情况，进行项目和资源优化组合，最终解决该企业在发展中存在的问题。

## 4.3 项目组合管理流程

### 4.3.1 项目组合管理流程系统框架

针对当前项目组合管理流程存在的问题，根据项目组合的基本思想以及项目组合管理流程的构建原则，大部分学者主张推行"战略主导型项目组合管理流程"模式，即构成"战略审定—项目组合定义—组合计划—执行控制—组合评估"模式（简称"SDPCE"模式）。推行"SDPCE"模式，这是由"战略主导型项目组合管理流程"模式的特性所决定的，如图4-5所示。

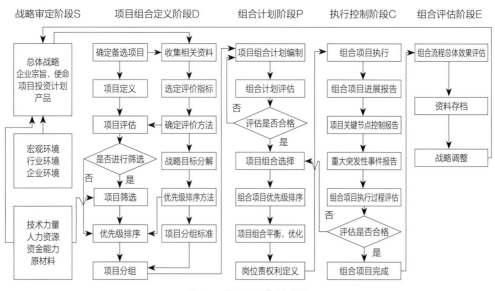

图4-5 "SDPCE"模式图

## 4.3.2 "SDPCE"模式的逻辑关系

项目组合管理流程共分为S、D、P、C、E五个阶段，其中S阶段为D阶段提供项目评估和筛选的依据，是前期准备阶段；D阶段是项目组合管理流程上的开始阶段，是将战略和项目有机结合起来的最重要时期；P、C、E阶段是按顺序展开作业；E阶段不仅要对项目组合管理流程进行评估，提供改善意见，还要对企业现有实力进行重新评估，为企业的战略目标调整提供依据。总之，"SDPCE"模式是一个循环结构，通过它进行管理，企业的项目组合管理流程会逐步得到优化，项目管理水平也会逐步得到提高。其逻辑关系如图4-6所示。

图4-6 "SDPCE"模式逻辑关系图

## 4.3.3 "SDPCE"模式的阶段流程

**1. S阶段流程**

该阶段主要在项目组合前对企业战略进行重新审定，确认其是否与当前环境及企业的实际情况相适应，若不适应，要进行相应的调整，其流程图如图4-7所示。

分析宏观环境时可以采用"PEST"工具（政治法律因素、经济因素、社会环境因素、科技因素）；分析行业环境时可运用波特的"五力"模型（包括新的竞争

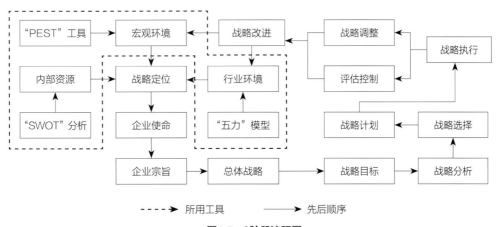

图4-7 S阶段流程图

对手入侵、替代品的威胁、买方议价能力、卖方议价能力以及现存竞争者之间的竞争);分析企业自身情况时,运用"SWOT"工具(包括优势、劣势、机会、威胁)。

**2. D阶段流程**

该阶段是项目组合管理流程的前期阶段,主要任务是将战略目标进行分解,并与项目进行有机结合,其流程图如图4-8所示。

(1)确定备选项目。确定可能要执行的项目。

(2)项目定义。界定项目的基本问题、范围等。

(3)项目评估。请专家建立企业总体战略评估指标及方法,然后就项目对每个相关指标进行初步评估。

(4)项目筛选。按项目是否符合企业的总体战略和企业的资源是否能够负担得起此项目为标准进行选择。

(5)优先级排序。通过将战略目标进行分解,再结合企业本身的资源,确立优先级评估指标,如战略符合性、资源需求、技术可行性、风险经济回报、市场竞争力及前景等,建立一套优先级评价标准,然后按照标准对项目优先级进行排序。

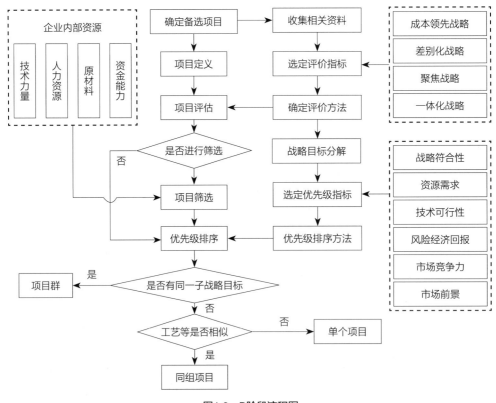

图4-8　D阶段流程图

(6)项目分组。在同一个优先级下进行分组。首先确定企业子战略目标,有相同子战略目标的分成一组为项目群;不具有相同子战略目标,但具有工艺相同、类别相似、生命周期相似等指标的将其划分为同组项目;若这些都达不到,就作为单独项目。

**3. P阶段流程**

该阶段是项目组合管理流程的执行阶段,主要任务是项目组合计划、优先级排序和组合平衡工作,其流程图如图4-9所示。

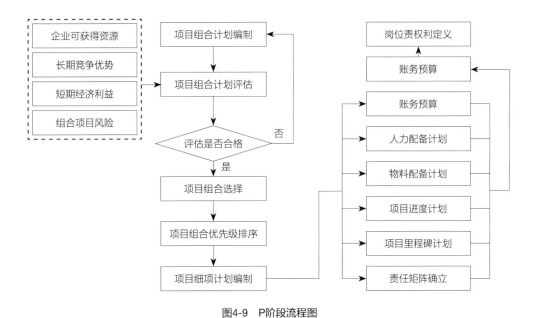

图4-9　P阶段流程图

(1)项目组合计划编制。主要内容是根据项目的分组来编制项目组合计划,企业还必须考虑企业的各种资源的约束,用以安排企业的项目执行进度计划。

(2)项目组合计划评估。项目组合计划评估要从企业长期竞争优势、短期经济利益、企业可获得资源、项目风险高低这几个方面进行评估。

(3)项目组合选择。从各种项目计划中选择最为合理的项目组合计划。

(4)项目组合优先级排序。优先级排序不是对单个项目的优先级排序,而是对分组好的项目群、成组项目等进行排序,以确定哪些项目先做,哪些项目后做。

(5)组合平衡优化。从企业的人力资源、自有资金、融资能力、技术能力、在建项目等综合考虑,优化项目组合,提升资源利用率。

(6)岗位责权利定义。界定各岗位的责任、权力及利益。

**4. C阶段流程**

该阶段也是项目组合管理流程的执行阶段，其流程图如图4-10所示。

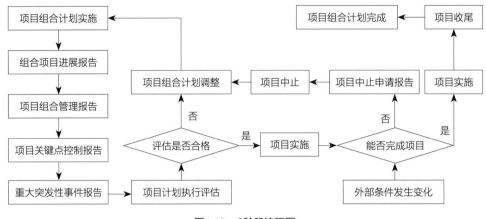

图4-10　C阶段流程图

（1）项目组合计划实施。按照项目组合计划展开工作。

（2）项目组合执行报告。对项目组合管理执行过程进行监控，记录组合项目进展、管理过程、关键点、突发性事件等，形成报告，反馈给项目组合计划人员，以做出相应的调整。

（3）项目组合执行过程评估。项目组合计划编制人员通过执行报告等评估项目组合的执行过程，不断优化组合计划。

（4）项目组合完成。按照组合计划进行项目组合管理，直至完成项目组合范围内的所有项目。

**5. E阶段流程**

该阶段在对项目组合管理流程进行评估的基础上，对企业现有实力进行重新评估，为企业的战略目标的调整提供依据，其流程图如图4-11所示。

（1）项目组合总体评估。主要从五个方面加以评估：①对项目组合管理的总体绩效进行评估；②对项目的各个评价指标进行综合评估；③对项目的整个管理过程的有效性做出评估；④对项目管理过程中获取信息的质量进行评估；⑤对项目组合管理提升企业竞争优势的贡献进行评估。

（2）资料存档。记录项目组合管理过程中所出现的问题，总结经验教训；将没有解决的问题记录下来，交给项目组合的管理人员进行研究，以期找到新的方法，提升下一次项目组合管理效率；将解决的问题整理成经典案例，作为新员工进行培

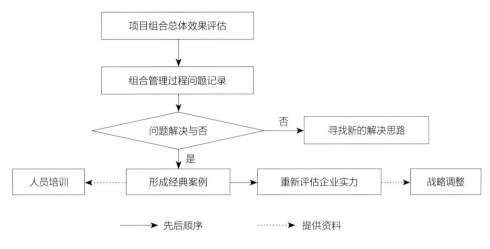

图4-11　E阶段流程图

训的教材。

（3）战略调整。对项目管理过程中出现的问题进行总结，并对企业现有竞争力、资源、资金实力、人力资源、技术实力、环境等方面进行重新评估，并与企业的战略目标进行比较，发现现有战略目标的不足，及时调整和修正战略目标，以实现企业的持续、健康发展。

### 4.3.4 "SDPCE"模式的优势

从以上的"SDPCE"模式的构成来看，克服了当前项目组合管理流程中的问题，具有明显的优势，主要体现在以下几个方面：

（1）有利于保持项目目标与战略目标的一致性。针对当前许多企业的项目战略目标脱节问题，将项目组合管理与战略目标高度集成，按战略目标分解的思路构建了"战略目标合理"导向性流程，从"路线"上为项目目标与战略目标的一致性提供了保障。

（2）有利于提高流程的适应能力。注重流程全过程的管理，以结果为导向，对组合项目进行管理，项目成功率大大提高；流程各环节衔接有力，管理效率高，能够对变幻莫测的市场和客户需求做出快速的响应和调整。

（3）构建了较为客观的项目组合评判标准。建立了一套选择项目及如何组合项目的客观标准，同时建立了优先级排序的标准和方法，能够帮助高层管理者迅速做出正确的决策，高效地配置资源。

（4）有利于形成资源共享。针对当前企业项目流程变化频繁，使项目资源配置难以统一的问题，构建成了项目组合资源配置管理流程，理顺了项目与项目之间、项目阶段之间以及各流程之间的逻辑关系，有利于实现数据和信息在部门间的共享，为企业有限资源的共享奠定了良好的基础。

（5）有利于形成流程的有序流动。针对原有流程要经过多部门、多环节，不同项目资源配置管理流程相关性差的问题，将流程中所涉及的部门职责进行了重新界定，理顺了关系，减少了不必要的环节，有利于形成流程的有序流动，从而实现优势互补。

### 4.3.5 项目组合管理流程的配套机制

仅有一个好的项目组合管理流程还不够，还必须建立起与这一模式相配套的管理机制，这也是建立项目组合管理流程的一个重要方面。只有建立其与"SDPCE"模式相配套的机制，才能真正发挥出"SDPCE"模式的作用。

（1）建立流程导向型的组织管理机制。项目组合管理流程的推行，必然会触动原有的利益格局。因此，还必须建立起与流程相匹配的组织结构、岗位责任制、管理权限划分等管理机制。只有这样，项目组合管理流程所固化的流程体系才能真正推动多项目管理有序进行。

（2）建立一个高效的信息沟通平台。项目组合管理流程涉及面广，需要收集大量的信息，且时时更新。其目的是让各级管理人员，尤其是企业高层和战略级项目管理办公人员看到项目组合全景图，如项目的优先级、占用资源、进度等情况，便于加强对项目组合管理流程的管理。

（3）建立项目组合管理流程的评价机制。构建一套评价体系，开展对项目组合管理流程运行效率、资源配置效果以及持续效应进行评估，形成各项目内部自律与企业监管相互促进的评价机制。

（4）制定一套以"全局贡献"挂钩的绩效考核机制。只有将组织全体员工的利益与"SDPCE"模式有机地统一起来，才能让项目管理人员更加积极的推进项目组合管理流程，并用这种新的思维方法和手段指导企业的项目组合管理实践，实现企业收益最大化的战略目标。

（5）建立一种共同认知意识的项目文化。项目文化是企业组织成员共有的价值观和信念体系，它在很大程度上决定了组织成员的行动方式。要想使项目组合管理流程得到彻底的贯彻和执行，就必须使组织内的全体员工在思想观念上认同"SDPCE"模式。

## 4.4 项目组合管理内容

### 4.4.1 项目组合管理运行模式

项目组合管理提供了对企业整个程序和项目与资源组合的全局化视角，这种视角可以是企业级的，也可以是任何中间层次的；项目组合管理赋予管理人员做出信息周详的决定和采取合适行动的能力，从而使公司股东的利润最大化。项目经理们可以从相当多的项目优先权分级和选择模式中做出选择。选取一个选择模式很大程度上取决于机构的特性，例如从事的行业、愿意承担的风险、技术水准、竞争状况、管理模式以及市场。选择模式应该包含多种评判标准，例如收益率、新技术的研究、公众形象、核心能力、战略配合度等。从具体的项目转到项目的组合，从项目的执行转到项目的决策，逐渐成为项目型企业高层战略的工具。项目组合管理运行的模式如图4-12所示。

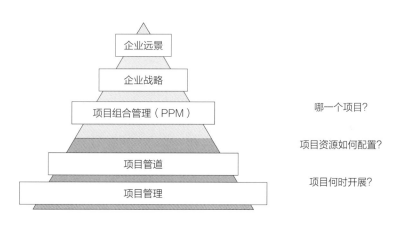

图4-12 项目组合管理运行模式图

项目型企业在运作多个项目时，通常包括两个层面的工作：

①战略层：根据企业的远景和发展战略，进行项目组合管理。选择与战略一致的项目进行组合，并评估其是否能为企业带来效益。明确各项目资源的配置方式，使稀缺资源得到集中使用。

②执行层：在项目组合管理的指导下，建立项目管道，进一步确定项目的可行性和紧迫性，排定项目组合中项目执行的优先次序，进行具体项目的实施。其中项目组合管理是承上启下的关键环节，它是企业远景和发展战略的有力支撑，也是项目管理具体执行的指导，项目组合管理的效果直接关系战略落地、利润回报的实现程度。

### 4.4.2 项目组合管理的工具

在项目组合管理的过程中,有多种工具可以借鉴。

**1. 项目组合管理漏斗**

在列出项目清单之后,通过项目组合漏斗逐渐筛选,选出符合企业发展目标的项目,并进行分类组合。每个阶段的评审标准关系漏斗的"流量",如果审批严格,将能迅速限制项目数量,减少不必要的资源投入,但也容易导致一些优质项目的淘汰;如果审批宽松,则能保证大多数项目通过多次评估,保证优质项目的保留,但这样就无法发挥出漏斗的真正效用,增加了资源的浪费。

另外,有一个核心原则是项目组合管理过程中应该遵守的:企业高层对项目组合的影响(审批、决策等)应尽量提前。

如图4-13所示,项目组合管理委员会对项目组合的影响力随着项目的进度逐渐降低,而项目的累计投入逐渐增加。项目组合管理委员会对项目的影响尽量提前,保证在项目投入不大的时候进行方向性的指导,而不至于出现后期改变带来的大量资源损失。

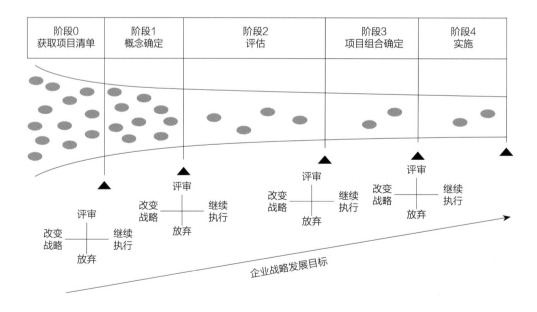

图4-13 项目组合管理漏斗

**2．项目评估矩阵**

项目评估矩阵（图4-14）是用于评估项目在收益和风险之间的关系，并决定项目是否属于项目组合，达到平衡项目组合的目的。

项目评估矩阵从项目收益和项目风险两个维度对项目进行评估，并将项目对应于四个象限中，以增加决策者对项目的认识

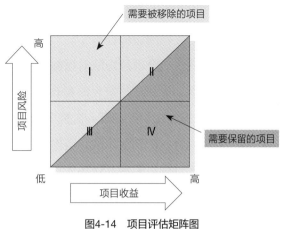

图4-14 项目评估矩阵图

和决策。根据追求高收益，降低风险的原则，可以看出处于左上区域的项目将被移出组合，而处于右下区域的项目则需要被保留。然而，项目往往是高风险高收益或者低风险低收益的，那么对它们的评估则显得不那么显而易见，这就需要用到项目评估矩阵。

## 4.5 项目组合的风险管理

### 4.5.1 项目组合的风险管理概念

项目组合的风险就是指一个或者一组不确定事件或条件，一旦发生，会对企业在业务范围、市场地位、产品质量等方面的战略产生消极影响，会对项目组合成功的一个或多个标准带来不利影响。对于项目组合的风险管理而言，其目标就是减小不利事件给项目组合带来的影响。它包含风险识别、分析、应对以及风险监控等活动。这些过程的执行是项目组合管理生命周期中不可或缺的一部分。

项目组合的风险管理过程主要涵盖五个部分：

（1）项目组合的风险识别。识别出哪些风险会给项目组合的成功带来威胁，同时用书面的形式把项目组合的风险特点做记录。

（2）项目组合的风险分析。评估分析已经识别的风险可能出现的概率和可能影响的后果，并对其中某些重要风险对项目组合的整体影响做出定量分析，对风险进行优先级排序，以保证风险管理的后续分析与行动。

（3）组件风险预控优先级确定。根据组织的资源、管理现状等，确定组合内各

组件的风险控制优先级别，使得后续的风险预控措施更具有针对性，保证企业整体战略与具体项目之间的协调性。

（4）制定项目组合的风险应对措施。主要指针对项目组合目标制定降低不利影响的方案和行动，保证项目组合的有效推进。

（5）项目组合的风险监控。在整个项目组合的生命周期内，跟踪已识别的风险，监督剩余风险，识别新风险，实施风险应对措施，并对其有效性进行评估。

当然，这些过程不但相互作用还可能存在重叠，而且与项目组合管理的其他过程有着交互作用。每个过程将会需要相应的风险负责人及成员共同努力，以将风险降到最低。

## 4.5.2　项目组合的风险管理特点

项目组合的风险管理与项目组合管理的其他过程有着交互作用，通过建立特定的项目组合风险管理部门并与其他部门进行有效合作，采用合适的风险管理工具与技术方法，持续动态地对项目组合的各类风险进行有效管理，风险管理的特点主要体现以下五个方面：

（1）战略性。项目组合的风险管理要以企业的战略目标为指导，从而使项目组合符合企业整体的战略目标，保证风险管理活动同企业战略目标的一致性。

（2）集成性。项目组合的风险管理不是孤立的、静态的管理活动，而是以一种彼此联系、彼此制约的动态方式，以整个组合的效益最大化为目标，来对项目组合进行风险管理。

（3）知识性。项目组合的风险管理是通过建立风险管理的信息系统，提高风险的管理效率，准确完备地进行风险识别、风险分析。风险管理的参与人员需要借鉴之前的信息制定相应的风险应对措施，并对项目组合的风险进行监控，保证项目组合的风险管理遵循确定的标准。

（4）协作性。项目组合管理成功的关键因素之一就是需要考虑企业对风险的容忍程度，从而建立起一个平衡的项目组合，这需要企业的风险管理团队和相应人员对风险持有正确的态度，从而保证风险的准确性和相应方式，并且需要与其他各个部门有效地沟通与协作。

（5）闭环性。每次在风险识别及分析以后，都离不开制定相应的风险应对措施，并且要分析应对措施之间的彼此关系和整体效果，如此反复，才能保证项目组合的平衡和有效。

根据以上特点,在项目组合管理流程中,项目组合风险管理的有效持续推进将大大提升项目组合成功的可能性。

### 4.5.3 项目组合的风险管理基本流程

项目组合的风险管理过程涵盖了组合建立以及组合监控。组合建立涵盖了在项目组合组件的识别、分类、评估、确定优先级、预控等过程中的风险管理活动,为项目组合的组件选择、组合的平衡、对组件管理工作的指导提供依据。而监控过程主要从事评审和报告项目组合、战略变更两个方面的工作。项目组合的风险管理基本流程如图4-15所示。

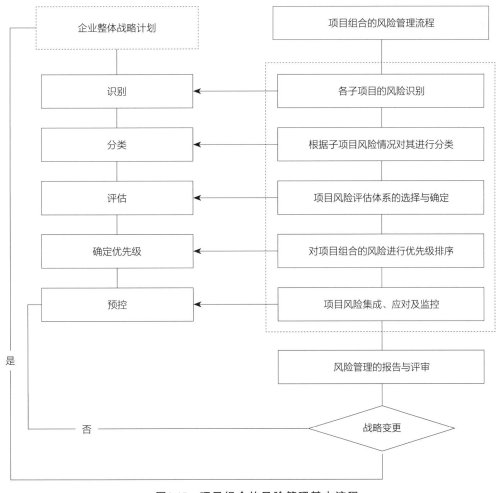

图4-15 项目组合的风险管理基本流程

## 4.6 项目组合管理的实施

项目组合管理（Project portfolio management，PPM）成为项目管理领域讨论和研究最多的主题之一。一些相关标准（例如，PMI的项目组合管理标准）被制定出来，同时支持项目管理和项目组合管理的软件系统也纷纷问世。然而，关键却在于实践，即项目组合管理系统在组织内的建立和实施。

### 4.6.1 项目组合管理系统

项目组合管理解决的是以下问题：项目优先级划分的方法和策略、资源的有效利用以及对战略目标的贡献。为此，项目组合管理方法中概括介绍了根据组织战略识别和选择项目纳入到项目组合的步骤。完成这些步骤后，根据项目为组织带来的收益划分项目优先级。优先级划分标准应定期更新，从而和组织战略保持一致。

这部分项目组合管理内容针对的主要是战略方面，目的是从战略一致性和业务收益的角度选择最佳项目组合（或项目），因此，可以称为战略级项目组合管理。

项目组合管理还有着更深层次的内容：①项目组合计划，主要是制定项目组合进度（纳入项目组合的项目进度）；②运营级项目组合管理，针对的是运营级（项目经理、任务经理、资源经理和项目组合经理）的项目组合及项目的执行与控制。

项目组合管理在这些方面的重点是提高公司的产出，即在公司可用资源不变的前提下，增加公司内可执行的项目数。

项目组合管理的内容（战略级项目组合管理、项目组合计划、运营级项目组合管理）共同构成了综合的项目组合管理系统，如图4-16所示。

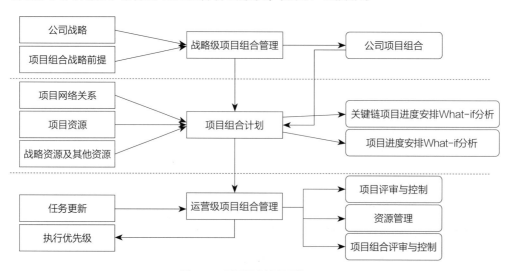

图4-16 项目组合管理系统

## 4.6.2 项目组合管理系统实施难点与关键成功因素

对项目组合管理系统实施难点与关键成功因素的分析，即基于上述综合项目组合管理系统。

**1．高级管理层的认可和详细的业务需求分析**

当在组织内构建和实施综合项目组合管理系统时，关键的一点是高级管理层的认可和积极参与。无论进行项目组合管理的一般目标是从战略一致性和业务收益的角度选择最佳项目组合，还是提高公司的产出，管理层的参与都是非常重要的，它可以在整个公司内形成一种共识，并激励来自不同组织层级的所有利益相关方参与到项目组合管理系统中来。另外，在将公司战略与项目组合联系时，高级管理层和董事会也扮演着关键角色，关键性尤其表现在以下两项工作中：①对项目组合及项目组合内的各个时段进行定义；②通过定义具体业务目标实现业务战略的可操作化。

根据从其他项目组合管理实践中获得的经验，这些人员的参与会带来以下好处：①从一开始就使业务目标成为关注重点；②较早地将项目组合管理要素应用于关键业务需求；③建立起沟通平台。

项目组合管理涉及不同管理层级的各个方面，因此建议将关注的重点放在项目组合、项目群和项目管理方面的关键业务问题上。这样，从一开始实施项目组合管理时就能够获得真正的业务收益。

**2．文化和思维方式的变革**

项目组合管理的实施需要文化与思维方式的根本性变革。其中，关键之一是公司文化将朝着以全局为导向，更注重合作的方向发展。这些变革与以下事实紧密相关：项目组合管理为整个组织建立了一套共同的"游戏规则"，并将战略规划和项目管理联系起来。

（1）执行人员同心同德，放弃"部门优先于公司"的部门本位思想，将组织作为一个整体并达成共识。

（2）执行人员从局部最优的思维方式转变到全局最优的思维方式，并理解每个局部都达到最优并不代表全局最优。

（3）组织拥有集成了公司业务各个方面的共同标准体系，并且摒弃了基于局部成功或标准的策略和衡量方式。

（4）公司管理层从成本模式的项目管理思维方式（专注于成本和效率）转变为

产出模式的项目管理思维方式（专注于产出、收益）。

（5）公司从"推式系统"转变到"拉式系统"，在"推式系统"中，项目工作是被推入组织的，这一过程不会考虑资源（尤其是约束性资源）的生产能力，而在"拉式系统"中，只有在考虑整个系统的能力可以处理该工作，并且实践上可行时，才会让工作进入系统。

文化变革的另一个关键点是所采用的项目组合管理系统在管理层级的实施范围，它应覆盖所有管理层级：公司董事会、"首席"级的执行人员、部门主管（职能经理）、项目经理、项目任务经理以及团队成员等。这意味着，文化变革不仅会影响最高层管理人员，还会影响公司内参与项目活动的所有人员，包括最基层的工作人员——项目团队成员。

另一个应该变革的是公司IT部门与业务部门之间的沟通和相互理解。综上所述，一方面，需要采用团队方法；另一方面，需借助项目组合管理，业务经理才能更好地理解IT投资是如何影响其业务的。

**3. 基于公司项目组合管理成熟度的实施方法**

综上所述，项目组合管理的实施需要文化和思维方式的变革。因此，它应被视为一个组织变革管理项目，并要考虑组织变革的所有相关方面。其中之一就是要重点采用分阶段法，避免采用全面导入法。而分阶段法要以公司内部的项目管理和项目组合管理成熟度为依据。根据相关文献，组织应做到以下几个方面：

（1）通过GAP分析法识别项目组合管理重点区域。在识别出存在最大需求的区域后，将这些区域作为第一阶段的实施目标，从而确保利益相关方真正承担起责任，并从新方法的实施中真正获益。

（2）在组织内进行沟通，使用概念验证或原型解决方案。这是一种全面展示项目组合管理的好方法，同时也是沟通项目组合管理价值及在态度和思维方面所需变革的有效方法。

（3）在信息不够完备的情况下也可以推行项目组合管理。真正重要的一点是，即使并不拥有完备或充足的信息，而是需要在以后增加信息的输入和从项目组合管理系统中获得信息，此时仍要开始推行整个项目组合管理过程。

另一个问题是，项目组合管理从何处（从管理层级角度讲）开始实施以及最初的范围是什么？对于这一问题，有两种基本的方法可供参考：自上而下和自下而上。

在采用自上而下的方法时，以战略级项目组合管理为起点，实施范围包含以下几个方面：①将战略与战略级项目组合联系起来，这需要对公司业务战略进行明确定义，并且该定义从具体业务目标的角度讲应具有可操作性；②建立项目组合，并进行项目组合优化；③基于集成的项目级信息对项目组合进行控制。

在采用自下而上的方法时，起点是项目管理解决方案的实施，即准备项目管理方法（包含从启动到项目结束的所有关键项目阶段）。当项目管理达到这一成熟度后，就可以获得实施战略级项目组合管理所需的详细数据，下一阶段的实施通常就会涉及所选择的战略项目组合要素。

**4．价值创造的上游和下游**

要成功实施项目组合管理并获得相应收益，需要一套严格的方法，即具备识别、计算及逐步获取可能收益的能力。与项目组合管理实施相关的可能收益可以来自以下几个方面：

（1）为公司项目管理标准的实施提供支持，从而使项目更容易按照预先确定的时间、预算和范围完成，带来显著节约。

（2）识别项目风险和资源约束，从而降低成本，带来显著节约。

（3）提供项目组合报告，为资源与投资分配划分优先级，从而使资源和资金的使用效率更高。

另一方面的重要收益是项目组合管理过程的各个利益相关方所获得的收益。项目经理就是这些相关方之一，他们也应参与到整个过程之中。但根据作者从多家公司获得的经验，即使他们理解整个方法，仍经常提出以下问题：项目组合管理系统会为我们带来什么？按照他们的理解，他们的工作量会大大增加，并且正常的项目工作经常会被打断，只有居于组织较高层级的决策制定者才会获得项目组合管理方法的真正收益。然而，下列论据可能会有助于说服他们接受新的系统：①减少了资源冲突；②项目组合管理层级的协调性可以降低压力；③整个组织可以使用通用语言。

实际上，项目组合管理将会增加项目流，即增加组织内可以实施的项目数量。实施TOC项目组合管理系统的经验显示，实施过程需要经历以下三个步骤：

（1）获得结果。实施的关键目标应描述为：在更少的时间内做更多的项目。这意味着，应对结果从项目流和产出的增加方面进行明确的定义，所有的投入都应以其收益为中心。

（2）将取得的成功制度化。获得第一步的结果后，接下来就要实施一些新的规则——将成功制度化。由于老的习惯很难被忘掉，因此，这一步必须有管理层的支持和参与；另一方面，如果管理人员已经获得了相应的结果，他们就会对接下来的实施步骤很感兴趣。

（3）持续增加项目流。整个实施过程是一个以增加项目流为核心的持续改进过程。通过使用精益方法、TOC或六西格玛等各种改进方法，可能会增加新的项目组合管理系统要素，也可能会改进一些现有的要素。

**5．简便性与实用性**

通过以上的详细分析可以看出，如果项目组合管理系统的实施不能采用正确的方式进行，会给组织带来沉重的负担，尤其对于那些中小组织，情况更是如此。因此，另一个重要的相关方面就是简便性与实用性。在实施项目组合管理系统时，简便性是指这一系统的实施会有很大机会消除传统的分散式项目管理方法所固有的复杂性。这意味着，不仅作为最终解决方案的项目组合管理系统应该是简便的，而且实现这一方案的各个步骤也应该是简便和实用的。

在实施过程中，应避免过分专注于细节的习惯行为，这类行为会导致具有负面作用的惯性。例如，从所有项目收集详细项目状态信息，然后花费大量时间对这些数据进行详细分析。这是对时间和资源的浪费，不仅因为这些工作会花费时间和资金，还因为没有人在实际工作中会使用这些分析结果，也不会有人把所有项目组合管理要素都视为有价值的。以下方法有助于消除这类行为：

（1）仅收集关键的少量数据。这种情况下，可以应用帕累托的80/20法则：绝大多数收益仅来自20%的数据，因此主要的问题是识别这20%的数据并收集它们。

（2）不要对数据进行过度分析。通常所说的"分析导致瘫痪"就属于这种情况。在项目组合经理的相关活动中，应仅对项目和项目组合进行简洁的分析，并将重点放在这些分析的用途上。

（3）里程碑及跟踪项目的过程。从战略级项目组合管理的角度看，定义了关键项目阶段和里程碑，并收集和分析了综合的项目信息，并且在项目组合的运营级中不需要所有的详细信息。在项目组合管理中使用TOC方法时，必要的关键项目信息是缓冲消耗指数（Buffer consumption index）。

在项目组合管理的实施中，简便性的另一个重要方面与项目组合管理过程的自动化紧密相关。实践经验显示，许多执行人员（甚至包括最高管理层的执行人员）也希望项目组合管理过程的建立能够应用一些算法（精细或者不怎么精细），并且表现出实现自动化的愿望。在现实中，项目组合管理过程可以嵌入一些自动化元素，例如电子邮件通知、审批或数据同步等。但是，由于战略级项目组合管理和运营级项目组合管理都具有高复杂性，因此无法实现自动化。项目组合"管理"中，人扮演着关键的角色，各种图形分析、气泡图以及高效率的前沿技术仅仅是管理人员做出最终的项目组合管理决策的支持工具。

在项目组合管理的整个过程中，实用性始终都是不容忽视的。最终的目标是构建可以帮助管理公司项目业务的系统，高层管理人员、中层经理以及项目经理都要使用这一系统。因此，关键是这一系统在实践中应发挥出自己的作用，并为公司带来理想的业务收益。

**6．实施项目组合管理的其他关键问题**

还有其他一些问题也需要在实施项目组合管理的过程中进行解决，如下所述：

（1）激励机制。应根据项目和项目群经理的能力为其提供报酬，这些能力包括平衡项目与公司目标（公司目标高于项目目标）的能力以及管理利益相关方及与相邻组织的合作关系的能力。同时，应根据整个项目组合管理系统和项目的结果对职能经理（部门经理）进行激励。

（2）构成结构化框架的治理过程和结构的建立。它们在战略级及运营级项目组合管理中为决策制定流程提供支持。稳健可靠的治理结构是项目组合管理过程获得接受并在实践中得到应用的前提条件。在治理结构内应确定的主要内容是：时间、决策形式、组织层级、治理阈值以及关于项目和项目组合的决策标准与决策。

（3）为项目组合管理提供支持的软件。关键问题为是否真正需要某软件以及需要哪种软件——标准软件还是内部开发的软件。基于电子表格的一些工具可以为基本的项目组合管理过程提供支持。但是随着项目数量以及收集到的数据量的增加，软件将成为必需。因此，必须对项目组合及项目管理的短期和长期需求进行分析，并根据这一分析结果选择软件。应该明白，没有任何一款软件可以处理所有事情，因此，在选择项目组合管理软件时能识别出优先需求会很有帮助。

## 4.7　项目组合优选评价指标

### 4.7.1　项目组合优选评价指标体系的构建原则

项目组合优选评价指标体系，就是一系列相互联系的能够敏感地反映企业项目优先权的指标构成的有机整体，从项目组合管理的角度出发，力求建立通用的项目组合优选评价指标体系，在构建指标体系时，应在下述原则内完成：

（1）系统性原则。项目选择影响因素很多，在建立评价指标体系时应从企业所处的内外部环境和项目的具体特点出发，对各种相关影响因素进行系统分析和评价，才能得出符合实际的评价结论。

（2）科学性原则。评价指标体系应针对项目特点，充分考虑项目对企业的战略意义以及在实施、技术、风险等方面的特征，科学地进行指标分类。

（3）可行性原则。构建指标体系时应考虑指标的客观性、可行性，各项指标应该能够进行评估测量和比较。

（4）定性分析与定量分析相结合的原则。项目的评价选择指标既有定性因素又有定量因素，两者应相辅相成、互相补充。项目对企业的回报指标是反映一部分有形收益的指标，而无形收益在项目收益中占相当大的比例，因此需要从多个角度进行项目选择评价。

（5）动态性原则。企业所处的内外部环境是不断发展变化的，项目实施周期长、变化快、风险高，因此在选择评价指标时应坚持动态性原则，根据实际情况进行指标体系的动态选择和调整。

（6）可操作性原则。组合选择模型应结合企业项目实际，体现出方便实用、可操作的特点，尽可能避免复杂的数学计算。

## 4.7.2 项目组合优选评价指标体系的构建

项目组合优选评价指标体系的建立必须遵循构建指标体系的原则，必须服务于评价目标，促成评价目标的实现，对项目优先级别进行评价，目的在于深刻了解各个项目对于企业的价值，为制定出合理的项目实施顺序提供理论依据。

不针对具体的企业项目，而是从一般概念意义上抽取某些共性的评价因素，构成评价体系。当然，对具体的企业项目进行优先级评价时，其指标有少许差别，同时侧重点也不同。所以在进行具体的项目优先级评价时，可以在提出的评价指标体系基础上针对具体的企业项目进行增减，或设定不同的权重，以适应具体的企业项目优先级评价的需要。

各个项目对于企业的发展作用类型不同，并且在企业不同发展阶段，同一个项目对企业的影响程度是不一样的，所以对项目优先级别进行评价时，建立的评价指标体系是随着项目类型及企业发展阶段而发生变化的，即企业针对不同类型的项目都有各自的评价指标体系，而同一项目在各个阶段对企业作用影响程度的差异性则表现在指标体系中的权重不同。

根据层次分析法和考虑到评级体系的复杂性等问题,可以把评价指标体系构建成三层结构,即总指标层、一级指标层和二级指标层。

(1)总指标层,指整个评价项目的整体评分,而构建评价指标体系的目标就是对每个项目进行评价,从而对众多项目进行优先级排序。

(2)一级指标层,是能够准确反映总目标层的指标项。一级指标的设置非常重要,一方面需要全面而准确地反映总目标,另一方面会影响二级指标的设置范围,起着承上启下的关键作用。

(3)二级指标层,是一级指标层的细分,也是具体的指标设置,通过这些基本的指标项,能够充分体现项目的每一个详细特征,这也是影响项目优先级的主要因素。

**1. 一级指标层**

通过上述分析,结合参考文献,列出下述影响企业项目优先级的一级指标,如图4-17所示。

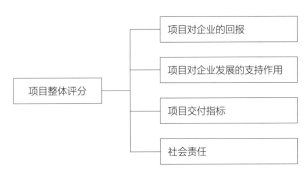

图4-17 项目优先级指标体系构建思路

在设置一级指标项之前,先简单回顾一下项目组合管理的概念:根据企业发展的战略目标以及有限的企业资源,对项目组合进行优选。因此,一级指标的设置一方面要符合企业生存的原则,另一方面也要体现项目组合管理的理念。

企业的回报一般可以分为有形和无形或直接和间接。有形回报即一些可以用数字来度量的内容;无形的回报即一些比较抽象的概念,虽然不能用数字反映出来,但会实实在在地感觉到它们的存在。项目的交付指标是基本的,因为只有一个成功的项目才会为企业带来最大的回报。最后,如今的企业已经不再是封闭式的团体,每家企业在社会中都扮演着一个角色,有着其存在的社会责任。

**2. 二级指标层**

(1)项目对企业的回报

任何项目的实施对于企业总有既定的项目目标,项目实施最根本的目标就是使企业价值最大化,在一定时期内项目的目标可以是财务目标或是非财务目标等,通过分析项目对企业回报的形式，可以将项目对企业的回报分为四个指标项，包括财务回报、提高企业生产力、降低企业运营成本、增加市场份额，如图4-18所示。这些指标都是维持企业生存和盈利的基本指标，是有形的，能够从数字上反映出来的。

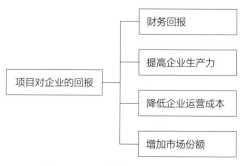

图4-18 项目对企业回报的指标项

（2）项目对于企业发展的支持作用

项目对企业不仅有着直接的回报，同时项目还要配合企业发展，为企业的运营发展而服务，这些都是企业无形的回报。通过分析项目对企业发展的支持作用，可以将项目对企业发展的支持作用分为与发展战略目标的一致性、提升技术的能力、企业品牌形象贡献、企业整体管理能力的提升、企业整体竞争力的提升五个指标项，如图4-19所示。

（3）项目交付指标

项目交付指标反映了企业成功支付项目的能力。项目管理的重要内容就是通过项目进度、成本、质量、风险等方面的控制来保证项目能够按时、按预算、高质量地完成，为了提高项目实施的成功率，在项目选择时要充分评估影响项目交付的各种因素，包括项目成本、项目持续期、项目复杂性、资源可用性、项目组的管理能力、技术风险和市场风险因素，如图4-20所示。

（4）社会责任

公司除了盈利之外，还应该对社会负责。卡罗尔（Carroll）认为企业管理者有

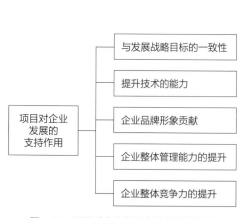

图4-19 项目对企业发展支持作用指标项

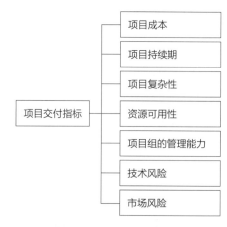

图4-20 项目交付的指标项

四种责任：经济的、法律的、道德的、自愿的。这些责任中，企业首先必须盈利，以履行其经济责任；为了持续生存，它必须遵守法律，从而履行法律责任；公司履行好上述两种基本责任之后，就应当履行其社会责任。社会责任包括道德责任和自愿责任两个方面。企业选择一些有利于公共事业的项目，有利于提高公司的形象，如图4-21所示。

综合上述项目整体评价指标体系，如图4-22所示。

图4-21 项目社会责任的指标体系

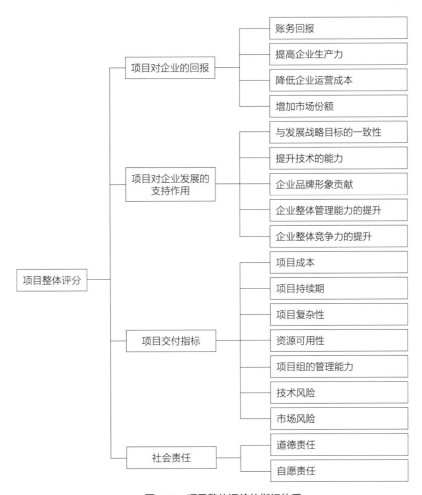

图4-22 项目整体评价的指标体系

# 第5章 建筑企业项目管理办公室

## 5.1 项目管理办公室概述

### 5.1.1 项目管理办公室的发展历程

由于传统意义上项目管理关注的焦点是单一项目自身目标的实现，这必然导致在同一组织中开展多个项目时，存在各种冲突。项目的典型特点之一是"一次性任务"，强调的是单个项目自身目标的实现，在以项目为主导的企业中存在大量的项目和众多的项目组，不同项目组在实现自身目标的同时，势必会与其他项目组产生各种各样的冲突。另一方面，由于不同企业管理的水平参差不齐，项目成员的经验和能力各有差异，如果没有统一的方法指导和过程监控，项目实施的质量和成果也难有保证。如果企业缺乏一个长期性的组织实体来运作组织级的项目管理，必将导致企业的组织级的项目管理能力建设无法有效地实施，从而影响项目的成功率。针对这样的问题，有研究学者开始提出项目管理办公室（PMO）作为组织内部实施和管理项目的组织机构，通过项目管理办公室以确保项目按照企业的流程执行，并与企业的组织战略保持一致，为企业创造价值。为了解决这一系列问题，自20世纪90年代以来，欧美企业在内部推行项目管理的同时也开始搭建项目管理的统一机构——项目管理办公室。

项目管理办公室出现于20世纪90年代初期，最初起源于那些需要对项目经理提供行政和管理支持的大型项目。早期的项目管理办公室通常隶属于某个业务部门或业务单元。当时的项目管理办公室仅能够提供比较少的服务和支持职能，而更多地则是被作为企业管理者用来管理项目经理的一种组织形式，利用项目管理办公室来对项目经理进行管理，监控项目的绩效，而不是关注于如何为他们提供项目管理的方向和指导，如何提升组织的项目管理能力等方面。此时的项目管理办公室更多扮演的是企业内部"项目监理"的角色。在20世纪90年代后期，随着企业项目化管理的进一步提升，项目管理办公室的作用又有了新的拓展。企业管理者越来越关注于将项目放到整个企业的运作环境中进行统一管理，项目管理办公室无论是对于项目经理，还是企业管理者来说，都被证明是理想的选择。一方面项目管理办公室成为企业战略与具体项目之间衔接的桥梁，项目管理办公室需要依据企业的战略规划实施项目组合管理，对每一个项目根据企业发展战略进行评估和排序，然后对他们进行恰当的资源分配；另一方面，项目管理办公室肩负着培养和提升项目成员项目管理专业能力的重任，需要通过建设统一的项目管理流程、方法体系和知识库来应对日益复杂的多项目管理问题。此时的项目管理办公室已经成为企业级项目管理的组织结构形式。

近年来，许多企业也逐渐意识到项目管理知识的收集是企业无形资产和核心竞争能力的重要体现。而单个项目无法做到对组织级各个项目中产生的知识财富进行收集、整理，并在组织中进行推广，以提高组织项目管理能力，降低项目失败率。项目管理办公室也成为公司收集、宣贯和推广组织的无形资产的首选方式。

目前，许多企业和组织已经纷纷建立了项目管理办公室，许多学者也对项目管理办公室进行了大量的研究。但项目管理办公室作为项目管理的有效手段，其作用也在不断发生着改变，最初项目管理办公室只是作为一种项目的支持性组织，现在项目管理办公室逐渐开始发挥保证性的功能，确保组织使用项目管理的流程，高层管理者也经常使用项目管理办公室机制，用来确保组织级的项目管理流程被遵守，识别低绩效的项目，并进行组织级的项目改善。2002年10月，英国的KPMG发现，拥有成熟PMO组织的项目成功率比较高，PMO的成本在项目总成本中的比率在2%~3%之间；2005年，KPMG确认了组织中成熟的PMO所带来的项目成功收益。

通过对项目管理办公室发展历程的分析，可以看到，导致项目管理办公室出现和不断发展的驱动力，可以归纳为以下几个方面：

（1）项目绩效不佳，需要确保项目按照组织要求的流程执行，或者进行相应的流程改进。

（2）需要管理人员具有项目管理知识，提高项目管理能力。

（3）项目管理能力成为组织核心竞争能力的重要组成部分。

（4）"卓越中心"方法被应用于项目管理过程中。卓越中心（Center of Excellence，CoE）是指企业中关注于绩效优化的机构。CoE提供了标准化工作流程、专业技能和最佳实践等方面的集中资源，用于企业快速实施相应的工作流程，使应用与业务目标始终保持统一。需要重点指出的是，CoE可以用于企业的多个部门，还能扩展到公司外部，可以从合作伙伴、供应商、销售商，甚至客户机构处获得更多的最佳实践、工具和技术。

同时，项目管理办公室在发展过程中，一些组织的项目管理办公室（PMO）及其绩效的确存在一些问题，例如：

（1）变成了一种官僚机构——制定了许多以控制为目的的程序。

（2）人满为患，人为增加了管理成本。

（3）工作绩效及其对于组织的存在价值无法衡量。

（4）没有获得来自管理层的足够支持。

（5）承担行政管理职能，但很难识别关键价值增加。

（6）成为管理层的政策制定机构，项目经理对其总是采取回避的态度。

（7）与项目经理、项目发起人和其他利益相关者相比较，项目管理办公室不太清楚自己的角色和责任定位。

### 5.1.2　项目管理办公室的内涵

项目管理办公室就是随着项目管理从单一项目发展到企业多项目管理的过程中逐渐被认识和关注的。项目管理办公室从企业组织结构上保证了企业内的所有项目与企业战略目标的一致性，优化配置企业资源，使之得到最有效的利用，使项目间、项目与职能部门间在协调沟通困难问题时也能够得以解决，从而保证了企业多项目管理战略目标的实现。

美国项目管理协会（PMI）对项目管理办公室的定义：项目管理办公室就是为创造和监督整个管理系统而负责的企业元素，这个管理系统是为项目管理行为的有效实施和为最大程度上达到企业目标而存在的。《项目管理知识体系指南（PMBOK®指南）》（第六版）中对项目管理办公室的定义和期望为：项目管理办公室是一个企业单元，负责对管辖领域内的项目进行集中协调。美国高德纳咨询（Gartner）公司认为，项目管理办公室是一个企业为了集成所有的项目经验而设计的一个共享资源。这些资源可以为项目的各个阶段服务。项目管理办公室在项目的分析决策、设计、管理、项目总结评估阶段构建企业能力的一个主要来源。社会各界对于项目管理办公室概念的争论一直没有中断，对项目管理办公室的定义也并不是完全相同的。

综上所述，项目管理办公室是在企业内部将运作模式、过程、实践和标准化的部门，这些标准化的程序能够形成一个具有一致性和可重复的结果，同时提升项目成功率。项目管理办公室是企业内部项目管理实际运作的核心，是企业提高对各个项目分析、决策、设计、管理、监督、总结等综合实力的关键资源。

### 5.1.3 项目管理办公室的职能

项目管理办公室既具有传统项目管理的职能，也具有战略管理的职能。其主要职能包括项目组合管理、项目群管理和项目管理支持。

**1．PMO在项目组合管理方面的职能**

PMO根据项目对组织战略的贡献程度确定项目的优先度，再根据优先度配置组织资源。项目组合管理是一个动态的过程，PMO根据战略的变化对项目组合进行及时的调整，以实现平衡和有效的管理。同时，PMO把项目组合分析和评估与组织的战略紧密结合，确保组织战略被贯彻实施，保证组合中的项目与组织战略目标的一致性。

**2．PMO在项目群管理方面的职能**

PMO对项目群内的多个项目进行计划、控制、协调等方面的管理以及对项目间的关系进行管理，保证项目群内项目的成功实施，实现项目群目标，并且保证战术层的战略目标的实现。PMO对项目群管理包括四个阶段的内容：①项目群识别阶段，根据企业战略目标并给出项目群的边界。②项目群计划阶段，通过项目群管理机构设置、人员职责分工、资源配置等实现项目群的管理目标。③项目群实施阶段，项目群经理负责对项目群的运行进行监督控制和协调管理，并处理项目群中出现的风险和争端。④项目群收尾阶段，对项目群的实施效果进行评估和总结。

**3．PMO在项目管理支持方面的职能**

①建立一套企业组织的项目管理标准及流程；开发项目管理所需要的各种表格、模板和文档，改进项目的计划工作和沟通方式；②开展项目评审工作，确保项目管理标准及流程得到很好的贯彻；开展项目管理培训，提供项目管理咨询；③建立项目管理专业人员资源库系统；④建立企业的项目管理中心，对项目信息进行收集和整理；⑤收集和总结项目管理的经验和教训，改进和维护项目管理标准及流程。

### 5.1.4 PMO面临的挑战

PMO如何在企业中被很好地定义和实施，仍然是一个严重的挑战。国外的经验表明，要成功地实施一个PMO，企业应该首先克服四种挑战。

**1．来自企业文化方面的挑战**

为了取得对项目的管理能力，PMO在建立的时候就试图建立起一种对组织内各种项目的控制权力，然而，过于官僚的PMO或者希望严格地使用项目管理工具进行控制的PMO可能会招致项目经理和项目成员的反对。美国时代（Times）公司在实施了一段时间的PMO后认为"PMO必须在不公然违抗组织文化的基础上建立"。

创立一个适合自身组织文化的PMO，汉德勒（Handler）等推荐在业务单元内让项目经理先进行一个小规模的试验。美国俄勒冈健康与科学大学（Oregon Health and Science University，OHSU）的项目管理人员约翰·科肯（John Kocon）认为要建立一个PMO首先必须真正地了解组织文化，在着眼于适合组织的行业标准和最佳实践的基础上建立。梅根·桑托斯（Megan Santosus）等认为最初建立PMO时，没有现成的路线图可以遵循，也没有参照的基准或可以衡量的标准方法。随着时间的推移，最有效的PMO可以获得改进并且不断地推动项目管理部门用以改善它的文化适应情况。

**2．很难有标准来衡量PMO的成功**

衡量PMO的价值，最重要的就是必须获得有效的方法以衡量PMO是否取得了成功。据美达集团（Meta Group）企业规划部副主席罗伯特·汉菲尔（Robert Han-filer）认为，关于组建PMO后的成功标准，组织内的成员一般都想要一个确切的数字来证明PMO是成功的，但是要获得让所有人都能为之信服的投资回报率是非常困难的，因此为了证明PMO的存在是合理的，公司可以建立一个业务档案来记录PMO的成功。对于斯伦贝谢德·蒙莫林（Schlumberger's de Montmollin）来说，从PMO中获得最大的收益就是，能够给公司管理者一个可以了解公司所有IT项目的状态和财务详细资料的渠道，这些信息在组建PMO之前是很难量化的。

获得成功反馈信息的一个捷径就是从PMO的最终用户中了解到的客户满意度。伯灵顿北方圣太菲铁路运输公司（Burlington Northern Santa Fe Railway，BNSF）对已完成的项目和正在进行的项目的客户满意程度按季进行评分。自从组建了PMO，这些客户满意度的得分已经得到了不断提高。

**3．对人力资源的安排有时会很困难**

在企业开始组建PMO时，有时候仅有一个人或一群人被安排去完成PMO的任务。这些被指派的人员专/兼职在PMO中工作并且有权使用另外的少数兼职人员来支持PMO的管理工作。这样的人力资源安排对完成基本的PMO的职能是十分必要的。然而，如何安排好这些人（专职的和兼职的）的工作也是一个挑战。对于那些兼职人员来说，在PMO中的工作也往往和其所应承担的本职义务和组织文化相冲突。

**4．在组织中实施管理文化和流程的变革很困难**

PMO的职责是通过实现PMO的功能以营造一个项目管理的环境来提高项目的执行能力，成功推行PMO的目的是使得业务单元接受因为设立PMO而带来的变革，并对PMO的存在变得习以为常。然而，PMO必须证明它可以与相关的组织融合并且可以在项目管理实践中体现其专业方法的正确性，因此，通常要求PMO主动地对组织内一些旧有流程进行变革，并且时刻准备守护PMO在组织中不被其他人攻击的地位。如何从零开始去介绍、支持和推广这个新的项目权力中心？如何推广PMO所带来的新的理念和方法？随着功能的建立，如何让一些更多的专职人员胜任专业性的职位？如何争取更多的专职和兼职的行政支持？如何在2~3年的时间内（有效的时间内）实现PMO的基本职能？这些都是组建一个PMO面临的挑战。

## 5.2 项目管理办公室的定位与功能

目前，普遍接受的一种定义是：项目管理办公室是在组织内部将实践、过程、运作形式化和标准化的部门，项目管理人员通过遵循这些标准化的程序，就可以形成一致和可重复的结果，同时提升项目成功的概率。项目管理办公室是组织内部项目管理最优实践的中心，是组织提高项目分析、设计、管理、检查等方面能力的关键资源。简单地说，项目管理办公室可以达到以下作用：建立组织的项目管理的制度标准；在组织内部增强沟通，平衡资源的使用；提高员工的项目管理水平，提高组织的项目成功率。

一般而言，企业每年开展的项目如果超过数十个，或者基于项目方式，进行业务的发展和企业运作，就有必要建立项目管理办公室。通过这一管理方式，为项目管理团队提供专业服务，项目管理团队可以从中获取项目管理知识、经验以及日常支持，同时它也扮演着公司项目知识库的角色，源源不断地将各项目的成败教训沉淀归总起来，为将来的项目实施提供参考借鉴。

### 5.2.1 项目管理办公室对组织的价值

项目管理办公室是组织项目管理的核心，它在组织中起着至关重要的作用，通常情况下，对组织有以下的价值体现：

**1. 支持组织项目管理能力的提升**

项目管理办公室主要为项目管理人员提供管理支持、行政支持、培训、咨询顾问、技术服务、知识管理等支持服务。这种角色以低调和辅助者的身份出现，容易得到项目经理的认可，不容易引起太多的反对和权力争夺，尤其是作为项目管理办公室的起步阶段，这种方式容易得以实施和执行。

为了实现"提升组织项目管理能力的支持"这样的价值，项目管理办公室将需要作为项目管理制度和项目最佳实践的收集者，将这些信息形成知识库，以供项目经理使用。另外，它需要为项目设计、管理、报告提供一套方便的工具和方法，但它不参与项目的具体实施和控制，也不为项目实施提供更深层次的支持服务，项目经理仍然向他的职能部门经理汇报。这种模式通常会在一些控制力薄弱的总部机构中长期出现，其实在这种价值要求下，项目管理办公室是作为项目的支持者和部分项目战略决策者的角色出现。

**2. 实现对项目的控制和有效管理**

项目管理办公室拥有很大的权力，它相当于代表公司的管理层，对于项目进行整体的管理和控制，保证项目的顺利执行，以实现项目的目标和组织的目标。这时项目管理办公室的工作可以包括：资源的分配、计划的审批、项目的检查和分析等。项目管理办公室为组织的项目分配所需要的资源，确保组织资源在项目中使用的最优化；同时对每一个所支持项目的项目计划负责，进行项目计划的审核，保证项目计划的可行性和最优化；另外还需要持续地监控项目，确保项目按照计划执行，并能够成功完成。

为了实现"项目的控制和有效管理"这样的价值，项目管理办公室除了提供知识库外，还需要为项目经理提供培训和教育，并做一部分项目监督的工作。项目管理办公室通过采取一些主动的行为来共享一些跨职能部门的项目管理的实践，同时加强与他们之间的沟通，因此项目的执行效果有明显的改观。另外，项目管理办公室开始尝试实行项目群管理，但通常只是简单的输入，没有能力进行决策建议。同时会采取一系列的措施，尽力提高组织的整体项目管理能力，例如，培训不胜任的或新的项目经理，在执行能力强的项目经理和弱的项目经理之间建立导师制度等。在这种模式下，项目管理办公室是一个持久的部门，有固定的员工，同时对所有的项目有监督的责任（但不会涉及很详细的项目检查，也不会进行项目审批），这样在项目经理和项目管理办公室之间就会形成一定的"虚线"汇报关系。这种模式通常在有固定的员工和行政支持的情况下建立。概括地讲，在这种模式下，项目管理办公室主要的工作有：提供项目管理的服务和培训，辅助进行项目计划、项目启动、项目收尾等工作，推广项目管理的方法论和流程，管理高级别的项目检查和报告。

**3．确保战略目标的实现**

项目管理办公室需要制定整个公司的项目管理制度和构架项目管理体系，包括：为组织开发和选用适用的项目管理方法论、流程和工具，并形成统一的标准；建立组织的项目管理文化，证明项目管理的价值，形成项目管理的统一认识，并在组织内部推行项目管理的标准；进行项目群管理（Project Portfolio Management），确保所有要执行的项目能够围绕组织的目标，并且能够为公司带来相应的利益。项目群管理（Project Portfolio Management）可以被定义为：在一组项目中，应用一系列的知识、技能、工具和技术以满足或超越组织投资策略的期望和要求。它是在回答，我们应该选择什么，应该放弃什么？它需要实现战略需求和战术需求之间的平衡。在高层次的项目群管理中，还包括编制候选项目目录，开发用于多个项目选择时的选择和评分的标准，采用直观地显示、比选模型方法来确认和平衡多个项目。项目管理是保证项目被正确地执行，而项目群管理是保证正确的项目被执行。

为了实现"确保战略目标的实现"，项目管理办公室需要建立持久和稳固的组织，它作为监控项目的内部顾问，拥有一些权威人士来评价、批准和监控组织的项目实施，此时项目管理办公室的职能最全，对于项目管理的影响也最大。组织中所有的项目都将被项目管理办公室直接管理和监控，甚至有时所有的项目经理都是共享的。项目管理办公室会根据公司项目的需要，将项目经理分配到项目中去，而不受职能部门和业务领域的限制。在这种模式下，项目管理办公室对组织所有的项目进行管理，包括：评定项目范围，分配项目资源，核实项目进度、费用、风险，在项目执行前对项目假定施加影响。项目管理办公室还进行高层次的项目群管理，根据组织的目标、资源状况、收益预期等来有效选择项目。概括地讲，这种模式下，项目管理办公室主要的工作有：执行项目的评审和项目检查、参与到项目生命期的各个阶段、为项目提供项目经理和项目成员、优化项目标准和方法论、在整个组织范围内进行项目群管理。

### 5.2.2 项目管理办公室分类

由于项目管理办公室仍在演变发展中，目前国内外研究对项目管理办公室的分类尚没有形成共识，故而从项目管理办公室服务的项目组范围出发，将其划分为业务层项目管理办公室（Business Project Management Office，B-PMO）和企业层项目管理办公室（Enterprise Project Management Office，E-PMO）两大类。

业务层项目管理办公室通常在企业的某个业务领域或职能部门中使用，主要负责协调与管理业务层面的多项目。业务层的项目管理办公室可能在企业中有多个，彼此间不存在隶属和汇报关系。

企业层项目管理办公室通常存在于项目导向型的企业，立足于企业的整体发展战略，整合企业范围内的所有项目管理活动。一方面，它需要实施项目组合管理，将不同类型项目及项目组合的管控及协调与企业的发展方向紧密捆绑在一起，确保项目目标与企业目标的一致；另一方面，它也需要成为企业内项目资源的协调中枢，项目知识资产的集中地，提升企业项目管理成熟度，创建并引导企业文化向项目型文化的转变，如表5-1所示。

项目组、业务层项目管理办公室及企业层项目管理办公室的比较　　　表5-1

| 内容 | 项目组 | 业务层项目管理办公室 | 企业层项目管理办公室 |
| --- | --- | --- | --- |
| 支持/管理对象 | 单一项目 | 业务单元的多个项目 | 企业所有项目 |
| 绩效衡量标准 | 项目的时间、成本、质量 | 业务战略目标的实现 | 企业战略目标的实现 |
| 管理过程 | 一次性努力 | 业务目标持续性优化 | 企业目标持续性优化 |
| 管理职能 | 单一项目管理 | 项目组合管理 | |
| 责任范围 | 对项目的成败承担主要责任 | 对企业中项目管理的专业化程度承担主要责任 | |

### 5.2.3 项目管理办公室职能

本书将重点介绍业务层项目管理办公室（B-PMO）的职责。

**1．确保组织的业务目标和战略得到实现**

B-PMO将根据组织的业务目标和战略，根据企业或业务单元的规划策略，确定各项目的目标和优先级，实施项目组合管理。这包括判断项目与战略目标是否一致、确定资源能够支持的项目数量、决定项目的实施顺序、挑选合适启动的项目、调整资源部署、评估项目对业务的影响等具体工作。一旦项目开工，B-PMO就持续地对每一个项目的变化进行监控。随着公司或业务单元策略优先级别的变化，项目的状况也会跟着发生变化。B-PMO通过对项目进行修正、加速、终止或是优先权的排序，实现对策略变化的调整。

**2．确保信息的沟通和项目管理效率**

B-PMO直接向公司主管领导或组织负责人汇报，可以区分不同项目的轻重缓急，报告项目的进展情况以及关键问题，B-PMO可以在主管领导授权的前提下，独立做出决策，尤其是涉及多项目之间资源冲突时的调配。同时，B-PMO也是公司其他部门与项目组沟通的窗口。协调项目组与其他业务部门之间的项目经理冲突，实现部门之间和项目关系人之间的良好沟通。另外，B-PMO也是公司与外部客户沟通的窗口。在多个关联项目实施过程中，不同部门的用户对项目组的资源投入和进度有不同的要求和期望，这往往与项目整体的资源安排和计划进度相矛盾，这时就需要B-PMO充当协调者。在涉及外包子项目的情况下，B-PMO也是集中采购或集中分包的负责人，需要负责与供应商或承包商协调商务谈判及项目管理的事项。

**3．促使组织提升项目绩效和管理水平**

B-PMO通过跟踪在建项目的绩效，总结完工项目的经验，吸取失败的教训，改进项目管理流程，建立并完善项目知识库。在监控项目执行绩效的同时，为项目组提供专业的项目管理服务。通过项目管理办公室建立的统一项目管理方法体系，保证所有的项目经理具有核心的项目管理技能，使用共同的方法，处理流程和工具模板。另外，在项目组之间发生冲突时，作为项目经理的桥梁，扮演项目组和主管上级领导之间缓冲的角色。

业务层项目管理办公室的基本职责包括：制定公司项目管理的发展战略；确定项目管理流程、确定项目评价系统标准、确定项目管理的激励机制、组织项目管理的培训、组织项目管理的信息沟通等。如表5-2所示，列出了业务层项目管理办公室的一些具体职能。

业务层项目管理办公室的职能　　　　　　表5-2

| 工作范围 | 所能提供的服务 |
|---|---|
| 项目计划工作的技术支持 | ①选择和维护项目计划方法；<br>②保存和更新计划模板；<br>③收集和整理项目的经验教训；<br>④为时间和费用提供咨询 |
| 项目审计 | ①支持项目中问题的解决；<br>②记录和维护解决问题的方案和方法；<br>③不断维护项目变更控制的记录；<br>④维护项目变更控制的措施及终止项目的条款 |
| 项目控制方面的支持 | ①确定项目的时间表，并不断维护；<br>②进行项目发展趋势的分析；<br>③支持项目状态报告的开发；<br>④对所有项目进行总结和提炼 |
| 项目团队方面的支持 | ①参与项目团队的组建工作；<br>②对团队成员进行项目管理技术的训练和指导 |
| 开发项目管理技能 | ①对未来项目所需的技能进行评估；<br>②参与项目的绩效评价；<br>③支持项目团队的不断学习 |
| 项目管理工具 | ①为项目及组织机构进行工具的需求评估；<br>②评价现有工具对项目的适用性和兼容性；<br>③协调项目团队的工具培训；<br>④提供有关工具的技术专家意见 |
| 内部项目管理咨询 | 对项目各个阶段提供项目管理专家，以改善计划、恢复项目、对技术问题提供建议、为项目成功提供建议 |
| 维护项目管理程序 | ①维护和更新项目管理的基本方法；<br>②提出关于项目管理程序的一般要求；<br>③将项目管理制度化；<br>④确定程序所要求的培训；<br>⑤维护项目管理的制度、程序和方法；<br>⑥确定程序所要求的通用培训；<br>⑦维护项目管理的政策、程序和方法 |
| 风险 | ①跟踪风险和关闭风险事件；<br>②准备应急计划 |
| 行动方案 | ①建立行动方案的记录并跟踪各项措施；<br>②在行动方案实施结束后进行整理；<br>③维护关于行动方案的历史资料 |

续表

| 工作范围 | 所能提供的服务 |
| --- | --- |
| 信息交流 | ①准备信息交流计划；<br>②根据需要更新信息交流计划；<br>③向项目利益相关方分发各种报告；<br>④保存和维护各种信息交流的副本 |
| 进度表 | ①利用自动化系统准备项目进度表；<br>②根据项目进度报告记录项目进展状态；<br>③根据需要制定项目进度表 |
| 费用 | ①根据费用支出情况维护费用预算；<br>②报告预算执行情况 |
| 质量 | ①准备质量保证和质量控制计划；<br>②维护质量保证和质量控制计划；<br>③准备测试和演示方案；<br>④保存和更新测试记录 |

来源：中国项目管理知识体系与国际项目管理专业资质认证标准。

建立项目管理办公室的目的是对企业不同地域、不同部门、不同范围内的多个项目实施有效的管理控制，项目管理办公室在不同企业中可以表现为多种不同的形态，它可以是一个实际的组织机构、有固定的地点和长期的全职人员，也可以是一个虚拟的机构，在地点流动、人员流动下可根据需要随时组成。项目管理办公室在组织中具体的角色和体现的职能也并非是一成不变的，它会根据组织的具体特点和组织的结构形式的不同而有所差异。另外，也需要根据组织发展的不同阶段进行不同的定位。企业可以通过建立不同层级的项目管理办公室，实现企业项目管理和控制职责的细化，从而形成多层次的项目管理和监控体系。

## 5.3 项目管理办公室的运行实务

### 5.3.1 项目管理办公室的设计框架

项目管理办公室的设立主要应考虑如下因素。

**1. 组织因素**

建立项目管理办公室就是要建立一个关于项目的组织权力机构。下面是建立项目管理办公室需要考虑的一些核心组织因素：

（1）组织定位。项目管理办公室可以是一个独立单位，也可以是某个职能部门。一般而言，项目管理办公室定位于一个对项目具有主要拥有权的职能部门。比如，在那些对信息技术及其开发具有很大依赖的金融机构，项目管理办公室常常位于信息技术部门。这样可以使项目管理办公室更加接近项目执行工作，但项目管理办公室也会受到职能部门的过多影响。通过建立一个横向跨职能部门委员会汇报的制度可以克服这种忧虑。

（2）报告制度。项目管理办公室的报告关系是一个重要的考虑因素。项目管理办公室可以是一种直接向企业董事长或者执行委员会汇报工作的独立组织机构。这样的设计可以赋予项目管理办公室足够的独立行事权力。项目管理办公室也可能是某一个职能机构内可以向经理直接汇报工作的机构。报告制度也可以在更低层次，但这样，项目管理办公室的作用往往受到其他组织部门的更多约束。除了外部报告制度以外，也有许多内部报告制度可能会直接影响项目管理办公室的作用。比如，地理区域分散的组织，可以建立分离的项目管理办公室，这些办公室可以有局部报告制度，也可以附属于其他项目管理办公室，也可以向一个中央项目管理办公室汇报。

（3）项目范围。项目管理办公室管理的项目范围可以有很大不同，比如，可以包括企业正在进行的所有项目；也可以是某一个职能部门承担的所有项目；或者某一类型的项目。具体企业项目管理办公室的管理范围应该紧密联系企业需要。当项目管理办公室首次成立时，范围应该限制在一个组织单位中。这时的PMO往往可以是项目管理的一个战略单位，它是一个具有特定组织权限的部门。比如，许多企业设置PMO来监督和管理特定的项目。类似地，PMO也经常被设计用来支持组织转型项目，或者方便组织兼并。PMO管理范围的变化也反映了组织战略的变化以及组织项目管理活动的成熟程度。

（4）资源拥有。PMO可以是一个对项目实施影响，但不直接控制项目的独立单位，这时PMO的规模可以很小。PMO也可以拥有执行项目的人员，如项目经理或者项目所需的一切资源。具体要根据企业要求PMO对项目的直接参与情况而定。

（5）永久或者临时性考虑。PMO可以是临时机构，也可以是永久机构。临时机构往往用来管理一些特定项目，如企业购并项目。永久性PMO适用于管理具有固定时间周期的一组项目，或者支持组织项目的不断进行。

（6）规模大小与预算。除了PMO直接拥有的项目资源情况以外，预算和人员情况也是一个基本组织因素。随着PMO职责的增加，预算和人员也要增加。

**2．人力资源职责**

PMO可以有很广泛的与人力资源有关的职责，这些职责包括：

（1）项目人员招聘与选择。如具体项目的项目经理，与项目相关的其他人力资源招聘。

（2）培训与认证。包括项目人员的培训问题、项目经理的资质问题。PMO也可以选择一定的承包商来完成项目人员的培训和认证，也可以设定一定的任用标准，如选择具有一定资格的人来当项目经理式或在现有项目人员中提拔和任用项目经理。

（3）评价和提升。项目经理常常在不同的项目之间活动，因此对其进行评价较为困难。PMO可以设立一些准则，通过收集相关项目经理的信息，起到评价项目经理的目的，同时对项目经理的提升给出适度合理的建议。

（4）为项目提供资源。PMO的一个基本作用是协调项目资源，包括项目经理和其他项目组成员的分配。随着组织规模的增大，项目资源也在增加，因此需要一个专门的机构来系统地管理项目资源，包括资源的可用性以及能力管理，起到有效利用现有资源的作用。项目运作过程中广泛存在的风险性和不确定性使得PMO在这些能起到更加积极的作用。

（5）时间管理。PMO可以负有记录项目时间的责任，包括选择时间管理工具，跟踪项目实施时间，分析时间与预算、人员之间的效率问题，以及员工报酬。

（6）生涯计划。PMO可以起到项目资源的生涯计划管理作用。从组织和个人两种角度，考虑项目成员的成长和发展。

（7）人事管理。如人员的休假安排、工资待遇、奖金等的管理。用PMO来进行这些管理可以使项目经理人员从这些日常的工作中解脱出来，更加专注于项目执行本身。

（8）外部承包商的管理。企业项目往往涉及许多中间承包商，PMO可以起到项目的合同管理的作用。

（9）咨询与监督。PMO可以对项目资源起到正式或者非正式的咨询和监督作用，特别对新招聘的项目管理人员，这种作用更是必要的。

**3．设立项目管理标准的职责**

建立项目管理标准应该是PMO的一个基本作用，这些职责包括：

（1）建立项目管理方法论。如定义项目执行标准、定义项目生命周期标准等。方法论给出企业承担项目的基本方法。

（2）提供模板。为项目执行的各个阶段提供相应的工作模板，如风险评估、情况汇报、预算和事后总结等。模板可以是计算机程序，也可以是各种指令。

（3）提供项目管理标准。如项目管理软件。

（4）提供项目仓库。如共享的计算机目录、项目文件。

**4. 项目执行职责**

项目执行的职责与项目资源占有紧密相连。占有项目资源的PMO一般有职责执行和完成项目。多数PMO对项目的执行只有间接职责，而没有直接执行职责。

（1）风险与争端管理。从建立风险管理过程的标准到实际进行风险管理，PMO可以起到综合风险管理的作用。项目执行中出现的争端也可以转移给PMO来解决。

（2）影响和变化管理。评估项目对项目相关人如客户、员工、股东的影响。

（3）沟通管理。PMO能接触到各种项目，因此有条件在不同项目之间进行直接或者间接的沟通管理。

（4）项目审计。PMO一般具有项目管理的专业知识，可以胜任对项目的内部审计工作。

（5）集中于重要或者特殊的项目。PMO可以被赋予某些重要项目的执行职责，如政治敏感性项目。

**5. 企业战略职责**

PMO可以起到项目发起和整个项目执行寿命周期的战略中心作用，具体包括：

（1）项目发起工作。PMO可以负责项目的发起，包括项目建议书的起草等。

（2）项目评估。建立项目评估的标准，并进行项目评估。

（3）项目偏好。PMO可以给出各种标准条件下的项目偏好。

（4）项目计划和日程安排。通过协调项目的可用资源，对项目的执行日程做出安排。

（5）项目批准和资助。协助进行项目批准和资金落实工作。

（6）项目监督和控制。项目一旦开始，PMO可以充当项目监督和控制的作用。

（7）项目组合管理。根据项目执行情况，适时转移项目资源到重点项目，PMO可以起到对项目的组合管理作用。

### 5.3.2 项目管理办公室的建立

项目管理办公室的建立通常可以分为四个阶段，包括准备阶段、制定战略和操作计划、建立项目管理办公室、运作与优化。

**1. 准备阶段**

第一阶段是准备项目管理办公室的建立工作。这一阶段的工作主要是了解组织的现状，明确建立项目管理办公室的目标及整体规划。主要包括以下工作任务：

（1）评估当前所处的环境，了解组织在项目管理方面的相关资源（员工技能、资金、项目管理工具等）现状，组织（企业文化、组织支持等）状况以及目前组织的管理模式等。

（2）明确建立项目管理办公室的愿景和使命，包括组织的授权、明确项目管理办公室运作模式、政策和执行的方法。明确项目管理办公室在业务组织内实施的目标和目的；明确项目管理办公室的需求、执行的战略、进展计划以及费用预算等。

**2. 制定战略和操作计划**

第二阶段是编制项目管理办公室的战略和操作计划。这一步的主要工作是建立项目管理办公室的组织，明确组织的流程、项目管理体系和管理制度。其主要的工作包括：

（1）定义项目管理办公室的组织结构和员工的要求。

（2）定义项目管理的方法论框架。

（3）定义项目管理办公室的运作流程。

（4）建立检查的流程和绩效评估标准。

（5）开发培训需求。

**3. 建立项目管理办公室**

第三阶段是建立项目管理办公室，主要工作和流程为：

（1）确定组织架构和人员安排，招募员工。

（2）选择或开发项目管理的方法论，包括项目管理的流程、组织设计、项目管理的方法论、项目管理的制度等。

（3）运作项目管理办公室的流程和程序，让项目管理办公室按照预定的权限和流程进行运作。在运作的过程中，应该注意以下事项：

①使项目管理在组织内部具有连贯性和稳固性，而非仅作为口号的宣传或者是阶段性的工作突击；

②向组织的决策层、职能经理及员工展示项目管理的价值。这些人是项目管理办公室运作的利益关系者，只有得到这些人的真正支持，才能够配合项目管理办公

室的运作，达到项目管理办公室的作用；

③在项目经理和决策层之间，站在中立者的角度，客观地审视项目；平衡其作为项目控制和项目支持角色之间的关系；

④项目管理办公室的目的是为了保证项目实施的成功，而不是实现对项目人员和项目决策的控制机构，因此项目管理办公室不应该作为政策的强制执行机构来管制项目的执行；

⑤应提供给项目经理一些可以使项目成功的经验，预见性地发现一些项目管理中的问题，配合项目经理成功完成项目；

⑥可以根据情况进行项目群管理，保证项目按照最优化的方式安排和选择，对项目进行优先等级的排序，以实现组织的整体目标；

⑦项目管理办公室应该为项目管理和实施人员提供系统的教育和培训，以提高他们的项目管理水平；

⑧加强项目经理之间的沟通，可以采用定期的经验交流会、研讨会、问题解决会、实时通信等多种形式，以加强项目经理间的沟通，提高项目经理的管理水平；

⑨项目管理办公室应该收集和管理项目执行的经验和教训，作为项目的历史数据信息，作为今后组织的决策依据和项目执行的参考。

**4．运作与优化**

第四阶段是运作建立好的项目管理办公室并进行优化管理。当按照上面的步骤建立项目管理办公室后，还需要根据组织的运行情况，再次重复执行前面1～3阶段的过程，以进行项目管理办公室的改进，通常这个周期可以为6～12个月。持续改进的含义就是根据现有的管理方法论、流程、制度的应用情况和反映出来的问题进行改进。这个过程应该是持续的，同时需要与其他组织进行比较（基准比较），找到自身存在的问题和差距，并加以改进，以便完善组织的项目管理标准。

在确定项目管理办公室的职责范围和组织模式时，通常会选择组织最亟需的能力入手，进行项目管理办公室的建设。当发展到一定程度时，组织运作得以成熟，项目管理价值得到认可。如果组织的决策层对于项目管理的重视程度非常高，给予项目管理办公室的权限也足够大，也可以直接引入项目管理办公室的管理职责，但通常情况下，这样会对组织原有的项目管理制度产生比较大的冲击，碰到的阻力也会很大。

项目管理办公室所需员工的数目及技能要求应与其承担的职责相匹配，因此，将根据项目管理办公室在组织中所扮演的角色和职能的不同而发生变化。

## 5.3.3 项目管理办公室的运作

**1. 目标、计划和进度管理**

对于大型工程项目，目标、计划和进度的管理十分重要，进度管理是项目管理的一个关键职能。施工进度的合理安排，对于保证工程项目的工期、质量和成本有直接的影响，是全面实施"三要素"的关键环节。

合理安排项目时间是项目管理中的一项关键内容，它的目的是保证按时完成项目、合理分配资源、发挥最佳工作效率。它的主要工作包括定义项目活动、任务、活动排序、每项活动的合理工期估算、制定项目完整的进度计划、资源共享分配、监控项目进度等内容。

（1）项目计划

项目计划是所有项目成功的关键。由工程参与各方根据整体工程要求，对工程的主要里程碑时间和进度达成一致，形成项目管理办公室的工程主时间表；然后，各子项目经理负责根据工程主时间表编制各自项目的项目计划，并对关键路径、项目里程碑、相关依赖和阶段提交物等，与相关方达成一致，形成各子项目的项目计划基线。并提交项目管理办公室，汇总成整体项目的项目计划基线。

（2）项目计划变更控制

在项目的整个生命周期中，变更是不可避免，变更管理是项目的一个流程。项目规划变更包括遵循一定的方法将这些变更汇总到以前规定的结构中，以确保工作的协调和有效完成。

工程各个子项目经理负责对变更进行分析，以了解变更对计划、成本、时间表和交付物的影响。在分析之后，还需要定义和估计新的工作，并了解综合变更的风险。之后，需要提交变更要求，以获得正式审批。一旦变更获得批准，要更新项目计划和其他项目文件，以反映变更的详细情况；并通知相关项目方，使其了解新的要求和时间安排。

项目管理办公室负责收集各个项目组的项目计划变更，并协助工程各子项目经理，进行计划变更的协调和宣贯，使项目相关方达成一致；并对整体项目的项目计划基线进行变更。每周的项目周例会前，工程各子项目经理需要对项目计划进行更新，对项目计划变更、延期工作、要求其他项目方的配合工作等，在周例会中与相关项目方进行沟通，达成一致；由项目管理办公室进行计划汇总。

项目计划的变更必须进行变更申请，变更申请得到正式批准后，才可以进行后续工作。

**2．项目进度控制**

在大型项目的各子项目间，一般都存在许多的相关性，因此，时间表管理和项目集群具有非常重要的意义。进度控制中的两个最实际的过程，一个是计划，另一个是跟踪调整。项目管理办公室根据工程目标要求，协调各方制定项目管理办公室的主时间表。这个主时间表是项目的整体时间进度表，也是最高级别的时间表，称为"项目管理办公室主时间表"或"项目主计划"，分项目的时间表和项目计划必须遵循主时间表和主计划的时间点的安排和要求。作为最高级别的时间表，反映了按时完成项目所必需的关键阶段性的成果。经项目相关各方协商达成一致，形成主时间表基线。由项目管理办公室对其进行管理和维护。任何对主时间表和主计划的变更，都需要得到项目领导小组的正式批准。然后，根据对各子项目的要求，协调各方制定了各子项目的项目时间表。"子项目时间表"是"项目管理办公室主时间表"的下一级时间表，反映了各个子项目的工作详细内容。由各个子项目经理负责制定和维护。但必须与"项目管理办公室主时间表"保持一致。

为确保项目计划得到有效执行，PMO要求工程各子项目组建立有效的项目计划跟踪和控制机制。项目经理对每日工作进度进行检查及时间点确认，就延期工作与项目相关方进行沟通，使项目管理层及时把握项目进度，解决约束项目进度的相关问题。项目管理者可以从子项目进度汇总情况中清晰地看到哪些关键进度控制点发生了延迟，然后进一步了解其具体原因，协调各方资源加以解决，这样就及时地解决了整体进度的控制，而项目管理层也可以从信息细节中跳出来，更好地管理项目整体计划和质量。

**3．沟通管理**

与所有相关各方进行及时、有效的沟通是提高项目工作效率所必需的。沟通的方式（即书面、口头、个别、小组等）、频率（即每天、每周、特别沟通等）、相关各方（如项目组、项目负责人、厂家等）以及具体格式（或议程）都要被确定下来，并由每个项目的分项目负责人来管理。各分项目如果遇到以下情况，将通过项目管理办公室进行沟通：①遇到的问题将影响其他子项目，因此向项目管理办公室汇报寻求解决办法。②当各自项目应用的系统资源有冲突，提交项目管理办公室进行决策。③因项目所需，要与其他相关部门取得联系，应提前通知项目管理办公室以便进行统一安排。例如，如果多家厂商提出进行用户调研，项目管理办公室便会考虑进行统一的用户调研方法和访谈安排。

项目的沟通方式主要采用以下几种方式，如表5-3所示。

项目沟通方式　　　　　　　　　　　　　表5-3

| 沟通方式 | 沟通内容 | 参与对象 | 沟通频率 |
| --- | --- | --- | --- |
| 项目会议（含定期会议、视频会议、碰头会） | 项目状态、问题、计划、变更等 | 按照会议要求定义 | 定期和按情景约定 |
| 项目文档电子交流 | 消息通知、项目交付件查看、项目动态、外部参考资料共享等 | 经过授权的项目成员 | — |
| 定期汇报 | 对项目完成状况、问题等向项目办公室进行汇报 | 汇报人和听取汇报人 | 定期 |
| 项目交付物 | 由项目管理办公室进行收取确认，并组织交付物的验收审批等流程 | 双方项目经理以及相关人员 | — |

在分工界面上，各子项目的项目经理负责收集各自项目的沟通需求，与项目相关方进行协商，确定沟通方式和组织沟通，并记录和分发沟通的情况。需要项目管理办公室协助的事项，可以通过项目周例会报告等方式提出。项目管理办公室负责协调解决沟通中出现的问题，协助子项目经理联系业务部门等项目相关方。

**4．问题管理**

在项目执行过程中会出现各种各样的问题，有技术问题和非技术问题。工程各子项目组要建立有效的机制，确保所有问题的完整收集、清晰的定义、汇报和及时解决。工程各子项目经理应当及时通报新发现的问题和处理进展情况，对于不能及时解决的问题，须进行问题的升级和汇报。

（1）问题汇报和解决途径。工程各子项目经理将问题详细记录在各项目组的问题跟踪表中，明确责任人和解决方案；各项目组的问题跟踪表由项目经理负责维护和跟踪；对于项目经理不能解决的问题，应及时向项目管理办公室汇报，由项目管理办公室负责协调解决。

（2）问题升级途径。项目经理→项目管理办公室→项目领导小组。

（3）问题解决状态的跟踪。各项目组的问题跟踪表由各项目经理负责跟踪和维护，每周例会审阅问题状态。

**5．风险管理**

风险管理是项目管理的关键要素。风险管理使项目管理方能够检查项目计划，预测可能会带来有利或不利影响的事件。通过制定正式的风险管理计划，项目组能够为风险管理制定必要的行动方案，最大限度地减小风险的影响，或完全避免风险。

项目管理办公室采取的风险管理策略如下：

（1）采用全程风险管理机制，涉及工程的整个生命周期，包括可行性论证阶段、投标和合同阶段、工程施工阶段、工程交付和运维阶段等。

（2）让项目的最终用户积极参与，这是项目实施成功的重要条件，因为用户是项目的使用者和受益者。

（3）尽一切可能争取领导层的关心和支持。项目经理需要定期或不定期通过口头或书面报告向领导层汇报，并形成相应的机制以确保信息的上传下达。

（4）避免实施人员变更影响项目进度。实施人员的变更是不可避免的，必须对所有实施人员所做的工作进行文档记录，经客户方确认的文档应交由专人保管，包括纸张和电子介质。所有的需求、承诺和解决方案等均以书面签字为准，不得随便更改其中的内容，除非通过同样的审批程序进行，因此，新的实施人员可以通过阅读上述文档很快进入工作状态。

**6．阶段交付物验收管理**

交付物提交方式：项目每一阶段结束时，工程各子项目经理将阶段交付物和相应的阶段报告提交给项目管理办公室，并提出交付物评审申请。

交付物验收和批准方式：项目管理办公室将根据阶段交付物的验收要求，组织相关业务组和技术组专家，对所提交的阶段交付物进行评审。工程各子项目组根据评审意见，对阶段交付物进行补充和修改，提交给项目管理办公室。项目管理办公室将根据情况，组织对阶段交付物的验收评审，或组织阶段性项目工作汇报会议。项目组与项目领导小组成员在阶段性工作汇报会议上进行交流、探讨，并听取其对报告的意见，形成会议纪要；根据项目领导小组的意见，项目组对交付物和报告进行修改，形成最终版本，提交项目管理办公室；在递交最终交付物后的5个工作日内，进行以项目经理签字的方式对最终报告进行验收和确认。

### 5.3.4　项目管理办公室与项目文化

**1．项目管理办公室和项目文化的关系**

（1）项目管理办公室需要项目文化

项目管理办公室作为项目实施的"大脑"，对项目的成败起着至关重要的作用。项目的实施受时间等一系列因素的影响，而项目管理办公室正是为了更好地应对这些制约因素而设立的。众所周知，文化具有它独特的魅力，已经成为全球关注的焦点。一个具有良好项目文化的项目管理办公室，将会对项目起到支持作用。好的项目文化能够使项目相关各方感到自己的价值受到了重视，能够激励各方更为关注项目，为项目成功实施付出更多努力。

（2）项目管理办公室对项目文化建设的重要作用

一方面，项目文化对项目管理办公室而言至关重要；另一方面，项目文化的传播与积淀也离不开项目管理办公室。项目文化的形成绝不可能是一天两天的事，没有一个机构进行专业的整理归类是不可能传承下来的。而承担总结传承项目文化最合适的组织就是项目管理办公室。第一，项目管理办公室可以移植优秀的项目文化到正在进行的项目中；第二，每一个项目都有其独特性，随着新加入成员的到来，势必也会带来新的文化，项目管理办公室需要把这种文化吸纳到以前的项目文化中，这样便会产生新的项目文化；第三，项目管理办公室需要把已经形成的新的文化继续传承下去，并将这种项目文化引入企业，使之与企业文化发生作用，促进整个企业文化的发展。

**2．正确对待项目管理办公室和项目文化**

项目管理办公室和项目文化在项目中起着非常重要的作用，两者是一个相互联系的整体，不能孤立地对待。如何正确处理两者的关系，在加强项目管理办公室管理的同时，重视项目文化的建设将成为项目管理的一个新问题。

（1）用项目文化指导项目管理办公室的建设

项目管理办公室的建设离不开组织现有的资源，这种资源既包括硬件资源也包括软件资源，企业文化就是软件资源中非常重要的一种。项目管理办公室应该充分重视企业文化，在项目实施过程中，引进企业文化中已成型的成功项目文化，这样做可以起到很积极的作用，主要包括：优秀的项目文化能够得到传承；项目文化不会因为项目的结束而丢失。有了优秀的项目文化指导，有助于项目管理办公室更好地发挥对项目和项目经理的支持作用。

（2）项目管理办公室应把项目文化建设作为重要职责

项目管理办公室的职能主要包括：开发和维护项目管理标准和方法、项目历史文档管理、提供项目行政支持、提供人力资源协助、提供项目管理咨询和指导、提供或安排项目管理培训。为了更好地支持项目，好的项目文化是必需的，而承担项目文化建设的主要任务应该是项目管理办公室。这主要是因为：第一，项目管理办公室直接支持项目和项目经理的工作，对项目文化最为"敏感"；第二，在项目管理办公室成立之初，引进先进成熟的项目文化也是项目管理办公室的责任，为了使"移植"成功，项目管理办公室必须重视项目文化建设；第三，随着项目的进行，势必会有新鲜的血液进入项目组织，这会带来一些新的文化，与原有项目文化结合后会形成新的项目文化，只有项目管理办公室保持敏感性才能注意到这种文化，并更好地利用这种文化。

（3）组织应对项目管理办公室和项目文化建设提供支持

尽管项目管理办公室和项目文化与项目直接相关，看似与组织没有很大关系，但很多时候，这会导致项目管理办公室、项目文化与组织被人为地割裂开来，对组织和项目造成严重后果。其实在项目管理办公室和项目文化建设时，需要得到组织多方面的支持，没有这些支持，项目管理办公室和项目文化的建设将会受到很大的阻碍，甚至很可能失败，造成不可挽回的损失。组织应该关注项目管理办公室的建设，并且对组织的重要程度采取相应的支持措施。项目文化的建设也同样如此，组织要为项目最后的成功采取支持策略。当然，良好的项目管理使办公室和项目文化对组织起到促进作用。一方面，项目的成功势必会给组织带来良好的经济效益；另一方面，项目文化也可以给组织带来新鲜的血液，能够为组织文化的进步更新提供重要来源，能促进组织文化的健康发展。

## 5.4 互联网环境下的项目管理办公室

虚拟管理是管理科学的崭新学科。虚拟主机、虚拟空间、虚拟内存、虚拟经营、虚拟人力资源、虚拟物流、虚拟经济等，均提出了虚拟管理的概念和实践；同时揭示和涵盖了20世纪90年代以来，全世界的先进企业在管理上所进行的一次重大革命。无论是一些大的跨国公司，还是我国的一些企业，都纷纷利用虚拟管理的模式提升企业的价值。虚拟管理，是一种全新的管理理念，能够使企业更加充分地挖掘自身潜在能力，使其得到更大的发展。

虚拟项目办公室的建立为企业在全国乃至全球范围内进行项目组合管理和资源优化提供了高效、有力的集约化方法，迅速地发挥其人力资源与技术资源的作用，为成功的项目管理提供了基础，为企业战略目标的实现提供了信息手段的保障。

### 5.4.1 虚拟项目管理办公室构成要素

所谓虚拟项目管理办公室（Virutal Project Management Office，VPMO）就是利用因特网在全球各地互联互通的便捷性和计算机、手机、传真等终端设备使用的普遍性和方便性的特点，使企业的管理者及其专家、成员和项目经理，跨越空间地理的隔阂和时间区域的区分，利用IT技术更好地完成项目管理办公室的各项工作，实现企业各项目的协同发展并顺利完成目标。虚拟项目管理办公室要素图如图5-1所示，虚拟项目管理办公室基础结构图如图5-2所示。

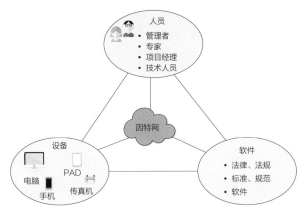

图5-1　虚拟项目管理办公室要素图

图5-2　虚拟项目管理办公室基础结构图

任何一个PMO的运转都需要资金和人员的投入。在很多方面，PMO都需要有一般性开支的投入，而主管人员却并不想看到一般性开支的超出。但是投入PMO的时间和资金将会是物有所值的，它让项目经理能够在企业中更好、更快、更节省地执行项目工作。如果你想要确保所有的项目经理具有核心的项目管理技能，使用共同的方法、处理过程和模板，并得到公司支持的话，集中化的PMO就可以达到目的。

### 5.4.2 虚拟项目管理办公室优点

企业建立虚拟项目管理办公室除了具有一般实体项目管理办公室的优点以外，还具有更加广阔的财务效益和管理规范的优势，最终实现企业的市场竞争优势。具体表现在如下几个方面：

其一，减少建立实体项目管理办公室的人员、办公费用开支。实体的项目管理办公室需要配备人员、设备、家具等办公用品，这些都需要企业从财务费用中列支，同时办公人员的出差、公务等开销也需要从财务支出。如果按照虚拟项目管理办公室的方式，由于大量日常性的事务工作由计算机完成，项目管理办公室只需少量工作人员，大量的专家和管理者可以身处不同的地方，在因特网和IT技术的支持下，完成项目管理办公室的标准制定与分发、技术指导与支持、信息汇总、报表制作和辅助分析等各项工作。

其二，大大提高了专家的技术支持度。由于企业的项目可能分散在不同的地方，过去项目管理专家对项目的指导和支持需要解决交通问题，一定程度上造成时间和人力上的浪费，或者对项目的指导和支持不及时。由于因特网的覆盖非常广，通过虚拟项目管理办公室的技术应用，使项目管理办公室的各种专家对项目进行远程指导和支持，而不用管项目在何地。由于没有地域和时间上的差距，同一个专家可以对身处在不同地点的项目进行指导和支持。大大地提高了项目管理办公室专家对项目经理的技术支持度。

其三，增加项目之间的便捷交流。在企业的门户网站上，跨越了空间和时间上的隔阂，企业中的员工可在一定的权限范围内，查阅资料和信息，开展交流和讨论工作，使得项目之间的相互学习和交流渠道畅通、传递快速。知识社区、讨论区、新闻区、下载区为项目经理和项目各种关系人的交流、学习、互动提供了不受空间和时间限制的虚拟平台。大大增加了项目之间的各种交流。

其四，工作的快捷化、无纸化。使用IT技术建立的虚拟项目管理办公室，可将工作中的各种多媒体、多格式的信息数据存放起来。这些信息的查看、处理非常快捷，缩短了信息加工、传递的时间，并且实现了日常的无纸化办公，为企业所要求的市场快速响应、提高工作的规范和质量等方面提供了极大的竞争力。

其五，虚拟项目管理办公室的建立，为企业在全领域范围内快速整合、协调、配置上提供了极大的帮助，使得企业可以充分发挥自身的各种资源，以应对日益变化和复杂的市场要求，为社会提供更好的项目管理服务，实现企业利润的最大化目标。

# 第6章

# 建筑企业项目管理成熟度模型

## 6.1 项目管理成熟度模型概述

项目管理成熟度表达的是一个组织（通常是一个企业）具有的按照预定目标和条件成功地、可靠地实施项目的能力。严格地讲，项目管理成熟度应该指的是项目管理过程的成熟度。项目管理成熟度模型作为一种全新的理念，为企业项目管理体系水平的提高提供了一个评估与改进的框架。项目管理成熟度模型在基于项目管理过程的基础上，把企业项目管理水平从混乱到规范再到优化的进化过程分成有序的若干个等级，形成一个逐步升级的平台。其中，每个等级的项目管理水平将作为达到下一个更高等级的基础，企业项目管理成熟度不断升级的过程也就是其项目管理水平逐步积累的过程。借助项目管理成熟度模型，企业可以找出其项目管理中存在的缺陷并识别出项目管理的薄弱环节，同时通过解决对项目管理水平改进至关重要的几个问题，来形成对项目管理的改进策略，从而稳步改善企业的项目管理水平，使企业的项目管理体系能力持续提高。

### 6.1.1 项目管理成熟度模型的内涵

美国项目管理协会对项目管理成熟度模型（简称"PMMM"）的定义是：评估组织通过管理单个项目和组合项目来实施自己战略目标的能力的一种方法，它还是帮助组织提高市场竞争力的工具。

"成熟度"表示不断地充实和改善项目管理能力的发展过程，从而提高项目的成功率。成熟度指出，能力必须随着时间持续提高，这样组织才能在竞争中不断取得成功。"模型"是指一个过程的变化、进步或步骤，意味着从低级向高级的发展过程和阶段。

可见，PMMM不是一个数学解析式或一个图表，而是一套科学的体系。PMMM提供一个分析框架，来描述一个组织在项目管理方面由混乱的、不成熟的状态到制度化的、成熟的状态所经历的普遍阶段。并提供测量、比较、改进项目管理能力的方法和工具，组织可以用它来评估目前项目管理的状况，从而发现其中的问题并明确改进的方向和所应采取的对策。

### 6.1.2　PMMM的发展背景

20世纪90年代以后，对于项目管理的研究开始从针对单个项目的管理转向企业和组织如何运用项目管理来达到其战略目标。除了研究单个项目管理的方法和技术以外，企业和组织需要一套完整的系统、理论和方法，选择正确的项目，并通过不断提高自身完成项目的能力和水平，保持竞争力，获得战略成功。PMMM正是在这种背景下被开发出来并用于评估企业现有的项目管理能力，帮助企业持续改进自身的管理。

PMMM的产生可以追溯到软件能力成熟度模型CMM。在20世纪80年代中期，软件生产企业经常遭遇软件产品不能按时完成，费用大大超过预算，质量也常常无法满足用户需要的问题。经过分析，认识到问题的主要原因是软件生产商对软件的生产过程管理不力。为了保证政府所采购的软件产品质量，1987年，美国国防部委托卡内基梅隆大学软件工程研究所（SEI）等单位联合研发一种可用于评估软件承包商能力的方法，并给出帮助软件组织改进软件过程能力成熟度的框架。经过几年的完善，形成了今天的软件能力成熟度模型CMM。

自SEI率先在软件行业从软件过程能力的角度提出了软件过程成熟度模型CMM之后，有多家企业或个人从项目管理的角度，参考CMM模型和项目管理知识体系，使用不同的标准和依据，提出了各自的项目管理成熟度模型。

## 6.2　项目管理成熟度模型研究进展

国内外对项目管理能力评价的研究已有二十多年的历史，据不完全统计，各种组织或个人开发的各种成熟度模型的总数已经多达几十种。从项目管理成熟度模型研发开始，期间涌现出了大批的模型，这些模型是灵活多样的。有些模型是在特定模型的基础上演变而来，这类模型的评测程序和方法也大致相同，而有些模型则是有不同的应用领域，且在具体的评测过程中也不大相同。

### 6.2.1 国外研究现状

1987年9月，美国卡内基梅隆大学软件工程研究所（SEI）发表了过程成熟度框架的简要描述和成熟度提问单。该工作是应美国联邦政府的要求，提供一种评估软件，可对承包商能力进行测试，并帮助软件企业改善过程质量的成熟度。这是软件行业项目管理评估的标准，在此标准中提出了成熟度模型的框架。1991年SEI充分吸取了软件过程评估中所获得的知识和工业部门以及政府所提供的广泛的反馈意见，经过精心推敲，将软件过程成熟度框架进化为软件过程能力成熟度模型（Capability Maturity Model，CMM），即CMM1.0版本。CMM的实质是项目管理，在此意义上说，CMM也是项目管理成熟度模型最早的概念。

2001年12月，美国卡内基梅隆大学软件工程研究所（SEI）正式发布了能力成熟度集成模型CMMI1.1版本，并正式宣布大约用2～3年的时间完成从CMM到CMMI的过渡。该模型包括软件工程（SWCMM）、系统工程（SE-CMM）、集成的产品和过程开发（IPPD-CMM）、采购（SS-CMM）。CMMI模型的建立避免了上述四个成熟度模型在所关注的过程相互交叉的内容，便于软件企业制定过程标准和过程改进。

1997年，美国加州大学伯克利分校（University of California at Berkeley）郭永勋博士和C.威廉（C. William）博士提出了项目管理过程成熟度模型（Project Management Process Maturity Model）。项目管理过程成熟度模型的主要目的是"用来作为组织应用项目管理的实践和过程的参考点或准绳"。

2001年，美国哈罗德·科兹纳（Harold Kerzner）博士在其著作《Strategic Planning For Project Management: Using A Project Management Maturity Model》（项目管理的战略规划：项目管理成熟度模型的应用）中提出T项目管理成熟度模型。采用"项目管理成熟度模型的主要好处是，可以为各个不同公司定制用以测评成熟度各层次的方法""来确认组织已沿着成熟度曲线前进了多少。"

2001年，英国商务部办公室应大量公共和私人部门的要求，参照CMM模型及项目管理知识体系开发出项目成熟度模型。2003年2月还提出了组织的能力成熟度评估（Organizational Capability Maturity Assessment，CMA）。

2002年，美国项目管理方案公司（PM Solutions）J.肯特·克劳福特（J. Kent Crawford）出版了《项目管理成熟度模型》，该模型用来确定组织的项目管理过程的成熟度；

绘制出改进组织过程的路线图；建立项目管理卓越的文化。

1998年，美国项目管理协会（PMI）着手开始研究项目管理成熟度模型，于2003年底出版了所开发的《组织的项目管理成熟度模型》（Organizational Project Management Maturity Model）（简称"OPM3"）。该模型为组织的项目管理及其成熟度描述了一个标准，并为使用者在实施组织的战略中帮助理解组织的项目管理和价值。该模型的开发云集了全球众多的项目管理专家，在总结此前近30个成熟度模型的基础上历时多年开发而成，被认为是最权威的组织项目管理成熟度模型。

继CMM模型之后，多家组织和个人从项目管理的角度出发，开发出各种不同的项目管理成熟度模型。其中比较有影响的项目管理成熟度模型有很多种。据StickMinds.com网站统计，除项目管理成熟度模型以外，尚有其他成熟度模型，其数量多达30多种。

### 6.2.2　国内研究现状

我国对成熟度模型的研究起步较晚。20世纪90年代开始，从国外引入CMM模型。尽管国家积极鼓励IT企业实行CMM认证，并提供相应的优惠政策鼓励软件出口型企业通过ISO9000系列质量保证体系认证和CMM认证，其认证费用由中央对外贸易发展基金适当予以支持。

由于起步比较晚，相应的理论研究与应用实践还相对较为薄弱。但是，经过我国项目管理领域的学者和专家的不懈努力，还是取得了一定的成果。

（1）项目管理成熟度理论研究现状

目前，我国在项目管理成熟度理论方面的研究还处于初级阶段，主要是引入国外先进的项目管理成熟度模型理论，如吴之明、裴文林、强茂山介绍了几种流行的项目管理成熟度模型，并重点介绍了美国项目管理协会（PMI）颁布的组织项目管理成熟度OPM3模型，包括模型的背景、结构、应用范围及使用步骤，并给出了应用实例。国内学者对这些项目管理成熟度模型的介绍，为我国项目管理成熟度模型的发展提供了很好的理论基础，至此，我国国内项目管理领域开始了对项目管理成熟度模型的探索。

（2）应用研究现状

在吴之明等教授从国外引进了项目管理成熟度模型之后，国内一些学者开始了对应用项目管理成熟度模型的探索，如陈平路的《软件开发方法在科研管理中的应用》、谭云涛、郭波的《在科研项目管理中运用成熟度模型的研究》等。通过应用发现，我国建筑企业的项目管理成熟度等级普遍比较低，这是由我国建筑企业自身决定的。

项目负责人虽精通工程技术，却不一定擅长管理。他们常常会简单地从工程技术角度管理工程建设项目。这和CMM模型中定义的初始级、可重复级的管理过程非常相似。项目管理的好坏完全取决于项目负责人对项目管理的认识。实际情况是，我国建筑企业中，虽然运用了项目管理的方法，但是还远远没有达到成熟的标准。按照国外的成熟度模型的标准，大多数建筑企业的成熟度等级也就在第一、第二个级别左右。

## 6.3 典型项目管理成熟度模型解析

### 6.3.1 CMM模型

CMM的层次结构源于有着60年历史的产品质量原理。20世纪30年代，沃特·希沃特（Walter Shewart）发表了统计质量控制原理。威廉·爱德华·戴明（W. Edwards Deming）和约瑟夫·朱兰（Joseph Juran）的著作又进一步发展和论证了该原理。SEI将这些原理应用于软件开发，发展成为软件过程成熟度框架，该框架为软件过程定量控制建立了项目管理和项目工程的基本原则，该框架是软件过程得以不断改进的基础。

实际上，将质量原理改变为成熟度框架的思想是菲利普·克劳斯比（Philip Crosby）在其著作《Quality is Free》（质量免费）中首先提出的。他的质量管理成熟度网格描述了采用质量实践时的五个进化阶段。该成熟度框架后来又由IBM的罗恩·拉迪斯（Ron Radice）和他的同事们在瓦茨·汉弗莱（Watts Humphrey）指导下进一步改进。1986年，汉弗莱将此成熟度框架带到了软件工程研究所并增加了成熟度等级的概念，形成了当前软件产业界正在使用的框架基础。

瓦茨·汉弗莱的成熟度框架早期版本发表在SEI的技术报告中。1987年，最初的成熟度提问单被发表，它作为一种工具为组织识别其软件过程成熟度提供了一个方法。1987年，鉴别软件过程成熟度的两种方法"软件过程评估"和"软件能力评价"被开发出来。直到1990年，软件工程研究所在来自政府部门和软件界的许多人的帮助下，在CMM应用于过程改进的多年经验的基础上，进一步扩充并提炼了

CMM模型。1991年SEI对外宣布能力成熟度体系CMM1.0；1993年颁布了CMM1.1，CMM2.0在广泛地征集意见后正式公布。

**1. CMM模型的层次分析**

任何软件组织的过程改进是建立在许多小的进化步骤上的。CMM提供了一个框架，将软件改进的进化步骤组织成了五个成熟度等级，为过程不断改进奠定了循序渐进的基础。这5个成熟度等级定义了一个有序的尺度，用来测量一个组织的软件过程成熟度和评价其软件过程能力。这些等级还能帮助组织自己对其改进工作排出优先次序。成熟度等级是已得到确切定义的向成熟软件组织前进途中的平台。每一个成熟等级为继续改进过程提供了一个台基。每一等级包含一组过程目标，当目标满足时，能使软件过程的一个重要成分稳定。每达到成熟度框架的一个等级，就建立起软件过程的一个相应成分，导致组织过程能力一定程度上的增长。

构成CMM的五个成熟度等级如图6-1所示，它顺序列出了为提高软件过程成熟度而进行的改进行动。图中说明性箭头标明了成熟度框架的每一步被组织规范化的过程能力类型。

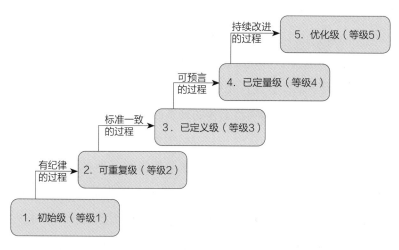

图6-1  CMM的五个成熟度等级

（1）初始级（等级1）：组织的过程能力是不可预测的，因为随着工作开展，软件过程经常被改变或修订（即过程是混乱的）。进度、预算、功能、产品质量一般是不可预测的。实施情况依赖于个人的能力，且随个人固有的技能、知识和动机的不同而变化。等级1的组织几乎没有明显的稳定的软件过程。

（2）可重复级（等级2）：组织已建立了管理软件项目的方针和实施这些方针的规程。基于在类似项目中的经验对新项目进行策划和管理。达到等级2的目的是使软件项目的有效管理过程制度化，这使得组织能重复在以前类似项目中的成功实践。有效过程具有如下特征：实用、已文档化、已实施、已培训、已测量和能改进。因为软件项目的策划和跟踪是稳定的，项目过程处于项目管理系统的有效控制之下，所以能重复以前的成功，达到等级2的组织的过程能力可概括为是有纪律的。

（3）已定义级（等级3）：整个组织的开发和维护软件的标准过程已文档化，包括软件工程过程和软件管理过程，而且这些过程成为贯穿CMM的一个有机的整体，称为组织的标准软件过程。项目根据其特征裁剪组织的标准软件过程，从而建立他们自己定义的软件过程。该裁剪过程在CMM中被称为项目定义软件过程。一个已定义的软件过程包含一组协调的、集成的、妥善定义的软件工程过程和管理过程，并且无论软件工程活动还是管理活动，过程都是稳定的、可重复的。等级3组织的软件过程能力可概括为标准的、一致的。

（4）已定量级（等级4）：组织对软件产品和过程都设置定量的质量目标。软件过程均已配备妥善、定义的一致度量，这些度量为定量地评价项目的软件过程和产品打下了基础。项目通过将其过程实施的变化限制在定量的可接受的范围之内，从而实现对其产品和过程的控制。等级4组织的软件过程能力概括为可预测的。

（5）优化级（等级5）：整个组织集中精力进行不断的过程改进。为了预防缺陷出现，组织有办法识别出过程的弱点并预先予以加强。在对新技术和推荐的组织软件过程的变更进行费效分析时，利用相关软件过程有效性的数据，识别出采用了最佳软件工程实践的革新，并推广到整个组织。

CMM的成熟度等级描述了组织处在特定成熟度等级的特征，每个等级都为其后继等级高效有力地实施过程构筑了基础，然而，组织也可以有目的地使用处于比其自身成熟度更高等级上被描述的过程。不过，这些较高等级的过程或活动的潜力只有在建立了适当基础之后才能得到完全的发挥。跳越等级是会产生反向效果的，因为每个等级都包括一些必要的基础，在此基础提高后才能达到下一个等级，一个组织必须逐步经历这些等级才能建立起优秀的软件工程文化。例如，等级1的组织在尚未建立可重复过程（等级2）之前，试图去实施已定义的过程（等级3），通常不会成功，因为项目经理会被进度和成本的压力压垮。过程改进应着眼于组织业务环境及发展的需要，软件能力成熟度等级的提高是一个循序渐进的过程。具有实施较高成熟度等级某过程的能力并不表示可以跳越成熟度等级。

**2．CMM模型的结构分析**

CMM共五个等级，并将每个成熟度等级分解为多个组成部分。除第一级外，

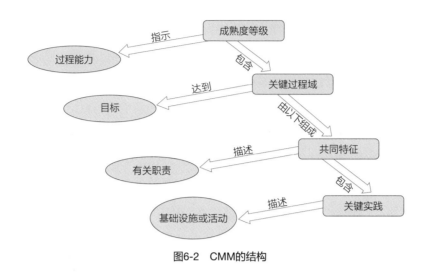

图6-2 CMM的结构

每个成熟度等级的分解均从每个等级的抽象概要向下直至它们在关键实践方面的可操作定义，如图6-2所示，每个成熟度等级由几个关键过程域（Key Process Area，KPA）组成。

其中，每个KPA有2~4个目标，要达到KPA要求，必须满足其相应的目标。同时，每个KPA包含多个关键实践，以指导组织满足各KPA下的目标。所有这些关键实践都分为五个被称为公共特性的类别来阐述。其中，这个公共特性定义了技术和管理方面的活动，这些有代表性的活动用于指导组织满足KPA的要求该做什么，其他的公共特性都与软件组织所执行的实践的制度化有关，制度化意味着必须在任何情况下都要执行，实践的应用由方针、工具、培训以及标准支持。没有有效的制度化，过程改进就只能是短暂的行为。

如前所述，成熟度等级是一个被很好定义的实现成熟软件过程进化的平台，每个成熟度等级指示了过程能力的某个等级。组织通过关注一系列有限的、关键领域的活动，实现关键过程领域的目标，从而规范其过程能力，达到某个成熟度等级。例如，等级2上的组织通过建立健全的项目管理控制，将其过程能力从混乱状态提高到有纪律的状态。每个成熟度等级都由若干关键过程域组成。关键过程域的目标表明每个关键过程域的范围、边界和意图。每个关键过程域都有五个叫作共同特征的部分组成。共同特征具体说明关键实践，因为在应用领域或环境上有差异，达到关键过程域目标的途径可能因项目而异。当一个组织的所有项目均已达到某个关键过程域的全部目标时，就可以说，该组织已使该关键过程域为特征的过程能力规范化了。要想达到一个成熟度等级，必须满足该等级上的所有关键过程域。要想满足一个关键过程域，必须满足该过程域的所有目标。这些目标总结了关键过程域的关键实践，并且能被用于判断一个组织或项目是否已经有效地实现了该关键过程域。

（1）关键过程域

关键过程域指出了为达到某个成熟度等级所必须着手解决的相应问题。CMM没有详细描述被包含在开发、维护软件中的所有过程域，只描述了对过程能力具有关键决定作用的过程领域。尽管其他问题也影响过程性能，但CMM只指出其关键过程域，这是因为它们在改进组织软件过程能力上最有效。可以认为它们是达到一个成熟度等级的必要条件。如图6-3所示，列出了每个成熟度等级的关键过程域。随着组织晋升到过程成熟度的更高等级，在各个关键过程域上应进行的具体实践在内容上将有所发展。例如，当采用已定义软件过程来管理项目时，等级2的软件项目策划及软件项目跟踪和监督进化为等级3上的集成软件管理。

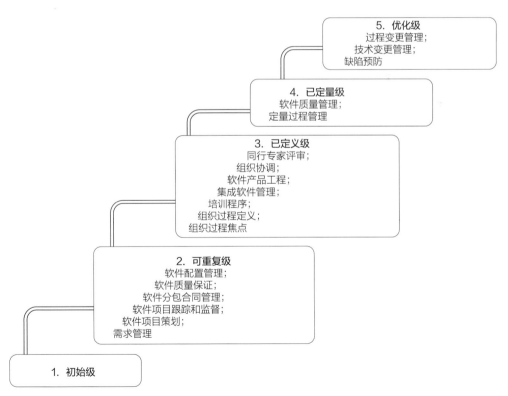

图6-3　CMM每个成熟度等级的关键过程域

（2）关键过程域目标

成熟度等级的各个关键过程域是有目标的，目标表明每个关键过程域的范围、边界和意图。它包括以下几个目标：

目标1：用于策划、跟踪软件项目的软件，估计已文档化。

目标2：软件项目活动和约定是有计划的，并且已文档化。

目标3：与软件项目相关的小组及个人均同意项目的约定。

（3）共同特征

为了进一步理解关键过程域的内涵，每个关键过程域可按共同特征组成。共同特征是表示一个关键过程域的实施及制度化是否有效、可重复、持久的属性。五个共同特征如下：

1）执行约定：描述一个组织在保证将过程建立起来并持续起作用方面所必须采取的行动。执行约定一般包含制定组织的方针和规定高级管理者的支持。

2）执行能力：描述为了能实施软件过程，项目或组织中必须存在的先决条件。执行能力一般包括资源、组织机构和培训。

3）执行的活动：描述为实现一个关键过程域所必需的角色和规程。执行的活动一般包括制定计划和规程、执行计划、跟踪执行情况，必要时采取纠正措施。

4）测量和分析：描述对过程进行测量和对测量结果进行分析的需要。测量和分析一般包括一些为了确定所执行活动的状态及有效性所能采用的测量和分析样本。

5）验证实施：描述保证遵照已建立的过程进行活动的措施。验证一般包括管理者和软件质量保证部门所做的评审和审计。

（4）关键实践

每个关键过程域由有助于实现其目标的，称作关键实践的活动描述组成。关键实践描述对关键过程域的有效实施和规范化贡献最大。每个关键实践都由一个单一判断组成，经常附带着更详细的描述，其中可能包括范例和详尽的细节。关键实践阐述关键过程域的基本方针、过程和活动。详细的描述成分经常被称为子实践，需要说明的是：关键实践描述"做什么"，而不应当将其解释为"如何做才能实现目标"。为了实现关键过程域的目标，应该合理地解释关键实践，尽管关键实践可以以不同方式实现，例如，软件项目策划是等级2下的一个关键过程域，其结构如图6-4所示。为了实现策划目标并能跟踪项目的执行情况，组织必须建立一个已文档化的过程来估计软件规模。如果这些估计不能从一个已文档化的过程中形成，它

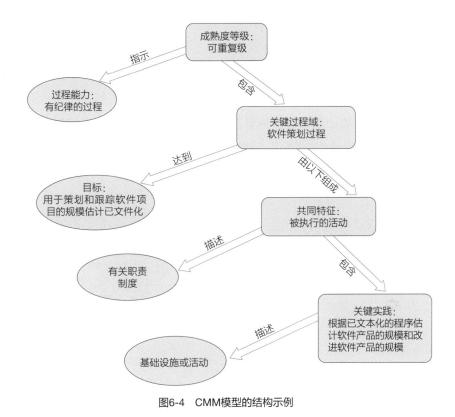

图6-4　CMM模型的结构示例

们可能随着假想规模的不同产生巨大的变化，最终也无法确定。为了保证软件规模估计的合理性，其过程应该包括使用过去的规模数据、用文件论证假设和复检估计。

**3．CMM模型的应用分析**

CMM模型的主要用途包括：指导软件过程改进和软件过程评估。评价软件组织的软件过程能力即软件能力评价，CMM建立一组公用、有效的描述成熟软件组织特征的准则。组织能运用这些准则去改进其开发和维护软件的过程，政府或商业组织能用它们去评价与特定公司签订软件项目合同时的风险。

在软件过程改进时，尽管软件工程师和经理通常都非常清楚存在的问题，但他们对哪项改进最为重要可能意见不一致。为了使过程改进工作能不断取得成效，必须设计一条过程改进的路径，使组织的软件过程成熟度按阶段逐步提高。

软件过程成熟度框架将这些阶段排序，使每个阶段上的改进能为下一个阶段的改进打下基础。软件过程评估集中关注于组织自身的软件过程中的问题识别。评估组采用CMM去指导，他们对调查发现进行鉴别和优先级排序。这些调查发现与

CMM中的关键实践所提供的指导一起被（例如，软件工程过程小组）用来规划组织的改进策略。

软件能力评价用于识别合格的、能完成软件工作的承包商或者监控现有软件工作中所运用的软件过程的状态。软件能力评价集中关注识别与特定项目或合同相联系的风险。在采购过程中可以对投标者进行软件能力评价，也可以对现有的合同进行评价，以便监控它们的过程性能，其目的是在承包商的软件过程中识别出潜在的可改进之处。CMM为进行软件过程评估和软件能力评价建立了一个共同的参考框架，如图6-5所示。

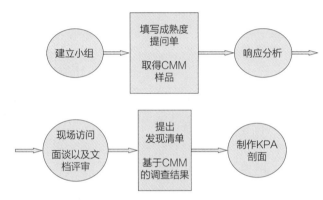

图6-5　CMM软件过程评估和软件能力评估步骤

第一步，建立一个小组，该小组的成员应该是具有丰富软件工程和管理知识的专业人员。第二步，让待评估或评价单位的代表完成成熟度提问单的填写和其他诊断工具的要求。第三步，评估或评价小组执行响应分析，记录问题的响应情况，识别出应当做进一步探查的区域。待探查的区域与CMM的关键过程域相对应。第四步，访问被评估或评价的现场。根据响应分析的结果，召开座谈会，进行文档复审，以便了解现场所遵循的软件过程。CMM中的关键过程域和关键实践对评审或评价组成员在提问、倾听、复审和综合各种信息方面提供指导。确定现场关键过程域的实施是否满足相关的关键过程域的目标时，需要运用专业性的判断。当CMM关键实践与现场的实践之间存在明显差异时，必须用文档记下对此关键过程域做出判断的理论依据。第五步，产生一个调查发现清单，明确指出该组织软件过程的强项和弱项。在软件过程评估中，该调查发现清单作为提出过程改进建议的基础；在软件能力评价中，调查发现清单作为软件采购单位所做的风险分析的一部分。第六步，制作一份关键过程域剖面图，指出该组织已满足和尚未满足关键过程域目标的区域，向合适的对象提出结论意见。注意：一个关键过程域可能是已满足要求的，但仍存在一些相关的问题，研究结果应当指出这些问题，否则会妨碍实现该关键过程域的某些目标。

CMM提供了一整套较为完善的软件研发项目管理的方法论。KPA与KP的目标实现，使得软件项目的管理水平不断获得提高。如今软件能力成熟度的评估已经成为软件企业必须完成的一项工作，企业的软件开发能力也直接与成熟度的级别挂钩。CMM已在业界确立了软件企业行业权威标准的地位。

### 6.3.2 科兹纳的K-PMMM模型

随着越来越多的企业实行按项目进行管理或多项目管理，项目管理已成为企业维持竞争优势的关键战略之一。改进项目管理方法、培训计划及组织变更计划等逐渐成为改进组织有效性的战略计划的一部分。项目管理已不单是项目经理的责任，而是高层经理进行战略规划的一部分，这就是所谓的项目管理战略规划。

为了配合项目管理战略规划的实施，把企业的发展与项目管理的战略规划联系起来，美国著名的项目管理大师哈罗德·科兹纳（Harold Kerzner）博士专门研究出了项目管理成熟度模型（Kerzner-Project Management Maturity Model，K-PMMM），并通过在多家公司的试验得到了认可。

**1．科兹纳的K-PMMM模型的层次结构分析**

科兹纳博士的项目管理成熟度模型包含五个层次（通用术语、通用过程、单一方法、基准比较和持续改进），每一层次标志着不同的项目管理成熟度。

第一层——通用术语。在这个层次中，组织了解了项目管理的重要性，并需要进一步了解对项目管理基础知识以及相关的语言/术语。

第二层——通用过程。在这个层次中，组织认识到自己需要定义和建立通用过程，以便在一个项目成功后，还可以将该过程重复地用于其他更多的项目。在这一层次上，还包括理解项目管理原则对公司所用其他方法的应用和支持。

第三层——单一方法。在这个层次中，组织认识到了把公司所有方法结合成一个单一方法所产生的协同效应，其核心是项目管理。与使用许多个方法相比，只用一个方法所产生的协同效应使过程控制更加容易。

第四层——基准比较。在这个层次上，组织认识到，为了保持竞争优势，过程改进是必要的。基准比较必须连续进行，公司必须决定以谁为基准点以及需要比较什么。

第五层——持续改进。在这一层次中，组织评估通过基准比较获得信息，然后必须决定，这些信息是否能改进单一方法。

成熟度的层次，不是一层一层逐步联系完成，而是某些层次能够重叠。尽管重叠的确发生了，但每个阶段被完成的顺序是不能改变的。例如，尽管第一层次和第二层次可以重叠，但第一个层次必须在第二个层次完成前完成，也可能会发生若干个层次的重叠，如图6-6所示。

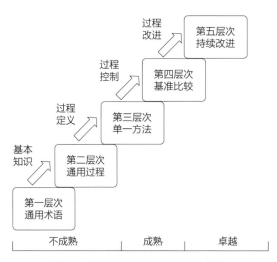

图6-6　科兹纳K-PMMM的成熟度层次

第一层次与第二层次的重叠：这种重叠有可能发生，因为无论是在通用术语的精炼过程中还是在培训过程中，组织都可能开发项目管理的通用过程。

第三层次与第四层次的重叠：这种重叠的发生是因为当组织还在开发单一方法的时候，用于改进方法过程的开发计划也在同步编制中。

第四层次与第五层次的重叠：当组织越来越赞成基准比较和持续改进时，组织想进行的变革速度，可能会造成这两个层次的较大重叠。从第五层次到第四层次和第三层次的反馈，意味着这三个层次可以形成一个连续的改进环，而且这三个层次都重叠在一起也是可能的。

第二层次与第三层次一般不重叠。第二层次被完成之前就开始第三层次的某些工作，是存在这种可能性的，但概率很低。一旦某个公司认可单一方法，那么在其他方法上的工作就基本终止了。

还有，如果一个公司在项目管理上是真正精明的，那么它可能从位于底层的第一层次就开始基准比较工作。通过这种方法，公司可以从别人的错误中学到经验。第四层次与所有前三个层次的重叠也是有可能的。

K-PMMM成熟度每个层次都有其各自的特征，如表6-1所示。

K-PMMM成熟度各层次特征　　　　　　　　　　　　　　　　表6-1

| 成熟度等级 | 特征 |
| --- | --- |
| 通用术语 | 对项目只是说说而已；实际上没有来自最高领导层的支持；利益的小"口袋"；不尝试去认识项目管理的好处；自身利益排在公司的最大利益之前；对项目管理培训和教育不做投入 |
| 通用过程 | 认识到项目管理的好处；组织在各个层次上的支持；承认对过程/方法的需要；承认对成本控制的需要；项目管理培训系统课程的开发 |
| 单一方法 | 综合过程、文化支持、各个层次的管理支持、非正式项目管理、项目管理培训和教育以及行为的卓越组成"卓越六边形" |
| 基准比较 | 建立一个项目办公室或一个卓越中心；致力于基准比较；同时着眼于类似的以及不相同的行业；定量基准比较（过程及方法）；定量基准比较（文化） |
| 持续改进 | 经验学习文档；知识转移；卓越中心/项目办公室指导计划；项目管理战略规划 |

**2．科兹纳的K-PMMM模型的测评过程**

科兹纳的K-PMMM模型为每一个层次都设立了升级标准，而且提出了若干自我测评问题，使用者可以根据升级标准以及自我测评达到获得成熟度升级的目的。

（1）第一层次通用术语向第二层次的升级标准

①筹备项目管理的初步培训和教育。

②鼓励雇用经过认证的项目管理人员。

③鼓励员工开始用通用项目管理术语进行沟通。

④了解有效的项目管理工具。

⑤逐渐形成对项目管理原则的理解。

项目管理成熟度模型对第一层次的评估方法主要涉及企业对项目管理知识的掌握和对于项目管理的原则了解程度。包括范围管理、时间管理、成本管理、人力资源管理、采购管理、质量管理、风险管理和沟通管理各方面知识模块的掌握运用情况。在80道评估题中，每一个知识模块都有10道评估题，每道题10分，如果在某一方面该企业能够得60分或60分以上，说明企业对项目管理的基本原则有了比较基础的了解；各方面总分之和达到或者高于600分，说明该企业已经具备了扎实的基础，就可以开始项目管理管理成熟度模型的第二层次的工作了。

（2）第二层次通用过程向第三层次的升级标准

①形成一种既支持项目管理行为的方法，又支持定量方面的文化。

②意识到项目管理之驱动力/需求和利益既可在短期内得到，也可在长期内获得。

③开发一种项目管理的过程或方法，以使成功可以重复。

④开发出一套持续发展的全员项目管理系列课程，以便使项目管理带来的收益可以长时间地持续和提高。

对第二层次的评估，主要是评估企业目前正处于项目管理战略规划的第二层次的具体阶段：萌芽期、高级管理层接受期、职能管理层接受期、成长期或成熟期。在20道评估题中，列举了达到第二层次最理想情况下的一些状态描述，然后根据企业的实际状态，对这些描述与实际情况之间的符合程度进行打分。如非常吻合（非常赞同），则可以得3分；吻合（赞同），则可以得2分；稍有吻合（少许赞同），则得1分。如果对状态描述有相反的状态，则可能得负分。20道评估题分为五组，4道题为一组，分别用于评估五个生命周期阶段。最后将每组得分相加，就得到了企业在该生命周期阶段的得分。企业在一个生命周期阶段得到6分以上，则表示该企业已经完成了该生命周期阶段，或至少是正处于这个阶段之中；分数较低的阶段表明这个阶段尚未完成。

（3）第三层次单一方法向第四层次的升级标准

①用成功执行的示范，把所有相关的过程综合为一个单一方法。

②鼓励公司接受非正式项目管理以及多上司报告关系的企业文化。

③支持分担应付责任第三层次的评估方法，是用42道选择题对"卓越六边形"的每一个领域进行分别打分，每个领域的评估题都是7道。评估题都是选择题，有4～6个选项，陈述了不同的状态。

以下是一道例题：公司使用全面质量管理原则的项目占全部项目的百分比为（　　）？（A.0%；B.5%～10%；C.10%～25%；D.25%～50%；E.50%～75%；F.75%～100%）

评估题提供了一个分值表，每个选项都对应一个固定的分值，最低为0分，最高为5分。在本题中A、B两个选项都是0分；C选项为1分；D选项为3分；E选项为4分；F选项为5分。评估时由被测试者选出其认为最符合本企业实际情况的选项；再从分值表中查出被测试者的选择能够得到的分值；最后将所有题目所得的分值相加，得到总分（满分为210分）。

K-PMMM对于这个总分的分值区间进行如下解释：

169~210分：企业做得非常好。假如还没有达到成熟的话，企业也是在通往成熟的正确道路上前进。

147~168分：企业正朝着正确的方向迈进，但还有很多工作要做。项目管理并非完全被理解成一个职业，也可能只是企业没有完全理解项目管理。

80~146分：对于项目管理，企业或许只是嘴上说说而已，它对项目管理提供了最低程度的支持。公司认为项目管理是正确的事情，但是还没有领会到其真正的好处，也没弄明白高级管理层现在应该做什么。

0~79分：该企业不理解项目管理，也不希望现有的管理模式有所变化。职能经理要维持他们现有的权力基础，而且可能会感到来自项目管理的威胁。

（4）第四层次基准比较向第五层次的升级标准

①创建一个致力于基准比较的组织。

②开发一个项目管理基准比较的过程。

③决定比较什么以及以谁为基准。

④承认基准比较的好处。

K-PMMM对第四层次的评估方法与第二层次的方法比较类似，它由25道评估题组成，评分方法与第二层次的评估题一样。评估的内容是定性的基准比较和定量的基准比较，包括企业基准比较所采取的方法、途径和效果。关于定量基准比较的题目有15道，关于定性基准比较的题目有10道。如果一个企业在这两个方面的得分分别超过25分和12分，则说明该企业在这两个方面均比较优秀；得分在24~10分和11~6分之间的企业已经实行了基准比较，但没有建立相应的专门机构；得分分别低于10分和6分的企业，表明企业不知道如何进行基准比较。

（5）第五层持续改进是最高层次，它包括五个领域：现有过程改进、综合过程改进、基准比较、行为问题、管理问题。第五个层次的评估主要着眼于对企业组织的持续改进活动进行评价以及企业实施改进的难易程度。评估题共有16道，其评分方法与第二层次和第四层次类似。获得20分以上的企业是赞成基准比较和持续改进的企业，它们很可能是所在领域中的领先企业；分数在10～19分的企业，在变革上比较缓慢，但是持续的改进仍然在进行；低于9分的企业在变革中有很强的阻力，缺乏变革的愿望和动力。

要使企业的项目管理从不成熟走向成熟乃至卓越，应用项目管理成熟度模型是一种非常恰当的类似基准比较（Benchmarking）的方法。在未来企业化项目管理的发展中将会起到关键作用。

### 6.3.3　PM-Solutions项目管理成熟度模型

**1．PM-Solutions项目管理成熟度模型概述**

PM-Solutions是一个中型咨询公司，它专注于提高项目管理能力，包括那些应用开发的组织。在2001年，PM-Solutions推出了"项目管理成熟度模型"（图6-7）。尽管当初的目的是试图吸引新客户的注意，但是项目管理成熟度模型（K-PMMM）已经超出了市场推广的潜在影响。它试图集成两个主流的评估模型：卡内基梅隆大学软件工程研究所（SEI）的能力成熟度模型（CMM）和美国项目管理协会（PMI）的项目管理知识体系（PMBOK）。

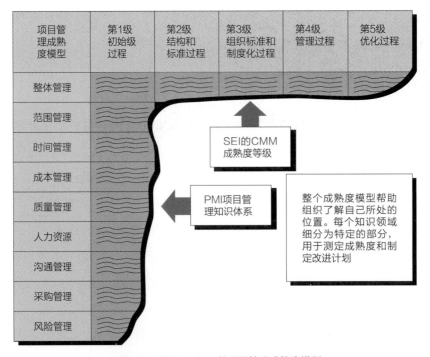

图6-7　PM-Solutions的项目管理成熟度模型

PM-Solutions项目管理成熟度模型为组织提供一个概念体系，在这个体系内特定的项目管理过程可以被优化并有效提高组织的能力。PM-Solutions项目管理成熟度模型的用途有以下几点：

①确定组织的项目管理过程的成熟度。

②为组织规划一个合理的改进路径为短期过程，并确定优先顺序。

③识别对项目办公室的需求，并且评价它在组织结构的哪个位置比较合适。

④按照改进计划，跟踪所获得的进步。

⑤建立卓越项目管理的文化。

**2．PM-Solutions项目管理成熟度模型结构**

由于项目管理知识体系的每一个领域都包括很广的内容，所以有必要把九大体系的每一个领域分解成几个核心部分，这些核心部分才是测评成熟度的关键。例如，在九大知识体系下的范围管理中，有六个核心成分必须被测评：商业需求定义、技术需求定义、可移交识别、范围定义、工作分解结构（WBS）以及范围变更控制。PM-Solutions的项目管理成熟度模型具体的结构，如表6-2所示。

**3．PM-solutions项目管理成熟度模型的测评**

PM-Solutions的项目管理成熟度模型的测评将为组织了解其项目管理能力以及与其他的组织相比较，并提供帮助。

测评组织的项目管理成熟度过程如下：

①回顾成熟度模型在九大知识领域的描述且测评组织的成熟度层次。核实组织的成熟度，选择合适的层次，并标注在如表6-3所示的表格内。

②在对组织进行整体成熟度测评时，首先浏览组织在各个知识领域的成熟度。然后选择测评结果最低的层次作为整体的成熟度。例如，如果组织在知识领域的测评中显示出组织在项目质量管理中处于第三层次，在项目风险管理中处于第一层次，其他各个领域都是第二层次，那么组织的整体成熟度层次为第一层次。组织的成熟度层次的获得是一个积累的过程，所以对于每一个后续的层次有一个假定——获得后续层次的前提是前一层次的标准完全达到。

③将组织自评的成熟度与其他组织的成熟度对比，如表6-4所示。

表6-2 PM-Solutions项目管理成熟度模型具体的结构

| 项目管理成熟度层次 | 第一层次 初始级过程 | 第二层次 结构化过程和标准 | 第三层次 组织标准和制度化过程 | 第四层次 管理过程 | 第五层次 优化过程 |
|---|---|---|---|---|---|
| 整体管理 | 未设立惯例、标准和项目办公室。工作在一种无序存在的状态下 | 基本的、文档化的计划和汇报过程。管理仅与显著的项目有关 | 项目整体标准化和制度化。项目办公室开始整合项目数据 | 过程标准被运用到所有的项目中，目和其他过程系统整合在一起。决策来自绩效测评 | 使用了项目整体改进过程。经验教训被规则检查，并应用于提高文档化过程 |
| 范围管理 | 商业需求普通综述。很少或没有范围通用或文件。管理只关注重要过程事件 | 基本的范围管理过程。范围管理规则被应用到大目显著的项目 | 整个项目管理过程被文档化被绝大多数的项目使用。股东积极地参与范围决策 | 项目管理过程在所有项目中均被使用。项目和其他项目管理一起，被评价 | 效力和效率标准使项目范围在适合的管理层制定。注重评价的高度利用 |
| 时间管理 | 没有制定计时标准。缺少文档，导致很难获得重要项目的成功 | 基本过程存在的，但没有要求在时间计划中。标准在大目显著的项目中使用 | 时间管理过程被文档化目被大多数的项目使用。组织整体被包括项目间的依赖关系 | 使用历史数据预算将来的成绩。管理决策基于有效的度量标准 | 持续改进过程被运用到了时间管理中。经验教训被规则检查并应用于提高文档化的过程 |
| 成本管理 | 没有制定惯例或标准。成本过程文档处于混乱状态，而且一项目团队遵循的是非正式的惯例 | 有成本估计、成本报告和绩效测评的过程。标准在大目显著的项目中使用 | 成本管理过程是组织的标准。成本管理运用到绝大多数的项目中。成本完全整合到项目办公室的资源中 | 成本计划和成本跟踪与项目计划标准一起，办公室、以及财务、人力资源系统整合到一起。标准被全体整合过程所使用 | 主动使用度量标准并进行决策。经验教训被用来提高文档化过程 |
| 质量管理 | 没有制定项目质量标准。管理上较励做好质量管理就是考虑如何去定义质量 | 基本的组织项目质量方针被采纳。管理上较励质量方针应用到大目显著的项目上 | 质量管理过程标准化。管理上将质量管理运用到绝大多数项目中 | 所有的项目计划都要求使用质量计划标准过程。配合质量标准和质量保证 | 质量过程包括持续改进地度量、标准化，这是质量决策关键 |
| 人力管理 | 没有可重复的过程去计划和管理人力资源。资源跟踪仅在显著的项目中存在 | 存在可重复的过程去计划和管理人力资源。人力资源成本时间没有测评 | 绝大多数项目遵循的资源管理过程。职业发展途径开设立 | 资源预测将在项目计划和项目排列使用。项目团队绩效的测评与职业发展联系在一起 | 团队致力于项目经验的学习、持续改进地与人力资源管理合为一体 |
| 沟通管理 | 混乱级的沟通过程，使得项目被期望在一种非正式的情况下被管理 | 基本过程已制定。项目遵循设立的过程，而且大目显著的项目提供三方约束的沟通报告 | 绝大多数的项目正式的沟通计划，积极地积累项目绩效的回馈 | 沟通管理计划应用到所有的项目中。沟通计划与企业层体沟通结构整合到一起 | 有项目沟通管理的持续改进过程。经验教训被评与管理获得目合为一体 |
| 风险管理 | 没有制定标准。文件很少目结果没有共享。风险反应被动的风险管理 | 过程被文档化。目使用在大目显著的项目中。在大目显著的项目中始终感受项目风险 | 风险管理过程在绝大多数项目中使用。标准被大目显著的项目层次风险决策 | 风险管理被积极引入组织层面。风险管理系统整合到时间、成本和资源系统整合在一起 | 持续改进被测评用以保证项目持续地被测评与管理，而非仅仅价值去测评项目 |
| 采购管理 | 没有项目采购过程。采购方法是混乱级。合同管理处在最终递交水平 | 基本采购过程被文档化，用以获得物资和服务，采购过程基本上都在大而显著的项目中 | 基本过程在绝大多数项目中使用。项目团队与组织采购部门被整合到一起 | 采购决策从组织的角度制定。卖主与组织项目管理机制整合在一起 | 采购过程注重采购过程中。正在改进的过程注重采购效率机度量 |

项目管理成熟度模型自评表　　　　　　　　　　表6-3

| 项目管理知识领域成熟度 | Level 1 | Level 2 | Level 3 | Level 4 | Level 5 |
|---|---|---|---|---|---|
| 整体管理 | □ | □ | □ | □ | □ |
| 范围管理 | □ | □ | □ | □ | □ |
| 时间管理 | □ | □ | □ | □ | □ |
| 成本管理 | □ | □ | □ | □ | □ |
| 质量管理 | □ | □ | □ | □ | □ |
| 人力管理 | □ | □ | □ | □ | □ |
| 沟通管理 | □ | □ | □ | □ | □ |
| 风险管理 | □ | □ | □ | □ | □ |
| 采购管理 | □ | □ | □ | □ | □ |
| 组织成熟度 | □ | □ | □ | □ | □ |

项目管理成熟度模型基准比较　　　　　　　　　　表6-4

| 组织的知识领域成熟度 | Level 1 | Level 2 | Level 3 | Level 4 | Level 5 |
|---|---|---|---|---|---|
| 整体管理 | 50.0% | 34.9% | 9.5% | 4.8% | 0.8% |
| 范围管理 | 54.8% | 28.6% | 11.1% | 2.4% | 3.2% |
| 时间管理 | 57.9% | 28.6% | 7.9% | 4.8% | 0.8% |
| 成本管理 | 65.1% | 24.6% | 3.2% | 4.8% | 2.4% |
| 质量管理 | 50.8% | 30.2% | 11.9% | 4.0% | 3.2% |
| 人力管理 | 53.2% | 35.7% | 7.1% | 3.2% | 0.8% |
| 沟通管理 | 50.0% | 36.5% | 7.9% | 4.8% | 0.8% |
| 风险管理 | 81.0% | 10.3% | 5.6% | 1.6% | 1.6% |
| 采购管理 | 57.9% | 24.6% | 10.3% | 3.2% | 4.0% |
| 组织成熟度 | 88.9% | 6.3% | 3.2% | 0.8% | 0.8% |

注：项目管理成熟度基准比较，通过对126家组织的调查，给出在不同层次的组织所占的比例。

### 6.3.4　组织项目管理成熟度模型（OPM3）

**1．OPM3概述**

OPM3是Organizational project management maturity model的头字母缩写。它是PMI全体成员开发的一个标准。其目的是为组织提供一个理解组织项目管理方法以及提供一个根据深思熟虑而得出的组织项目管理最佳实践，用以测评组织成熟度的方法。OPM3同时还帮助那些想提高成熟度的组织进行改进计划。

20世纪90年代中期，开始出现多种项目管理成熟度模型，现在常见的模型已经超过30多种。从概念上讲，大部分是基于卡内基梅隆大学软件工程研究所（SEI）

开发的能力成熟度模型（CMM）。1998年，PMI标准开发计划在组织的项目管理成熟度模型标准上取得了重大进展，PMI与几家公司一起为整个项目管理行业制定成熟度模型的指导方针，他们开始启动OPM3计划，并期望作为标准模型投入市场竞争。约翰·普利希特（John Schlichter）担任OPM3计划的主管，并在全球招募了100多名志愿者，他们来自不同的国家，不同的行业，为OPM3计划带来了丰富的知识、经验和技巧。OPM3于2003年10月完成。

（1）OPM3的目标

OPM3的目标是提供一种开发组织项目管理能力的基本方法，并使组织的项目与其组织战略紧密地联系起来。OPM3给使用者提供了丰富的知识以了解组织项目管理，并给出了对照标准作为自我评估的工具，用以确定组织当前状况，以及制定改进计划。OPM3的目标主要体现在以下几个方面：

1）提供一套关于项目管理领域最佳实践的综合知识体系，告诉企业最好的位置在哪里。

2）对企业的成熟度进行评价，成为改进的依据，告诉企业处于什么位置。OPM3成熟度标尺为组织提供了关键时机进行评价的方法，这种即时"抓拍"的结果可以和以前的评价做比较，来确定已实行的改变所带来的效果，以便指导未来工作的改进方向。

3）如果组织决定改进，在优先排序和计划编制方面提供指南，告诉企业应该怎样达到那个位置。

4）通过外部的横向比较，提升组织在市场中的竞争力。

5）通过评价、改进，提升企业形象。

6）雇主利用OPM3要求企业达到某级成熟度，以便选择更有能力的投标人，并作为一种项目控制的手段。

7）成为行业和组织的标准。

（2）OPM3的作用

OPM3的基本作用体现在以下几个方面：

①它是策略和个体项目之间的桥梁。他通过应用项目管理原则和惯例，提供一个推进组织策略目标的方法。

②它提供一个全面的知识体系，这个知识体系是组织项目管理中组成最佳实践的知识体系。

③通过使用OPM3，组织可以确定它具有哪些最佳实践和能力，换句话说就是

组织可以确定其成熟度。随后这种成熟度测评对组织决定是否在特别需要的区域进行改进，例如项目管理、多项目组合管理、投资组合管理的领域。

④如果组织想改进，OPM3提供改进优先指引和计划。

（3）OPM3的三个基础

1）知识：OPM3是组织项目管理知识的第一环，它是相对更大的项目管理知识体系PMBOK的一个子集。因为这一标准将组成组织成熟度测评的基础，熟知这一标准的内容是十分必要的。

2）测评：在测评部分，组织应用测评工具去确定它的最佳实践，哪些是强的，哪些是弱的。OPM3的自评，一种交互式的工具提供在OPM3的CD中，是这一工具的例子。这一测评过程将帮助组织决定进一步调查哪一个为最佳实践或哪一组为最佳实践，或者加强某一区域的竞争力或确认最佳实践所需要的能力要素。通过使用指南，OPM3给出了调查方式的大概轮廓。依靠测评结果，组织可以选择进一步改进，或者退出。如果退出，组织应该考虑将来的某一时间再进行测评。

3）改进：对于大多数使用者来说，测评结果会给出一个包括组织有没有足够能力的相关清单。OPM3会按照重要性对这些能力进行排列，并给出指南，从而为随后的改进打下基础。真正的改进不在标准内，例如组织发展、管理变动、组织结构变化等。一旦改进结束，则需要再次测评，并查看改进结果。

**2．OPM3的基本构成**

（1）最佳实践

组织的项目管理成熟度是通过OPM3中最佳实践描述的。最佳实践（Best Practice）是目前被行业所公认的，用于取得一定目标和目的最为理想的方式，模型共包括586种最佳实践。对组织来说，这包括始终如一的、准确的交接项目和成功完成组织的战略目标。而且，最佳实践是动态的，因为它会用最新的方法去实施组织的目标，使用最佳实践以提高实现目标的可能性。例如，在OPM3中最佳实践指南为"建立内部的项目管理团体"。它所描述的意思是"组织设立一个支持项目管理的内部团体"。

最佳实践是通过发展其表现的能力以及可测量的成果（Outcome）获得，如图6-8所示。

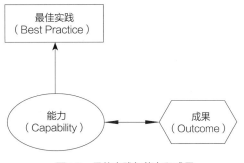

图6-8　最佳实践与能力和成果

OPM3的整个最佳实践覆盖了组织的每个方面。组织没必要展示所有的最佳实践，同样，也没有哪一个最佳实践是组织可以短期内所能获得的。

OPM3首先是通过头脑风暴法，从一些组织和政府有价值的方法中提炼出来。然后，这些最佳实践组成一个有逻辑的目录，最终被重新分解，重新提炼用以开发组织的最佳实践的能力。最后，最佳实践成为一种普通组织都可以理解的方式。

最佳实践有十分广泛的应用范畴，包括但不限于以下几个方面：

①开发适当的管理结构。

②整合标准化过程。

③使用绩效指标。

④控制并保持改进过程。

⑤发展项目管理团体。

⑥按组织战略排列项目优先顺序。

⑦使用成功标准完成或结束项目。

⑧发展项目管理能力，分派项目资源。

⑨提高团队工作。

最佳实践可以为组织提供大量目标，在OPM3中，最佳实践的使用如下：

①为组织完成战略目标提供计划基础。

②提供一种测评组织项目管理绩效的方法，通过项目管理最佳实践完成并创造目标性的绩效目标。

③为不同团体所广泛适用，持续的语言、工具、过程。

④作为培训和发展员工的基础。

⑤组织能力测评的基础是组织把经验教训应用到项目周期全过程的能力。

（2）能力与最佳实践

能力是一个明确的组织中在移交项目与项目过程时必备的能力，它是一个递增的步骤，指向一个或多个最佳实践。每个最佳实践由两个或多个能力组成。能力是"最佳实践"的前提条件，或者说，能力集合成"最佳实践"，具备了某些能力组成就预示着对应的"最佳实践"可以实现。OPM3模型共包括2109种核心能力。

OPM3模型的另一个显著特点是各种能力之间存在的依存关系。这些关系就是路径（Pathways）。路径是指识别能力整合成"最佳实践"的路径，既包括某个"最佳实践"内部能力与实践的依存关系，又包括不同"最佳实践"之间的各种能力与实践的依存关系。

路径要达到"最佳实践"取决于一定能力的实现，而这些能力往往依赖于其他一些能力。这种依存关系同样也存在于各种"最佳实践"之间以及和这些"最佳实践"相关的能力之间，这些关系如图6-9所示。

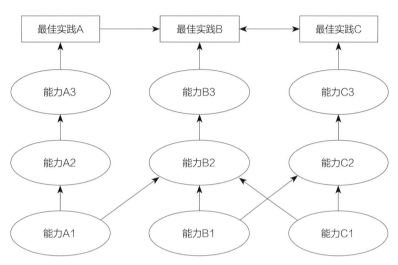

图6-9 最佳实践与能力之间的关系

理解了最佳实践以及能力之间的各种依存关系，组织就可以更全面、更透彻地了解为了实现一个给定的最佳实践必须要做什么，把需要改进的项目管理能力进行图示，对这些依存关系的理解，通常会实现一条从能力到能力的"路径"，使用者可以沿着这条路径来完成特定的最佳实践。尽管对有些最佳实践来说，要获得需要的能力可能有多种合理的顺序，选取最佳的"路径"可以节约宝贵的管理资源。为了确定这些复杂的关系，建立一个能够提供最多实践信息和最大价值的模型，OPM3开发小组付出了很多努力。

（3）能力、成果和关键性能指标

能力是组成最佳实践的要素，而它又是由一个或多个相应的成果所体现出来的。这些成果和组织的种种能力之间有确定的关系，可见的成果意味着组织存在或者达到了某种特定的能力。OPM3模型共包括2184种成果。成果是可见或不可见的应用能力的成果。在OPM3的结构中，一个能力可以有多种成果。

关键性能指标（Key Performance Indicators）：可量化的量度，能测定每个成果的一个或多个主要绩效指标，是每项成果的测量手段。

把成果归到模型中的作用在于成果可以成为表明组织具备某种能力的客观证据。换句话说，如果组织具有某种特定能力，那么一定有一些客观的证据证明它的存在。例如，如果有一种"定期维护项目进度总体计划"的能力，那么成果就应该是存在一个最新的（目前为止的）项目进度总体计划，如图6-10所示。

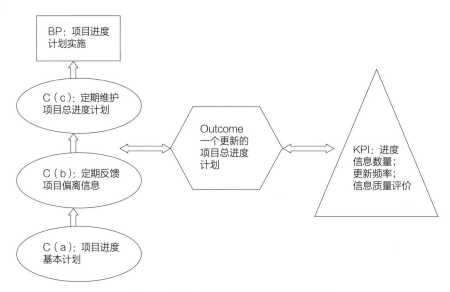

图6-10 能力、成果和关键性能指标的关系

关键性能指标（KPI）是一种度量，能够从质量和数量的方面对成果进行度量。KPI可以是直接测量的定量指标或者是专家的评估结果。不管是根据标准来进行自我评估，还是制定计划来完成组织项目管理的某种最佳实践，OPM3都为组织提供了了解现有能力和所获得能力的工具，同时给出组织如何获得所需能力的推荐顺序。组织将可以通过检验成果或证据证明他们已经获得了各种能力，并能使用绩效指标来评估成果，他们还可以获得编制完成最佳实践所需的改进过程计划。这些最佳实践、能力、成果和绩效指标，同那些叙述性的说明、指导手册、自我评估模板和组织项目管理过程的描述共同构成了PMI的组织项目管理成熟度模型（图6-11）。

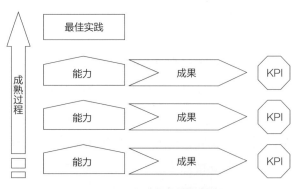

图6-11 组织项目管理成熟度模型

**3．OPM3的结构**

（1）组织项目管理的三大领域过程

组织项目管理成熟度模型包括项目、组合项目、投资组合项目三大范畴，如图6-12所示。

1）项目管理过程

项目管理（需要单个项目管理的过程和项目管理人员的能力）是组织项目管理中最基础的一环。

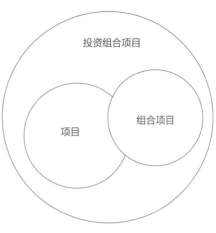

图6-12　组织项目管理成熟度模型

根据《项目管理知识体系指南（PMBOK®指南）》（第六版）第3章，"项目是由过程组成。一个过程是一系列的得到成果的活动"，它进一步解释说"项目管理过程描述、组织，并完成项目工作"过程如下：开始、计划、执行、控制、收尾。反过来说，每一个过程也需要输入文件或文字的条款；使输入变成输出的工具、技术；过程的结果就是输出和文档条款。工具和技术包括了一些确实存在的管理过程的控制。《项目管理知识体系指南（PMBOK®指南）》（第六版）第3章对过程有详细的描述。

在项目管理范围内，成熟度就是执行每个过程的能力，以及暗示了相关最佳实践的存在。成熟度还包含了建立项目级的过程标准，可测量、可控制、可改进。成熟度的获得或存在依赖于一些能力的存在。控制输入和过程的能力则依赖于标准化的能力。

2）组合项目管理过程

组合项目管理的定义：组合项目管理是指以协同管理的方式管理相关项目，其目的是为了获得由单独管理这些项目所不能获得的收益。组合项目可能包括在项目之外的相关工作。组合项目管理是为了完成组合项目战略目标的核心管理。

组合项目管理比项目管理包含更多的内容，这也意味着需要更普遍的管理和管理条例。组合项目的重点在于产出，组合项目管理与项目管理不同，主要由两部分组成：一是多项目管理；二是正在进行的操作要素，例如配置后管理，就是在组织产出和配置后对产品和服务进行管理。组合项目管理的范围远远超过暂时的项目管理所固有的工作，因为组合项目管理可能需要对整个产品的周期加以考虑，如升级版本或配备附件。

在很多情况下，组合管理为了产品和服务需要提供正在进行的维修和支持。在这种情况下，组合项目管理的周期就很长，从开始的项目到最后项目，组合项目与使用者的所有权和使用一起结束。也就是说，组织不再对条款具有责任，或者项目已经移交给另一个团体。通常，这种移交发生在更大的组织中，组合项目只是其中的一部分。

组合项目管理主要的工作内容：
①组合项目层次管理股东的期望。
②保证组合项目支持多投资组合战略。
③组合项目中优化项目和资源分配。
④协调多项目经理和项目团队的工作。
⑤组合项目中管理所有的项目。
⑥管理项目中的冲突以完成组织目标。
⑦为交流和行动定义责任和义务。
⑧管理预期利益的移交。

组合项目包括开始与收尾的过程，这些过程存在于任何一个项目中。

与项目管理相对应的过程，开始、计划、执行、控制、收尾，同样对组合项目适应。只是变得复杂一些；开始过程要考虑其他的项目，控制必须包括反映和对多项目做决策的方法。成熟度在组合项目管理中的概念与执行与能力密切相关，而且还包括建立组织项目层次的标准，可测量、可控制、可改进过程。

OPM3中独特的组合管理的最佳实践和能力有意识地覆盖了多项目管理和组合管理中产品相关的各个方面。与组合管理中的最佳实践相关的测评和改进计划必须考虑这些方面。总的来说，标准化组合管理过程依靠标准化组合管理中的项目管理过程。

3）投资组合项目管理过程

投资组合管理是一个或多个投资组合的中心管理。它包括定义、优先排序、批准、管理、控制项目、组合项目以及其他相关工作，以完成特定的商业战略目标。投资组合项目管理的定义：投资组合项目是项目以及其他一些工作的集合体，组织的战略目标小组可能只是一个投资组合。大的组织可能需要多个投资组合团体。同样，一些组织可能为了组织战略和可操作的项目需要独立的投资组合，那么选择和评价标准将会有所不同。在这种情况下，组织需要把战略上的努力聚焦到一个主题上，将战术上的努力分别对待（工程提高、设备维护、重放等），这样单独的投资组合就有了共同的目标。不同的投资组合也可能是合适的，可以把项目和组合项目按照项目线进行聚集。

组织战略计划和可利用资源指引了项目和组合项目中的投资。然而，投资组合管理的范围远远超出了对项目和组合项目投资的支持，因为在投资组合中，项目与组合项目之间存在平衡和相互作用。投资组合管理比项目管理和组合项目管理更接近整体管理和其他管理学科，它是三大范围中最有战略性的。然而，商业过程，诸如战略计划不在OPM3的范围内。

从组织项目的管理角度看，投资组合管理的主要工作包括：

①将组织战略转换成特殊的动机或商业事件，为项目和组合项目做基础。

②定义并启动项目和组合项目。

③为组合项目和项目提供和分配资源。

④维护一个平衡的项目投资组合。

⑤支持组织项目管理环境和组合管理与项目管理一样，投资组合也有开始过程和收尾过程。但是，在通常情况下，这一过程指的是一个新计划的开始和事先计划过程的结尾。

投资组合管理过程的改进依赖于项目管理和组合项目管理中过程的改进。例如，标准化投资组合管理过程依赖于一个投资组合中所有项目和项目组合的标准过程。对测量、控制、改进同样适用。

投资组合管理提高对组织过程和成功执行项目和组合项目过程的关系理解。成功执行组织过程对成功执行项目和组合项目过程有直接的影响。另一个有利的地方是，有着更为详细的信息以供决策之用。信息在投资组合管理中，更为具体且具有时效性。

4）组织项目管理过程的组成

OPM3不仅包括基本的项目管理过程，还把基本的项目管理框架延伸到组合项目管理和项目投资组合管理之中，如图6-13所示。

（2）成熟度的四个梯级

由于成熟度的基本要素包括改进内容和完成改进的过程，许多成熟度模型都使用了确定的过程改进梯级，用来组织和表述他们模型的内容。过程改进按照从最基础级到最高级的顺序划分了四个改进的梯级，依次是：

1）标准化的（Standardizing）：被公认为标准的质量水平，或通过实际成就来评判。

2）可测量的（Measuring）：用于决定服从的系统，用于决定在多大程度上与

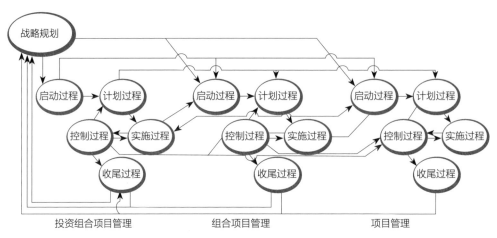

图6-13 组织项目管理过程的组成

众所周知的标准相比较的一种手段。

3）可控的（Controlling）：阻止或限制，限制某事的发生，尤其阻止其出现、增加或扩散。

4）持续改进的（Continuously Improving）：使其更好，使某事改善或正在改善的过程。

根据成熟度的四个梯级，组织可以看出哪些最佳实践与组织项目管理的成熟度最相关，组织处于成熟度的哪一等级，如何进行改进。然而，OPM3不仅用过程改进梯级来构筑它的内容，它还使用了PMBOK中所定义的过程框架，并且把这种框架延伸到了组合项目和组合投资管理的范围。这个框架允许对模型进行进一步的优化，这样使用者就可以根据实际需要，在组织项目管理的三个版图层次上由小到大逐步地进行推广和应用。

OPM3模型是一个三维的模型，第一维是成熟度的四个梯级；第二维是项目管理的九个知识领域和五个基本过程；第三维是组织项目管理的三大领域层次，如图6-14所示。

### 4．OPM3的测评过程

OPM3向用户提供了理解组织项目管理所需的知识，根据标准进行自我评估的工具，使他们了解其自身在项目管理成熟度方面的能力，并提供必要的信息使用户可以决定是否实施改进计划。对于要进行项目管理成熟度改进的组织，又提供了在节省组织资源的前提下采用适当的OPM3行动路径的指导。从一个广泛的意义上来讲，OPM3包括以下步骤：

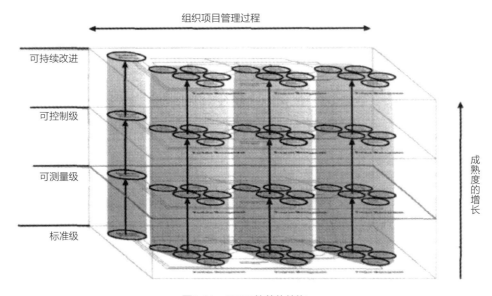

图6-14　OPM3的整体结构

（1）评估准备。第一步是使组织尽可能透彻地理解模型背后的概念。即应用标准的组织应花费一些时间来学习标准的内容，熟悉操作方法。

（2）实施评估。第二步是评估其组织项目管理的成熟度。组织可对照模型根据特征评估其成熟度现状。OPM3为进行组织的自身评估和比较提供了高层次的工具。通过这种比较，组织可以识别其在项目管理方面的强项和弱项，并确定其在组织项目管理成熟度中所处的位置。最常见的做法是对最佳实践的相关内容进行严格和详细的评估，以确定组织目前具备了哪些能力，这样做可以帮助组织就可能的改进和资源配置做出相关决定。

（3）改进计划。对于准备实行改进计划的组织，前述几项工作的结果为开发组织的改进计划打下了基础。所记录的尚未达到的结果反映了在能力方面的欠缺。应根据需要对这些结果和能力进行优先级排序。在为这些最佳实践制定计划以达到相应能力，实现相应结果时，应将这些信息同应使用的可用资源的信息一并考虑。因此，组织在考虑优先级时，可以使用第二步的结果来决定需要进行改进的工作范围和先后顺序。

（4）实施改进。在这一步中会发生实际的组织变化，一旦制定了计划，组织就应按计划实施，并进行必要的组织开发活动，以提高组织项目管理的成熟度。

（5）过程重复。当完成了某些改进活动后，组织可能会对其组织项目管理的成熟度现状进行再评估，也可能针对早期评估中识别的尚未完成的最佳实践开展工作。

### 6.3.5 项目管理过程成熟度模型（PM）2

项目管理过程成熟度模型（Project Management Process Maturity Model），由郭永勋博士和C.威廉（C. William）博士联合开发的模型，简称（PM）2模型；（PM）2模型提供了一套系统的、递增的方法，从非成熟、无经验、不完善的层次推进至成熟的PM成熟度层次。每一个成熟度层次包括了PM主要的特点、因素、过程。成熟度模型论述了程序性步骤，概述了组织PM过程的改进过程。（PM）2模型旨在集成原先的PM方法、过程、成熟度模型以达到改进PM的有效性。

**1．项目管理过程成熟度模型概述**

（PM）2模型是综合了先前几个成熟度模型开发出来的用于测评不同的组织和行业PM层次。该模型评估和定位组织当前PM成熟度层次。模型提出了一系列步骤，有助于组织增量性地改革整体的PM效果。本书介绍了5级（PM）2模型，以便更好地理解组织PM成熟度的层次。（PM）2模型把PM过程和实践分解成九个PM知识区域和五项PM过程。使组织可测定当前实施PM的长短处，以便争取高一层的PM成熟度。每一PM成熟度层次都含有PM的关键过程、组织特点和关键区域。

（PM）2模型采用系统和增量的方法，鼓动组织和员工争取更高的PM成熟度。评估的结果有助于组织提出建议，改进组织对PM专业技术的应用，提供并指导获取PM成熟度高一层次所需要的过程和要求。（PM）2模型主要用途是，给那些应用PM实践和过程的组织做一个参考点或尺码。（PM）2模型和其一套评估方法已经成功地应用到不同的组织和行业中，并被证实非常有效。适应并采纳PM新的研究成果并加以实施，（PM）2模型不断得到改进。换句话说，（PM）2模型其本身也在不断地成长和走向成熟。

**2．项目管理过程成熟度模型内容**

（1）项目管理知识区域

1）项目集群管理，可确保项目不同要素间互相协调。项目成功和组织的成功取决于在不同成熟度阶段，把有效的PM策略与正确利用PM技术这两者相集成。项目管理的集成、应用、过程、项目生命周期各阶段等类似的主题都包括在这一区域。第1级，项目计划没有按结构形式编制，无项目管理信息系统。第2级，包括基本项目计划和项目组织结构在内的非正式PM工具和实践得到确定。第3级，建立了一套正式的PM方法并按此进行管理，此外，PM信息系统已建立和管理，用以收集、处理、分配必要的数据。第4级，组织已经建立项目控制过程，在不同的知识区域和项目之间进行集成和协调。多个项目经理和项目经理的主管将PM信息系统集成，并用于多个项目。此外，项目控制过程也综合集成，将范围、成本、进度、质量管理等风险降至最低程度。第5级，整个集成管理过程得到周密的计划和优化，PM过程得以持续改进。

2）项目范围管理，是明确和控制项目所有的要素和可变量的过程，包括项目规划、项目控制、比较分析、项目执业指导、开工会议、工作范围说明、项目范围的合法化，以及控制过程开始实施等。第1级，在混乱状态下指派了项目经理，没有一套科学合理的方法来实施和控制项目。第2级，确定了非正式的工作分解结构和范围变化控制过程，PM团队同意非正式地开始实施项目。第3级，建立了正式的项目经理执业指导和项目经理的职能，对范围计划、定义、证实过程等进行了管理。第4级，产品和范围管理已经集成，以确保项目成功，范围变化控制和证实过程制成文件并得以集成。第5级，整个范围管理过程已经计划和优化，PM过程得以持续改进。

3）项目进度管理，可确保项目按时竣工，这对任何一位项目经理来说都是一项挑战，包括活动定义、活动程序、工期预算、工程进度开发、工程进度控制等。使用各种技术方法，如横道图、关键路径法/计划评审技术、资源配置和分层次、网络碰撞、快速跟踪项目等，以期有效地管理工程进度。第1级，工程进度无标准模板，进度发展过程既不现实又无序。第2级，组织能开发非正式工程进度，用于计划和跟踪，也确定了活动清单和工作分解结构模板。第3级，已获得各种进度计划的工具和技术，可有效控制进度。第4级，已对正式进度控制过程和方法进行集成。第5级，正式的项目进度管理工具得到优化，PM过程得以持续改进。

4）项目成本管理，确保项目在核准的预算内竣工完成，成本管理至关重要，成本超支会导致项目实施阶段出现严重的问题，甚至导致项目停工，包括资源计划、成本概算、成本预算和控制、已增值分析、贬值和资本预算等。第1级，无成本预算过程，结果很差，原有预算很可能被突破。第2级，已获得非正式的成本预算工具和技术，成本基线、资源要求、工作分解结构等也已确定。第3级，资源计划和成本预算均协调完好，生命周期成本也在使用，并已经得到妥善管理。第4级，正式的资源计划、成本概算、预算过程已集成。此外，项目投资人（股东）对不同的项目成本尺度有一个正确的判断。第5级，已经具有正式的成本预算工具和技术，并得到优化，PM过程得以持续改进。

5）项目质量管理，是确保工程符合或超过整个管理职能的各项活动要求，包括质量理念总体审议、质量成本、统计过程控制、偏差和检测、质量改进等。第1级，工程超时、超支、返工普遍，无质量审计，无质量保证，无质量控制过程，只是在现场检查一下。第2级，组织已有非正式的质量管理体系，但是，通过检查和审计发现的问题只在项目合同强制规定的情况下提出。第3级，已建立正式的质量政策和标准，对质量计划和质量保证等各项活动进行管理，在实施这些活动中去发现质量问题。第4级，对于获取优质项目管理过程和项目质量的目标进行集成，获取项目质量目标的进程已经量化并开始实施，最后综合集成。第5级，质量管理体系得到优化，PM过程得以持续改进。

6）项目人力资源管理，是确保最有效地使用项目参与人员，项目人力资源管理将对人力资源进行有效的管理、激励和组织，包括项目任务、工作责任、组织报告关系、人员编制、激励动员机制、领导机制、团队发展、冲突解决等。第1级，以项目为驱动力的理念，与组织的管理矛盾，将导致各执行项目经理之间产生矛盾冲突。第2级，确定了非正式的组织结构图和人员管理计划。第3级，顾客和供应商也常被作为项目成员，共同接受团队建设活动和培训。第4级，个人技能和团队能力的改进得到集成，项目得以有效实施。以项目为导向的团队，清楚地认识组织的管理，组织从中受益不少。第5级，人力资源管理体系得到优化，PM过程持续改进。

7）项目沟通管理，是确保及时适当地生产、收集、发布、储存、配置项目信息，在组织各层次计划人员和实施人员之间必须有一个清晰的沟通，包括信息计划、信息分布通道、进度进展报告、管理层和顾客的信息分享体系等。第1级，组织没有正式的执行报告制度，项目实施检查通常只限于基本状况报告，而且项目检查只在合同强制规定的情况下进行。第2级，确立了信息检索和分配体系，进行了非正式的实施报告和审查。第3级，项目数据按结构分类的形式储存、维护，定期对项目实施数据进行分析、审查、修改，以供项目评估。第4级，在项目实施报告制度中，各个知识区域的信息包括范围、进度、成本、风险、质量、人力资源、采购都已综合集成。此外，项目沟通管理过程和技术也与企业组织结构综合集成。第5级，组织已具备经优化的系统来沟通管理体系，PM过程得以持续改进。

8）项目风险管理，是对项目风险进行鉴别、分析、反应，包括确认、鉴定并量化风险，编制风险降低策略、开发适当的风险反应和控制程序。第1级，组织无项目风险鉴定程序，风险只在事情发生后而不是在之前才认识到，没有正式的风险管理计划。第2级，可对项目风险进行非正式的鉴定和分析。第3级，组织已有正式的风险管理工具和技术，风险管理成为整个工程生命周期的一项持续性工作。第4级，组织使用学习中的经验教训信息，鉴别、反应、控制风险。对使用其他的PM知识区、潜在的风险源也已准备好并予以审查。对风险鉴定、量化、反应计划在几个项目间进行综合集成，将风险降到最低程度。第5级，对风险管理体系进行优化，PM过程得到持续改进。

9）项目采购管理，是确保组织获取外部的货物和服务，包括合同管理、合同风险、合同谈判、组合管理、合同终止等。第1级，没有对市场状况分析，没有编制采购计划、征求计划。第2级，与卖方、供货商已有非正式沟通，已确定非正式的项目采购管理过程。第3级，对正式的采购管理工具和技术已进行管理，采购数据经分析后编制成文，项目经理与供货商们协调工作。第4级，采购审计与整个采购过程进行综合集成，供采双方的关系在多层次、多项目、每个阶段均得到展开。业主/供货商之间建立长期关系，项目质量保持稳定。第5级，对PM过程进行优化，PM过程得到持续改进。

（2）项目生命周期

1）初始过程。在初始过程阶段已经认识到一个项目或一个项目的第几期工程应该开始了，PM团队应着手工作，包括开发和编制一个潜在项目的建议书、分析研究项目的可行性，如可行应尽早生效。第1级，参与的组织没有初始计划和过程用以开发、编制建议书。其结果，参与组织既无建议书，也无批准书送达。第2级，参与组织只有非正式的项目建议书计划。第3级，参与组织正式的建议书受到正式审议和评估。第4级，项目建议书开发过程得到综合集成，可以管理多个项目。第5级，初始过程得以优化，PM过程在组织中得到持续改进。

2）计划过程。导向开发和维护一个切实可行的计划方案，完成项目的商业需要，包括确定总体范围、说明计划策略、开发成本和进度的工作分解结构、精化预算、分析委托事项、优化项目设计、开发项目风险管理计划、组织项目团队、建立以项目为驱动机制的组织环境。第1级，没有正式的计划过程，通常没有范围计划、进度计划、成本计划、质量计划、人力资源计划、沟通计划、风险计划和采购计划。第2级，开发了非正式的进度计划，确定了非正式的成本预算过程。在开发和计划关键的PM方法区，组织只受到非正规培训。第3级，采用正规的PM工具和技术来管理计划过程，项目团队积极投入参与，为计划过程提供建议。第4级，关键PM知识区与计划过程进行综合集成。第5级，计划过程得以优化，PM过程得到持续改进。

3）实施执行过程。将一个组织与其他资源协调好，有效地实施项目。第1级，没有项目计划执行过程，项目范围没有证实，项目团队也没有开发和组织起来。第2级，组织已经有了非正式的项目计划执行过程，合同管理和信息发布过程也是非正式确定。第3级，质量保证过程对项目实施进行管理，项目团队积极参与，对实施过程提供意见。第4级，项目计划、范围证实、团队发展、质量保证、信息分布、合同管理等实施过程进行综合集成。第5级，实施过程得到优化，PM过程得以持续改进。

4）控制过程。采用检测进度，采取修正举措来确保项目目标的实现，包括收集项目进度状况、分析差异、沟通项目状况等。第1级，项目控制过程没有确立、没有控制—变化体系。其结果是项目进程状况既无收集也无标注更新。第2级，已确定非正式的项目—变化—控制过程，差异被非正式鉴定，用以测定缘由和对整个项目实施的影响。第3级，项目计划和适应性措施对项目实施数据进行控制，项目团队积极参与，对控制过程提供措施和修正。第4级，对项目实施数据的收集、差异分析、状况更新等进行综合集成。第5级，控制过程得到优化，PM过程得以持续改进。

5）终结过程。确保工程项目验收，正式终结，并形成书面文字，使一个项目或项目的某一期有序正式终结，包括合同（双方或多方）执行完毕、工程经验、工程教训学习的文件编制、管理终结。第1级，没有正式的结束所有交接的终结过程，无合同执行结束过程，工程文件记载没有收集、没有分类、没有储存。第2级，明确了非正式的结束过程，整个PM过程的关键性技术、学习和质量进行了非正式审议。第3级，完成了所有的终结活动，工程文件已经储存，并得以管理。项目团队积极参与，对PM方法提出总结建议，并将PM最好的方法编制成文。第4级，合同执行终结，管理执行终结，工程文件编制并综合集成。第5级，项目终结过程得到优化，PM过程得以持续改进。

### 6.3.6 项目管理成熟度模型的对比

**1．项目管理成熟度模型结构共性**

尽管上述PMMM的形式各异，关注重点各有不同，但其结构是具有共性的，都包括以下内容，而这些内容正是构建一个项目管理成熟度模型的基础。

（1）PMMM的范畴

PMMM的范畴可以是流程层面、项目层面和组织层面。每个PMMM都有自己的研究范畴，这在一定程度上和模型的应用范围是相关的。

如CMM，关注的其实并不是项目管理而是软件流程，属于流程层面；PMS-PMMM则融合了项目管理的知识体系，(PM)2还考虑了项目管理的生命周期，两者都关注单个项目并与项目管理的联系更为紧密，属于项目层面；PMI开发的OPM3模型和K-PMMM则从组织战略的高度考虑项目管理成熟度，能够很好地协调和分配组织的有限资源，属于组织层面。

（2）PMMM的维度

PMMM的维度包括一维的模型、二维矩阵和三维模型，以及各个维度的主要内容。PMMM的维度是整个模型构建的空间基础。

如CMM和K-PMMM只包括成熟度级别一个维度，属于一维模型；而PMS-PMMM在借鉴CMM成熟度等级划分方式的基础上，结合了PMBOK的九大知识领域，建立起来的一个矩阵式的PMM，属于二维矩阵；OPM3则是一个三维的PMMM。

（3）PMMM的成熟度等级

成熟度等级是PMMM结构中的一个核心内容，组织的项目管理能力就是通过成熟度的等级加以体现的。它包括成熟度等级数目、各等级的典型特征描述以及具体成熟度的测评方法。绝大多数PMMM的成熟度等级是5级，其最低级大多表明了管理的混乱，较高的级别大多提倡基准比较的概念和方法，而最高级则反映了持续改进、不断优化的过程。不同PMMM的成熟度评测方法差别较大，没有统一的规律。

（4）PMMM的内部组件

内部组件指的是PMMM的内部构成元素及其之间的关系，这些内容反映了达到各个成熟度等级的路径，表达了项目管理成熟度的要求，是达到对应成熟度等级必须具备的条件和衡量标准。

几乎所有PMMM的内部组件中都有过程区域，它表明了每一个等级组织应该关注的重点，简言之就是在这个等级上，你需要完成哪些领域的工作来表明你已经达到了这个成熟等级。而所有这些"过程区域"可能包含许多内容，为了方便起见，现有的PMMM大都借鉴了CMM中使用的关键过程域的概念，将这些"过程区域"由数量较少且典型的关键部分来表达。如K-PMMM的关键措施关注的是组织在各等级上的行为，(PM)2和PMS-PMMM在每个等级上各有9个关键知识领域，OPM3则针对不同的过程改进阶段和项目管理范畴均有各自关注的最佳实践。

**2. 项目管理成熟度模型层次对比**

如表6-5所示，项目管理成熟度模型具有以下共性。

项目管理成熟度模型对比表　　　　表6-5

| 模型 | 第一级 | 第二级 | 第三级 | 第四级 | 第五级 |
|---|---|---|---|---|---|
| CMM | 初始级 | 可重复级 | 已定义级 | 已管理级 | 优化级 |
| K-PMMM | 通用术语 | 通用过程 | 单一方法 | 基准比较 | 持续改进 |
| OPM3 | 标准化 | 测量 | 控制 | 持续改进 | — |
| (PM)2 | 混乱级 | 已计划级 | 已管理级 | 集成级 | 持续级 |
| PMS-PM3 | 初始过程 | 结构化的过程和标准 | 组织化的标准和制度化的过程 | 已管理的过程 | 优化的过程 |

①每一个模型都是从低级到高级的变化模式。最低级层次大多表明组织的项目管理处于混乱的局面，随着级数的升高，组织项目管理逐步走向有序，即从混乱到概念、方法，再到持续改进和优化。

②一般的模型大多分为五层，也有四层的，但可以看出每个模型都有一个清晰变化的提升路径。

③最后一层虽然名称上不尽相同，但可以看出其内在本质都是一个持续改进、优化的状态。

（1）（PM)2与PMS-PM3的对比研究

（PM)2模型与PMS-PM3模型相比，其评价的结果显然要乐观许多。美国项目管理解决方案公司的商业实习中心对126位高级项目管理从业者的调查结果显示，美国组织的项目管理成熟度的平均级别是2.40级，处在项目管理成熟度阶梯的较低层次。而郭永勋和C.威廉（C. William）两位博士对38家美国处于不同行业的企业调查却显示其平均的项目管理成熟度为3.26级。其结果存在很大差距的主要原因有两点：

1）两个模型的评价范围不同。PMS-PM3涉及了全部九大知识领域，而（PM)2未涉及项目综合管理。

2）两个模型的评价标准尺度不同。PMS-PM3按每个评价指标得分的最低值计算，或者说应用了"木桶原理"，同时其标准也比较严格，而（PM)2则按平均值计算。

在选取模型的评价标准时，要根据组织管理层的接受程度与后期的可比较性来确定评价标准，但一经选定评价标准就不能随意更改，这是为了有利于内部和行业间数据的可比较性。

（2）CMM与OPM3的对比研究

OPM3相对于CMM而言是一个多维的体系，它同时从多个方向对项目的三个层次（项目、项目集群、项目组合）、四个等级（标准化、测量、控制、持续改进）和五个过程（启动、计划、执行过程、控制、收尾）进行评价。同时OPM3是针对一般的组织，并不是为某一特定行业设计的，因而具有更为广泛的适用性。

CMM是一个严格的层次结构，在达到某个成熟度级别之前，每个阶段都必须按顺序完成。这种方法在IT和软件开发项目中具有很重要的作用。因为只有一条路线可以通过不同的层次得以完成，因此相关的关键实践、关键域和结果可以被详细地审计，整个过程也可以很容易地进行认证。对于项目管理而言，CMM已经发展成为一个帮助组织实现最佳实践、确定稳定性和可预测性的工具。二者比较，如图6-15所示。

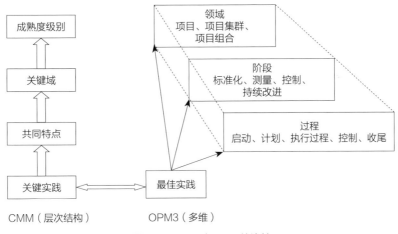

图6-15 OPM3与CMM的比较

# 第7章 建筑企业项目化管理模式

## 7.1 企业项目化管理模式面临的主要问题

### 7.1.1 组织结构的挑战

组织结构的设计与企业环境的不确定性密切相关。

（1）企业项目化管理模式面临多个变化目标，由于市场变化快，企业无法根据现有的市场来确定企业的目标，而必须根据引起市场变化的消费者爱好甚至是更深层次的社会、经济、文化等确定企业的目标。在这种情况下，确定市场目标需要丰富的知识和信息，但只是信息还是不够的，还必须掌握企业内部的资源。

（2）项目的临时性决定了组织结构的变化性，一旦项目结束，组织就解散。传统典型的组织结构是以职能为核心的金字塔式结构，这种组织结构曾经被大多数企业所采用，至今仍然是企业组织结构的主要形式之一。职能型组织结构有明确的分工，权力按等级划分。但是由于组织内部有着明确的分工，他们的利益只与其职责范围内的工作好坏有关，产生在其位谋其职，而人员之间、部门之间则按规定的指挥、协调做事，所以响应效率比较低。在现代具有VUCA（Volatile，易变性；Uncertain，不确定性；Complex，复杂性；Ambiguous，模糊性）特征的商业环境里，大量因素影响着组织，频繁变化阻挠着管理者的行动，特别是在项目比较多的企业中，几个部门和团队同时变化，环境更加混乱。所以这一切决定了传统的组织结构会受到极大挑战。建立适合企业项目化管理的组织结构是目前最为迫切的问题。

### 7.1.2 企业文化建设

现代企业越来越清醒地认识到，企业最主要的竞争力已不再是厂房、设备和产品本身，而是信息管理系统、创新能力、企业文化等。一个企业文化的形成需要相当长的一段时间，并且需要企业员工一起努力才能发挥积极的作用。企业文化的独特性、人本性、难以模仿性往往成为一个企业在市场竞争中的有力武器。

企业文化的功能大致可以分为两个方面，一是企业文化在企业内部产生的功能。企业文化可以产生凝聚功能，使得全体员工在广泛认同企业文化的前提下，能够形成整体聚合力，为实现企业的总体目标而努力。二是企业文化在企业外部对社会各阶层所产生的功能。在项目化企业中，文化建设有一大难点：由于项目的短期性和多样性，使得员工无法认清企业的总体目标，特别是在虚拟企业和伙伴式经营中，其短期性以及员工工作地方的分散性和成员的复杂性，使其企业文化的形成极为困难，即使形成一致的企业文化，其作用也将大打折扣。所以在企业项目化管理模式中，企业文化建设、团队文化建设也是至关重要的。

### 7.1.3 管理知识型员工

知识管理是自20世纪泰勒科学管理后最重要的管理方式之一。在发达国家，知识型企业已经成为经济的主流。在知识员工成为最大就业力量的今天，积极进行企业变革调整、加快知识化进程已经关系到企业的发展与存亡。由于知识存在于知识型员工的头脑中，企业无法拥有和控制，雇佣关系由雇佣知识转变为知识雇佣资本。知识型员工出于自己职业的感受和对发展前景的强烈追求，人才流动成为企业的普遍现象。

对于项目型企业，智力资源犹如企业存续与发展的动力引擎。对此，比尔·盖茨曾感言：如果把我们最优秀的20名员工拿走，我可以说微软将变成一个无足轻重的公司。彼得·德鲁克也曾以远见卓识断言：怎样提高知识型员工的生产力，怎样对知识型员工进行管理，是企业在21世纪所面临的最大挑战。知识型员工之所以重要，首先因为知识型员工以知识为特权，有的甚至个人成了公司最重要的资源；其次，知识型员工以自由为追求，认为知识是自由的动力，对知识员工既不能不管，也不能多加管控；再次，知识型员工以离职为威胁，公司前期费心培养，最终为他人做了嫁衣，更为严重的是假设被竞争对手挖走，问题就会比较棘手。知识型员工对于项目化企业特别重要，一是由于知识型员工掌握着企业的核心技术，一旦员工流失就会导致核心技术泄漏；二是由于项目的独特性决定了员工的独特性和适应性。在项目进行过程中，一旦有员工流失会直接导致项目的中断，从而影响项目的进程，更为严重的是项目领导流失。一般的解决办法是空降项目领导或重新安排项目成员，但是项目成员从熟悉到可以对项目进行控制是需要一定时间的，这会导致项目交付时间往后拖延，影响客户满意度和企业的信誉。所以，如何招聘并留住创收知识型人群是项目化企业建设的一个重点。

### 7.1.4 传统企业的进度控制

影响项目进度的因素有很多，主要有：①团队成员的工作效率。团队成员不能永远保持高效的状态，情绪上的波动常常会影响工作效率。一旦一个人的工作被打断，需要一定的时间才能回到原来的工作状态；②出错。信息传递的过程中会出现信息扭曲现象，信息传递也会出现不通畅现象，导致在项目控制中有出错的现象。一旦出错要及时纠正，但是进行纠正是需要时间和资源的，所以会影响项目的进度；③环境因素。项目不是孤立的，它是时时刻刻与环境联系起来的，一旦项目对环境产生负面效应，环境会做出还击。例如在建筑行业中，如果由于施工吵到周围的居民，居民会提出申诉，要求停止施工，那么对项目的进度影响是非常直接的；④突发事件。项目在实际进行中，总会遇到一些突发事件，时间越长，突发事件可能会越多。在计划阶段估算出所有的突发事件是不可能的，但只要做好心理准备，在发生的时候进行相应的调整，就可以及时妥善地应对。企业项目化的进度管理提倡柔性约束，实际上是对传统承诺的改变和完善，在一定程度上更为注重协调，由于项目的进度控制要在同一时间内管理若干个项目的进度，加上实施过程中必须考虑资源约束，这样大大增加了实施和控制的难度。如何在项目进行过程中，对时间和资源做出控制是进度管理的难点。

### 7.1.5 项目化管理模式下的成本管理重心

企业项目化成本管理的主要问题是，传统成本管理与企业项目管理成本管理脱节。传统企业管理中的成本管理局限在企业内部，甚至只包括生产过程。

在质量成本上存在以下问题：①项目活动是一种特殊的物质生产过程，其生产组织特有的流动性、综合性、劳动密集型及协作关系的复杂性，均增加了项目质量保证的难度。但是由于企业本身的技术和实力上的问题，在质量管理上有所欠缺，那么实行企业管理项目化必须投入成本加强质量管理力度来提高自己的核心竞争力；②由于项目是与其他企业合作进行的，若由于其他企业质量管理的不规范，导致需要进行跨文化管理，增加了难度，在一定程度上也会增加成本；在时间和资源成本上，由于项目的时间性、紧迫性、资源的有限性及动态性决定了原先的成本管理的不适应性。

## 7.1.6 项目管理方法与业务流程结合

传统企业仍然是网络经济时代的主体。信息时代的传统企业必然要面对各种挑战，面临着巨大的生存压力，越来越多的问题在组织的日常运作范围内无法得以解决，不得不对现有的组织结构进行变革。企业项目化管理的重要任务之一是将项目管理方法与企业的业务流程集成，建立以项目管理为核心的业务流程。企业的业务流程描述了公司如何开展业务，是公司业务人员开展业务并相互合作的指南。

目前，企业进行项目化管理在流程上存在几个问题：第一，传统企业的做法是先制定职能部门，根据各部门设置业务流程，流程的指导性不大；第二，以项目管理为核心的业务流程是基于项目管理的过程设定的，目前国内项目管理能力不强；第三，公司运营管理走向成熟的标志就是具有明确的业务流程和相关标准，制定一套适合本企业的流程是关键，真正意义上做到流程引领；第四，成功的流程可以优化企业，信息技术则因依赖性较强，需要建立信息化平台。

## 7.1.7 网络化、信息化的困惑

信息技术直到20世纪90年代后期才在国内出现迅猛发展的势头。企业从对信息化的无知转入对信息化的向往，但同时也对信息化充满疑虑。企业竞争环境的变化促使企业向信息化寻求出路，信息技术的成熟及成本的下降使得企业提高信息化水平的积极性得到提高，许多大中型企业在制定长期发展规划中都把信息化建设作为今后几年主抓的重点任务，同时，网络化的发展为中小企业利用信息、迅速崛起创造了极为有利的条件。

信息化技术进入我国较晚，企业对于信息化的重视程度不同，有的企业视信息系统为企业的神经系统，所有的日常经营和管理都依托信息系统进行；而有的企业则认为信息化可有可无，信息化并不能为企业销售额带来增长。有的企业正确对待信息系统的含义和作用，认真结合企业战略规划进行企业信息化发展规划，总体规划分步实施，选择企业实际的应用系统逐步推广，并逐步摸索出适合企业的信息化项目管理方法；有的企业则认为买来电脑、建好网络就是建好信息系统或者认为信息系统是万能的，可以解决企业所有的问题。由于企业的发展阶段不同，企业对于信息系统的应用程度也不尽相同，有的企业所有的业务都可以在信息系统中完成，没有手工单据和纸质报告的流转，而有的企业则还处于利用电脑打报告的阶段，对于信息系统完全没有感性认识。

随着企业信息系统建设的投入逐步增多，越来越多的企业认识到，通过项目管理可以在保证工期、降低成本、提高质量、预防和控制风险等诸多方面起到至关重要的作用，因此将信息系统建设视为项目，以项目管理方法来管理信息化项目的全过程得到越来越多企业的重视。

企业外部的信息化项目管理主要由产品的软件公司提供。国内的软件公司由于起步较晚，且规模普遍较小，主要停留在产品开发阶段，因此对于产品开发前的调研过程、产品应用中的实施过程均不太重视。随着国外软件对国内市场的影响，国内大型软件公司也开始注重实施过程，但由于实施大型项目少、项目管理经验不丰富等各种客观原因，国内大型软件公司对项目管理方法的研究仍处于基本的起步阶段，其所关注的焦点还主要停留在产品的签单上，对于进行信息化项目管理方法的研究、提高项目实施人员项目管理水平等方面还并未真正落到实处，其对外宣称的项目管理方法大多为配合产品推广的辅助手段。

## 7.2 企业项目化管理模式构建

### 7.2.1 企业项目化管理模式成功实施的因素

项目是促进企业发展的驱动力量，因而只有获得项目的持续成功，才能使企业拥有持续的竞争优势，在激烈的市场竞争中立于不败之地。1998年，斯坦迪什集团在美国国内的一项信息技术项目状况的调查表明，有26%的项目成功地实现了范围时间和成本目标，46%的项目超出预算和最后期限，另有28%的项目没有成功。应该说项目的成功率并不高。国内的调查结果更不乐观，2002年，中国软件项目除财务软件外的管理软件客户满意度极差，普遍低于2.7分（满分5分），同时10万～100万元的管理软件项目的客户满意度更差，低于2.5分（满分5分）。项目管理的直接目的就是确保项目的成功，作为实施项目化管理的基础，企业必须首先明确项目成功的标准。"项目成功"有不同的说法，归纳起来有以下四种最具有代表性。

①传统定义：项目完成时满足预先确定的项目范围、进度和项目质量要求。

②动态定义：主要的项目利益相关人，包括客户高层管理者、项目小组及项目领导等，他们在该项目完成后仍然认同项目是成功的。

③商业定义：一个项目的结果符合企业策略，同时还要产生足够的现金流，为股东创造的价值足以支持此项目费用及运营开支，并产生利润。

④流行定义：项目满足预先确定的项目范围、项目进度和项目质量要求，同时项目高效且产品可用，达到客户满意度的各项指标和要求。

在项目管理的发展过程中，对项目成功的认识也是在不断变化和完善的，当今企业正处在一个全球经济一体化进程逐步深化、市场竞争进一步加剧的环境下。衡量成功的旧标准，即满足项目对成果成本进度限制的要求，如今而言已不适用，以不断提高经济价值作为衡量成功的唯一标准也过于片面。接受第四种项目成功的定义，即将客户利益放在首位，同时该项目符合企业战略发展与流程制定以及企业文化的建设，并有利于企业的长远发展。为此可以归纳出成功的建筑企业项目化管理，其整体模型应具备以下特点：

**1．确定战略目标**

企业项目化管理进行的是多项目的组合管理，在同一时间内可能会有很多项目需要完成，如何经济、有效地同时管理好众多的项目是企业项目管理的核心问题，它关注的是企业项目所有目标的实现。无论从企业项目的选择、项目资源的获得、项目执行过程，还是项目结束后评价，始终都要围绕企业战略这个根本出发点来进行，企业战略通常可以描述为三个要素：为了增量增长的获取和利益的产生，维持现有的活动；为了获得额外的利益，始终把精力放在所倡导的项目上；识别新的、可进一步提供额外利益的项目。由此可见，战略和项目是紧密相连的。企业战略是实现企业使命目标的规划和安排。企业项目作为促使企业跳跃式发展的动力，已经成为企业战略的载体。

**2．建立适宜的组织结构**

组织结构是组织内部结构要素相互作用的联系方式，是组织内的构成部分所规定的关系形式。但凡容易被预测风险小、稳定可靠的局势，都能够利用"机械"的组织形式和管理过程来进行有效的运作，而在反复无常的技术和市场环境里，就需要更多有机而灵活的管理和组织形式。实施企业项目化管理的企业采用哪种组织结构并不是固定的，但要以适应项目的具体要求为基础。按项目进行管理，就要保证企业中的所有项目都能有效地实施项目管理，绝大多数项目的完成要跨越若干部门的界限，需要有关部门之间进行充分的沟通与合作。因此，以项目为基础建立组织结构就成为必然。

**3．正确实施多项目管理，加强对资源的综合利用**

企业项目化管理的目标在于企业所有目标的实现。一个企业在同一时间内经济、有效地管理好众多项目是企业制胜的利剑。每个企业都有优势和劣势，但没有一个企业会在各个方面都很强。优势和劣势是公司能够干什么的内部衡量因素，而且必须建立在其资源质量的基础上。企业实施EPM管理必须关心企业中所有工作目标的实现。故企业项目管理既需要适应单个项目实行项目管理的要求，同时也要从企业总体目标出发平衡企业中多个项目间的资源和利益，以保证所有项目的实现。

**4．建立适合项目化管理模式的企业文化**

企业文化是一个企业独特的精神和风格、道德观和行为规范的综合体现。在实施项目化管理模式的企业里，主要强调团队成员的合作。因而，在这样的企业里，鼓励成员之间的沟通交流有利于增进成员之间的感情，也能够使他们在工作的时候更容易配合，更有利于项目目标的达成。同时，企业文化也是企业执行战略的有效保障。

**5．进行经验总结**

当今市场竞争激烈，机会稍纵即逝，快速、准确地获取经验对于项目的成功和企业竞争力的提升具有至关重要的作用。从企业项目或日常业务活动中获取的经验教训可以用来指导后继的活动，以此实现绩效，并进一步获取经验，这样一来，能够不断提升企业的竞争力，促进企业的不断发展。这也是达到项目管理成熟度模型所期望的第五阶段：持续改进阶段。

### 7.2.2　企业项目化管理整体模式的构建

创建企业项目化管理的模式，使企业和项目团队能够对企业项目化管理模式的实施做到心中有数，对项目的选择和评价有明确的概念，对资源的分配能够从企业全局考虑，它是企业和项目团队成功应对日益复杂管理挑战的利器，同时它又是一套完整的解决方案，协助企业把高效的管理模式落到实处。

企业项目化管理模式的总体规划是模型设计的基础。模式是在总体规划的指导下进行模块的设计。根据企业项目化管理模式的实施方式、成功实施的因素、资源规划的方式和困难，企业项目化管理模型应在战略指导、企业文化建设、组织结构支撑、资源管理、业务活动、信息处理与沟通管理六个层面开展工作，从而保证企业项目化管理模式的成功实施，有效推动企业的发展。根据上述六个层面的工作，构建企业项目化管理总体模式模型图，如图7-1所示。

**1．企业战略**

企业的发展战略指出了企业各项工作（包括项目和日常业务）的总体方向和重点，具体表现为企业的各种规划和计划，如战略规划、体制改革计划、投融资计划、市场拓展计划、新业务拓展计划、研发创新计划、设备资源计划、工程建设计

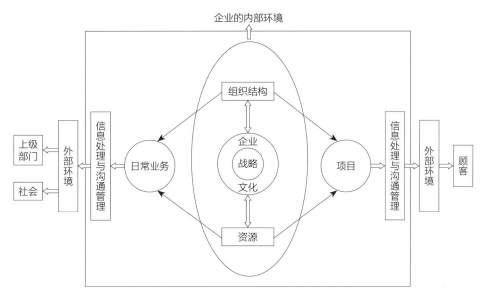

图7-1 企业项目化管理总体模式模型图

划、资金计划、人力资源发展计划等。战略作为项目和日常业务运行的"灯塔",与其是紧密联系的。战略是企业项目选择的基础,项目是企业实施战略的主要途径,战略是企业项目的出发点,企业的成败也最终取决于企业中的项目能否顺利地达到企业的目标。战略是企业项目选择的依据,战略为项目选择的预过滤和过滤过程提供指导性纲领,只有符合企业战略的项目才应被选择和实施,这样的项目才有价值。企业易犯的错误是只关注项目的财务性收益而忽略非财务性收益,把资源过多地投入当前获利的投资中,不利于公司的长远发展,违背了公司的战略目标。

战略是企业组合项目资源分配的基础。企业项目管理在多项目的环境下,只有以公司的战略为基础,才能保证在不同类型、不同经营领域和市场项目之间的资源分配最有效,达到企业效益最大化。企业如果仅停留在项目的水平上,即以分散的项目为基础的单一项目管理,而不是将所有项目视为一个整体进行管理,忽视了企业是一个系统的战略整体,不能在整个公司的范围内对所有项目进行统一资源分配,就会造成公司资源(财务和人力资源)的浪费,导致企业的重要战略无法得以实现。

战略是企业项目管理过程中做出正确决策的基础。目前的商业环境不再像以前那样稳定、平静,已经变得更加动荡不安。而变化正在以更高的频率、更快的步伐、更低的可预见性发生,这就要求组织在更短的时间内、冒更大的风险、实施更多的项目。而高层管理者越来越难对具体项目提出准确而具体要求。在项目实施的过程中,由于环境的变化,项目可能偏离了企业的战略选择,需要项目经理及时调整,甚至向管理层提出终止项目的建议。以战略为基础,有助于项目经理在项目决策时把握重点,将重心放在与战略相关且更有优先意义的问题上。例如,如果想让项目成果较早地进入市场,项目经理就必须将重点放在项目时间的控制方面。促进战略意图的实现是衡量项目成功的基础。传统上,衡量一个项目是否成功实施的标准是"按时、不超预算和准确"。根据PMI对项目管理的定义,衡量项目成功需要考虑两个方面的问题:一是满足各个项目关系人对项目的明确要求。二是项目是否在规定的时间、成本、质量和范围等条件下完成。目前,国内外许多学者在项目成功的评价方面做了许多工作,项目成功的标准将突破传统的评价标准,项目所面临的有限资源,例如时间、成本、质量等将更多地被作为项目开发的限制条件,在现代商业社会中,人们将更加关注项目关系人的明确利益是否被满足。就项目本身而言,企业应该关注的是该项目对公司战略的贡献,如果项目经理按时、在预算范围内并符合各项具体要求,最终完成了项目,但没有能够支持企业战略的实施,这个项目也不应被认为是成功的项目。此外,战略规划和计划要求组织结构的适应,只有在相互适应的组织结构下,项目的选择才不会偏离方向,日常业务的运行才会井然有序,企业的战略目标才能不断实现。同时,项目管理过程中所发现的问题、阻力和对策,对于决策层制定企业战略目标也起着积极的反馈作用。

**2. 企业文化**

企业的成功与失败经常归因于企业文化。企业文化是被企业内组织成员共同接受的价值观念、思维方式、工作作风、行为准则等群体意识的总称。企业通过培养、塑造这种文化,影响成员的工作态度,引导其实现组织目标。项目是为了实现特定的目标而发起的,并受目标的驱动。文化是把恰当的资源聚集在一起,以便使项目经理和项目团队能以他们所了解的最好方式来交付项目产物。企业项目化管理模式是在全球竞争日趋激烈,项目区域化、全球化日益明显,市场机会稍纵即逝的形势下产生的,它以项目管理的方式进行企业的整体运作,目的就在于更快、更好地适应客户需求,增加顾客的满意度。这要求消除由于上下级沟通障碍和部门之间沟通障碍产生的"信息孤岛",强调团队合作的企业文化。企业文化是一种力量,称之为企业文化力。企业文化对企业兴衰、企业经营业绩所起的作用将越来越大。从企业文化力的功能来说,它有五个方面:

(1)凝聚力。企业文化搞好了是一种"胶粘剂",可以将广大员工团结在一起,这是一种凝聚功能和向心功能。

(2)导向力。包括价值导向与行为导向。在企业行为中该怎么想,想了该怎么做？企业价值观与企业精神将发挥着无形的导向功能。

（3）激励力。激励是一种精神力量或状态。心理学家的实验表明，有激励与无激励、有物质激励而无精神激励与有物质激励且又有精神激励的情况是很不一样的。企业文化所形成的文化氛围和价值导向是一种精神激励，能够调动与激发职工的积极性、主动性和创造性，把人们的潜在智慧激发出来。

（4）约束力。在企业行为中哪些不该做、不能做，企业文化、企业精神常常发挥着一种"软"约束的作用，是一种免疫功能。

（5）纽带力。企业，特别是大型企业集团，维系发展要有两种纽带：一个是产权、物质利益的纽带；另一个是文化、精神道德的纽带，这两种纽带相辅相成，缺一不可。

**3．组织结构**

组织结构是执行企业战略的重要手段。企业战略使企业在为顾客提供服务以及与顾客的认知互动过程中，逐步实现自身价值、完成自身使命。而执行企业战略的主体是企业的员工，尤其是数量庞大的员工，必须按照一定的模式组织起来（结构化），唯有如此，企业的战略过程才不会杂乱无章，战略目标的实现才有保障。这一重要的组织模式即企业为自己设计的组织结构。

在一个实施企业项目化管理的企业中，同时存在运行管理和项目管理两种主要的管理模式，而项目管理本身的组织管理方式必然受到企业组织结构的影响。组织结构作为项目管理的组织保证，对项目的成败起着决定性的作用，因为组织结构是项目管理的骨架，它担负着沟通信息、下达指令、协调矛盾、统一步调、组织运转和决策的重任。

虽然职能式组织结构、项目式组织结构和矩阵式组织结构在一定的时间内，某种程度上适应了企业的发展，然而由于市场竞争的激烈、企业经营战略的变化、项目类型的不同等原因，单纯的某种组织结构已不能适应企业生存和发展的需要。

**4．企业资源**

企业资源对于企业能承接什么样的项目，并能同时实施几种项目起着至关重要的作用。企业资源可以分为有形的资源和无形的资源，人力、物质、组织和财务资源都被看作是有形资源。无形资源则包括组织文化、声誉、品牌、专利、商标、技术以及与客户和供应商的关系。

## 5. 业务活动

长期以来，人们对企业内部活动进行了两大类的划分：一种是重复性的日常活动，另一种是非重复性的项目活动。可以概括为一类是作业，另一类是项目。根据两类不同活动采用不同的管理模式，一种是运作管理模式，另一种是项目管理模式。根据微笑曲线理论，在全球化的条件下，只有往微笑曲线的两端逐步升级，才能争取竞争的主动，扩大附加价值及利润空间。

如图7-2所示，微笑曲线的两端分别是研发和服务，而它们都不是重复性的活动，它们都是具有一次性特征的项目。日常工作对企业的发展具有维持和巩固的作用，但项目是企业腾飞的臂膀。如图7-3所示，较好地表明了项目与日常工作对企业成长的作用。从以往的观点看，因为作业的持续与重复性，所以管理上主要强调通过专业化提高作业效率。而项目的临时性与一次性则强调通过协作化提高项目绩效。在企业的发展中，项目和作业是企业发展过程中密切相关的两种活动。企业的创立本身就是一个项目的开始，它通过一个新建设项目使企业形成了提供某种产品或服务的能力，以满足顾客的需要，从而获取盈利并得以生存和发展，并在此基础上重复作业。在企业的整个发展过程中，总是如此不断地重复着项目与作业的交替过程。

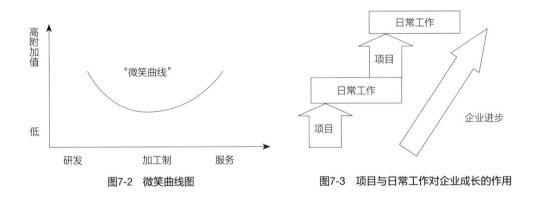

图7-2 微笑曲线图　　　　　图7-3 项目与日常工作对企业成长的作用

## 6. 信息处理与沟通管理

IT确保实施了项目化管理模式的企业信息沟通的有效进行。沟通发生的方向分为：下行沟通、上行沟通、横向沟通和越级沟通这几种方式。下行沟通指的是沿着权力层次结构，自上而下的交流；上行沟通指的是沿着权力层次结构自下而上进行的交流；横向沟通指在同一层次上所进行的交流；越级沟通指发生在权力层次之间的交流。在实施企业项目化管理模式的企业中，虽然鼓励团队合作，强调垂直沟通和横向沟通的紧密结合，但是有些项目的跨地域性和复杂性决定了信息沟通路线的延长，这将有可能导致信息的漏失和错传，有了信息技术，使得沟通更加通畅，组织也更为有效。

IT改变了组织内权力的分配。IT的应用使得权力分散成为可能。由于信息技术的运用，挖掘信息、处理信息、管理信息以及应用信息就成了普通员工（或项目成员）的一项基本的工作，而伴随着信息的分散，权力也随之分散。在实施企业项目化管理模式的企业里，强调团队成员的参与，只有在权力分散的前提下，这样的理念才能真正地贯彻实施，因而也大大鼓舞了团队成员的积极性。信息技术的运用使资源配置得到优化。首先，信息技术的运用带来了控制手段的变化。计算机的控制代替了人员的监督，其结果是控制范围更广，等级层次更少。其次，管理者可以直接参与信息的查询和数据的分析工作，因而组织结构得以精简。最后，由于信息实现了共享，员工可以直接从数据库中获得所需要的信息，从而减少了信息在传输过程中出错的可能性。

## 7.3　企业项目化管理解决方案

### 7.3.1　传统企业推行项目化管理面临的困难

关于项目管理的方法论，目前较为流行的有项目管理知识体系（PMBOK）和英国政府商务部受控环境下的项目管理（PRINCE2）等。实际上，由于企业内特定的企业文化和治理结构以及企业复杂的利益相关者环境，在企业推行这些项目管理方法论时会遇到各种困难。举例来说，按照PMBOK的知识，项目整合管理的第一个过程是制定项目章程用于授权项目经理在项目活动中调用企业的资源。但是在企业里，跨部门的项目团队成员由于受不同部门经理的考核，有不同的考核指标，项目经理往往未被真正授权，面临调用跨部门人员资源的困难。PMBOK认为，项目管理办公室的一个职能是监督项目团队对项目管理方法论（即PMBOK所说的标准、政策、程序和模板等）的遵守程度，但是在实际操作时，项目团队往往会认为凭借个体努力一样能完成项目，项目管理办公室尝试推行的良好项目管理方法论无法有效落实，企业无法形成统一的成功项目管理思维模式。此外，日常运营工作一般以年为考核单位，而项目周期有长有短，项目工作的难度往往大于日常运营工作，项目成员通常也是跨部门工作的人员等。而传统企业往往把项目工作与日常运营工作的考核混在一起，全部纳入针对部门的年度量化考核，项目工作无法获得有效的激励。最后，多数传统企业实行的是利己而损他的考核排序强制正态分布的制度，项目经理往往需要面对企业高级管理层、跨部门的项目成员、其他项目经理、职能经理以及客户等不同利益的相关者，处在这样的复杂利益环境下，项目工作自然难以推进。

传统企业急需一种可操作的项目化管理解决方案或制度设计，在这样的制度设计之下，理性的跨部门项目成员会乐于接受项目经理的调遣，理性的项目经理会乐于遵从项目管理办公室制定的良好的项目管理方法论，企业形成统一的成功项目管理思维模式，因企业内部协调导致的项目延期大大减少，难度大的项目工作将获得有效推进，企业员工的趋利行为利己、利他、利企业。

### 7.3.2 企业项目化管理制度设计的指导原则

新制度经济学认为，决定制度安排是否有效的一个重要因素是制度设计是否合理，而制度安排设计是否合理则主要看其是否体现了激励相容，能够实现激励相容的制度一般是高效的制度，反之则是低效的。制度设计者需要坚持的一个重要基本原则是，其所建立的机制能够给每个规则参与者以激励，使得参与者在满足个人利益最大化的同时，实现集体的利益最大化。企业项目化管理的制度设计同样应遵循激励相容的原则。

多数传统企业实行的考核排序强制正态分布的制度实际上也是一种激励不相容的制度。在这种制度的设计下，甲乙丙丁名额已固定，个人的绩效评价是好是坏，往往不是依据其工作基准进行衡量，更多的是受他人的绩效评价影响，利己导致损他，他人占据了评优名额不利于自己，他人占据评差名额利于自己，由此损伤团队协作。"部门墙"和员工之间的"心墙"便是在这种传统的激励不相容的考核模式下产生的。形象地说，这种激励不相容的制度安排是拿人与人进行比较，制度安排更多的是驱动理性人"与人斗"而不是"与计划斗"。在激励不相容的制度环境下推行企业项目化管理，难度可想而知。

企业在进行项目化管理制度设计时，需要有经济学"理性人"的认知。人们不应对理性人的趋利行为有任何道德评判，相反地，正是理性人的趋利行为驱动企业不断发展。企业需要合理地利用理性人的趋利动机或"自私"倾向，以激励相容的原则指导企业项目化管理。

### 7.3.3 企业项目化管理实现激励相容的重要途径

传统企业有这样的认识误区：私有企业认为企业剩余（利润）属于私人企业家，企业已经为员工提供了工资，不愿意为项目设置激励；而国有企业囿于企业的性质，认为企业剩余属于国家，国企员工无权分享企业剩余，自然也不愿意为项目设置激励。

新制度经济学认为，企业实际上是企业家与其他生产要素（主要是人力资本生产要素）所有者之间签订的长期契约。按照契约是否完全，契约可以分为两大类：完全契约以及不完全契约。完全契约是指签订契约的各方均能全部预见契约履行期间将要发生的所有事件，契约上的条款能被签订契约的各方所遵守，当缔约各方出现争议的情况时，中立的第三方能够强制缔约各方执行。与完全契约不同，不完全契约是指：由于普通人的有限理性，外在环境充满不确定性，信息往往是不对称或不完全的，参与契约的各方或仲裁契约的第三方不可能观察或证实到所有一切，契约的不完全便是这样产生的，契约中总存在着未被指明的事项和未被分配的权利等。

在交易费用为零的新古典经济学理想世界里，企业家和人力资本要素所有者签订的契约是完全契约。新古典经济学以完全竞争市场和市场零交易费用为假设条件，其一般均衡理论认为，完全竞争的均衡结果是每种产品的价格等于要素的成本，整个市场不存在超额需求也不存在超额供给，超额利润是零。用公式表示单个产品的长期均衡为：

价格（P）=边际收益（MR）=边际成本（MC）=平均收益（AR）=平均成本（AC）=平均固定成本（AFC）+平均可变成本（AVC）。

其中，人力资本要素的工资便是属于AVC（平均可变成本）的范畴。从上面这个公式可以看出，在交易费用为零的完全竞争市场中，人力资本要素和非人力资本要素共同创造了商品的价值，不存在企业剩余（利润），人力资本要素所得的工资等于其作为人力资本要素在商品价值创造过程中所做的贡献。

而现实世界交易费用显然是大于零的，企业家和人力资本要素所有者签订的契约是不完全的。契约不完全则意味着剩余收益，当然，是正是负并不确定。当不同类型的要素所有者执行一个契约时，每个要素所有者在什么情况下可以得到多少收入无法在契约中明确说明。完全契约可以使所有的契约当事人获得固定的合同收入，但不完全契约却做不到这一点。就企业契约而言，可以规定所有企业成员都是企业剩余（利润）的索取者，但不能规定所有企业成员都是固定合同收入的索取者。用公式可以表示为：

总收益（TR）=总成本（TC）+利润（P）=人力资本要素的成本（工资）+非人力资本要素的成本+利润。

也就是说，在交易费用大于零的现实世界里，存在企业剩余，除了工资之外，人力资本所有者还应与非人力资本所有者一起共同分享企业剩余。

新制度经济学认为，企业最优所有权结构是企业所有权共同分享和共同治理。企业的所有权共同分享就是企业剩余索取权由过去的非人力资本所有者（股东）独享，转变为人力资本和非人力资本所有者共同分享，即劳资共享企业剩余。劳资双方因企业高效经营而受益，因低效经营而利益受损，通过共同分配企业经济绩效形成"激励相容"，大大提高了企业经济效益。共同分享采取的典型形式，包括利润分享制和收益分享制。在利润分享制中，人力资本所有者在固定的合同工资之外，按照事先约定比例奖金的形式分享利润的一部分；而在收益分享制中，人力资本所有者不再有固定的合同工资，其全部收入来自企业净收入中给定比例的那部分。实际上，在当代西方国家的企业里，已经出现了企业家和企业员工共同分享企业剩余的制度创新形式，如年薪制、股权期权、员工持股等，这些制度的创新意味着企业员工可以凭借自身作为人力资本要素的所有者参与企业剩余的分配。

由上可知，实际上只有在交易费用为零的新古典经济学理想世界里，企业员工作为人力资本所做的贡献和价值才等于其工资；在交易费用大于零的现实世界里，由于存在企业剩余，劳资共创价值理应共同分享企业剩余。这就是说，不论是在国有企业或私有企业，企业员工均有权分享企业剩余。利润分享制是企业项目化管理实现激励相容的重要途径，项目激励是利润分享制的制度创新形式。

### 7.3.4　企业项目化管理不宜简单采用KPI考核

企业项目化管理不能简单采用关键绩效指标（KPI）进行考核。关于战略分解和绩效考核，传统的做法是将战略目标分解到各部门作为KPI进行考核，然后再由各部门经理分解到各职位的业绩衡量指标。部门经理考核员工绩效，员工为好的绩效表现而积极听从部门经理的指派，这是一种纵向的考核模式。在这种考核模式之下，企业家与各部门经理之间需要就KPI设置进行讨价还价，KPI设置简单，对企业不利；KPI设置难度较高，会打击各部门的积极性。此外，企业中大量的、临时性的、难度大的、跨部门的项目工作是KPI考核模式所不能覆盖的，不同部门的

KPI不一致，项目工作一旦涉及跨部门的协调，项目经理的沟通协调力度便会大打折扣，由此影响这类工作推进的成效。最后，如前所述，多数传统企业实施的考核排序正态分布的制度实际上是一种激励不相容的制度，在这样的制度安排之下，把难度大的项目工作列为KPI考核指标，会对本部门不利，项目工作难以与考核指标真正挂钩，难以获得有效推动；就算勉强将难度大的项目工作设置为"要我干"的KPI考核指标，成为部门的本职工作，往往也会挫伤当事部门员工的积极性，或因受到跨部门利益协调的阻力，导致工作难以推进。

项目需要激励。实际上，项目激励契合了企业最优所有权结构的要求，契合了劳资共享企业剩余的要求，体现了人力资本要素所有者的所有权得到尊重。项目团队实现项目目标，为企业发展做出了贡献（企业剩余），企业以结果为导向给项目团队以激励，项目团队成员之间不存在竞争关系，项目完成得好，项目激励就多，完成得差，项目激励就少，一荣俱荣一损俱损，促进不同层级和部门的项目成员形成激励相容。

### 7.3.5 企业项目化管理解决方案

如前所述，结合企业战略、运营和项目之间的关系，并结合企业所有权共同分享的形式之利润分享制，以激励相容原则为指导，提出企业项目化管理的核心要义，即不同于仅仅把战略目标分解到部门的传统考核模式，而是把战略目标分解到各部门和各项目，落实到部门经理和项目经理，把"要我干"变成"我要干"，在企业整体层面建立起利己、利他、利企业的考核与激励机制，推行良好的项目管理方法论，最终形成"劳资共创价值、劳资共享企业发展成果"的激励相容的良性循环，如图7-4所示。

为此，提出企业项目化管理解决方案：用KPI考核部门的重要日常运营工作，即"要我干"的工作，对应工资；用项目激励考核公司的重要项目工作，即"我要干"的工作，要求其难度大于KPI；由部门经理考核本部门成员的日常运营工作完成情况或日常运营工作绩效，由项目经理考核项目团队成员的项目工作完成情况或项目工作绩效；项目管理办公室考核项目团队对其制定的项目管理方法论的遵守程度，并影响项目团队的激励；个人的绩效评价由日常运营工作和项目工作的实际完成情况决定，不受他人的绩效评价优劣的影响；项目激励成为企业的主要激励方式之一。由此，企业考核和激励机制将不仅涵盖纵向的日常业务工作，而且也涵盖横向的或难度大的项目工作；不仅本部门的日常运营工作和

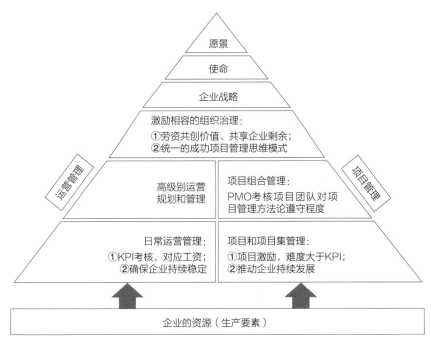

图7-4　企业战略、运营和项目之间的关系

跨部门的项目工作都有了共同的利益驱动，而且难度大的项目工作也得到了强有力的推进，企业则形成统一的成功项目管理思维模式，支撑企业持续稳定的发展。

## 7.4　企业项目化管理体系

### 7.4.1　企业活动的分析

**1．企业活动的分类**

为完成企业的使命，企业必须开展一系列的活动，将企业的输入转化成企业的输出，为顾客提供满意的产品或服务。企业最基本的活动一般分为两类：一类是连续不断、周而复始的活动，称之为"作业"，或者"运作"；另一类则是临时性、一次性、独特性的活动，称之为"项目"。除了最基本的项目和作业活动外，企业中还存在一种更高层次的活动——战略。

**2．项目和作业活动的关系**

实际上，作业和项目并非两种截然不同的活动类型，两者的划分是相对的，根据活动的不确定性和复杂性程度可以将企业活动分为四类，如图7-5所示。

如图7-5所示，第Ⅰ类的活动具有高度的不确定性和复杂性；第Ⅱ类的活动具有低度的不确定性和高度的复杂性；第Ⅲ类的活动具有高度的不确定性和低度的复杂性；第Ⅳ类的活动具有低度的不确定性和低度的复杂性。第Ⅰ类是严格意义上的作业；第Ⅳ类是严格意义上的项目，第Ⅱ、第Ⅲ类活动是作业向项目的过渡。

企业中的活动很少是完全的作业或项目，而是各种过渡类型的活动，由于过去企业中项目的比例较少，所以传统的管理将所有活动当成作业看待，选择运营管理模式，而在现代企业中，项目的比例占据了多数，所以企业选择项目化管理模式，如图7-6所示。

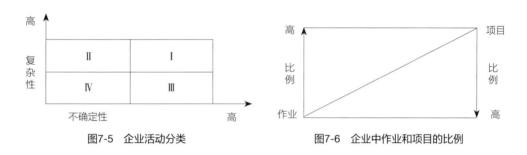

图7-5　企业活动分类　　　　　图7-6　企业中作业和项目的比例

《项目管理知识体系指南（PMBOK®指南）》（第六版）指出，项目和作业有时是重叠的，它们的共性是：由人们来实施，受资源的限制，均有计划、执行与控制。两者的区别仅在于：作业是持续可重复进行的，而项目是临时与独特的。这种差别其实是相对于环境而言的，作业假设环境是稳定的，而项目假设环境是变化的，活动与环境的关系如图7-7所示。

可以看出，在考虑环境干扰的情况下，活动就是项目，在环境稳定或环境的干扰可以忽略的情况下，活动就是作业。也就是说，在环境稳定或环境的干扰可以忽略的情况下，项目就成了作业，作业在环境发生变化时就演变成项目，两者在环境的影响下呈现不同的形态。因此，从本质上来说，项目与作业是一体的，项目是作业的动态表现，而作业是项目的稳态或固化。

作业和项目采用的管理方式不同，作业认为环境是稳定的，或者环境的干扰是可以忽略的，那么给定输入，经过运营管理的控制就可以得到预期的输出，输出的结果是固定的，所以运营管理是开环控制，其对输出的评价只有事后的检测而没有过程中的反馈。运营管理的开环控制原理，如图7-8所示。

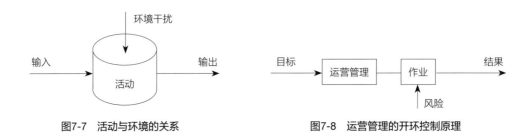

图7-7　活动与环境的关系　　　　图7-8　运营管理的开环控制原理

而项目认为环境是变化的，必须考虑干扰因素的控制才能得到预期的输出，所以项目管理必须采用闭环控制，通过过程中的检测和反馈进行动态的控制。项目管理与运营管理所有的差别都源于对待系统环境干扰影响的态度不同，与传统的企业运营管理相比，项目管理的知识体系最显著的特点在于增加了项目管理的整合管理和风险管理部分，用开放系统的观点构建项目管理体系，也就是通常所说的项目管理就是管理变化。项目管理的闭环控制原理，如图7-9所示。

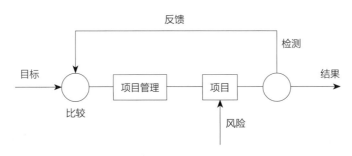

图7-9　项目管理的闭环控制原理

可以看出，项目管理的优点是输出结果精确，但管理结构复杂，对人员素质和管理系统的要求高；而运营管理的优点是直接、快速，管理结构简单，对人员素质和管理系统的要求低。由于风险是随机出现、无法控制的，当出现的风险影响难以忽略时，运营管理无法进行调整，难以获得所期望的结果。尤其是多个活动串联时，运营管理模式由于结果的偏差不断累积，最终结果往往无法达到预期目标，因此，项目管理的效果无疑是超过运营管理的，但是效率不如运营管理高。

对于企业来说，既要管理简单有效，又要保证能够应对变化，那么对传统的运营管理模式的制造业进行企业项目化管理体系构建时，就不能将运营管理模式直接转换为项目管理模式，而是要将二者有效地结合，形成复合模式，其原理如图7-10所示。

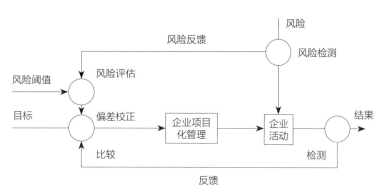

图7-10　企业项目化管理的复合控制原理

在企业项目管理中主要通过风险管理进行风险的评估和控制，当环境风险在可接受的范围内，不对目标进行修订，对输出结果的偏差也予以接受，此时系统就处于运营管理状态，有较高的管理效率；当环境发生变化超过可接受范围时，就要进行调整和修正，保证输出的结果在可接受的范围，此时系统体现出项目管理的特征，保证了管理的效果。在企业项目管理中，企业运行的大部分是项目，但是实际上每个项目在分解后大部分是作业，项目管理的一些阶段就可以将部分作业组合成工作包，采用运营管理，项目管理整体上重点对关键路径、关键节点（里程碑）、关键资源（关键链）和风险进行控制。

总之，运营管理和项目管理并不是完全水火不相容的，它们只是企业管理的两种典型模式，因此，企业硬性地采用哪一种方式都是不可取的，具体选择哪种管理模式需要根据企业生存环境的不同而确定。现代企业为了适应多变的市场环境，既需要改变单一的运营管理模式，也不能选择单一的项目管理模式，而是应该选择项目与运营相结合的方式，在企业内不同部门、不同任务中灵活地使用项目和运营两种管理方法。

**3．战略、项目、作业活动的关系**

在现代企业中，战略活动是企业为完成使命进行的研究、分析、规划、实施、控制和更新等一系列活动，是企业总的目标和方向，企业战略必须通过项目或作业实现。项目活动是各团队或职能部门为完成某一特定目标单独或合作进行的成组的任务，它通常是跨专业或者跨部门和团队的，是战略分解后到团队或职能部门的多个分目标。作业活动是企业活动的最基本元素，是在一段时期内可以看作已知、标准、可复用和单一的构件活动，通常仅限于某一专业，是某一团队或职能部门内的某个具体任务，它可以由某个人单独完成，也可以由多个人合作完成，它是员工个人工作的目标，是项目的稳态或固化，也是项目的构件。在宏观上，可以将企业生命周期看作一个大项目，企业的战略管理可以按照项目进行管理；在中观上，企业的战略管理的每个阶段再细分为多个项目群、组合项目或成组项目，从而转化成企业的生产经营活动；在微观上，项目通过分解为作业，转化为每个团队或成员的具体工作目标、计划和实际行动。其中，项目层处于承上启下的核心地位，并且项目管理的方法和思想贯穿在企业的每个层面上，项目成为连接战略和作业的纽带。企业使命、战略、项目和作业活动的分解如图7-11所示。

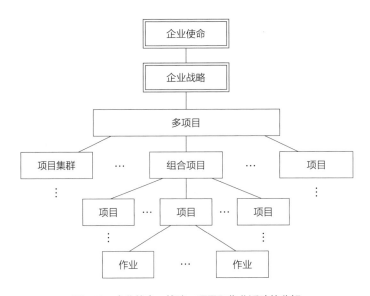

图7-11　企业使命、战略、项目和作业活动的分解

## 7.4.2　企业项目化管理的整合

**1．企业管理的战略化**

企业在激烈的市场竞争和复杂多变的外部环境中，要想求得生存和长远发展，完成组织目标、愿景和使命，就必须站在全局的高度去把握未来，通过强化自身的优势，取得企业内部资源与外部环境的动态平衡。企业必须制定长期生存和发展战略规划并付诸实施，同时进行动态的管理，企业的生产经营活动都要接受战略规划的指导和检查，并根据外部环境和内部条件的变化以及战略执行结果的反馈信息等，重复进行新一轮的战略管理过程。企业战略是决定企业经营活动成败的关键性因素，它是企业实现自己理性目标的前提条件，是企业及其所有企业员工的行动纲领。企业如果没有战略管理，其经营将失去方向，必将迅速走向衰败；企业如果忽

略战略管理，其发展必然滞后，难以取得竞争优势。

**2．战略管理的项目化**

企业仅有完美的战略规划是不够的，战略的成败关键在于战略的执行和控制，现有的战略管理还缺乏有效的方法和工具来保证战略的实施。随着环境的不断发展，项目管理从单一项目的管理发展到多项目管理，包括项目集群管理、项目组合管理，人们越来越清晰地认识到项目管理是确保战略目标实现的有效方法和工具。企业项目作为促使企业跳跃式发展的动力，是企业战略竞争的载体，项目作为设计和执行战略的组成部分，又必须为实现组织使命和愿景服务，两者的匹配关系如图7-12所示。

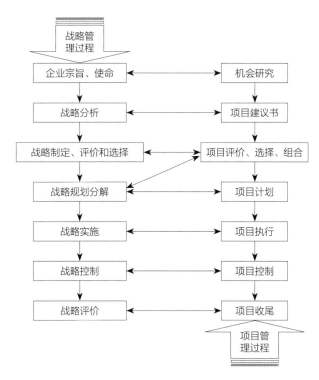

图7-12　战略管理与项目管理的比较

战略和项目的关系：

（1）战略管理可以按照项目管理进行。战略管理是一个完整的动态管理过程，具有项目的所有特征，战略分析、战略规划、战略制定、战略实施、战略控制及战略评价等一系列活动本身就是项目，完全可以按照项目进行管理。尤其是企业所处的环境发生重大变化时，战略变革的项目风险管理的特征就更加明显了，项目化的战略管理可以从容地应对变化。

（2）战略分解为项目。战略的规划是企业的总体目标和方向，战略的实施则是一个大的项目，战略必须分解成多个明确的、可执行的分目标，这样企业内的团队或职能部门才能开展具体的工作，每一个分目标都要切实落实到项目上才能使战略不流于"纸上谈兵"。

（3）项目管理的战略意识。首先，项目规划要服从企业战略。战略是企业项目选择的基础，项目筛选首先要进行战略的评估，剔除那些与战略目标不相关的项目，减少那些相关性不大的项目，避免分散企业资源。项目管理过程中时刻以企业战略为决策的基础，保持战略的全局观点，确保实施对企业战略有重大影响的项目，项目要以企业战略意图的实现，而不仅仅以项目目标的完成作为衡量项目是否成功的标准。其次，项目的规划要有战略意识，项目要分出战略级项目和一般项目，项目的范围管理、整合管理就是项目中的战略管理，采用关键路径法、计划评审技术、图形评审技术及关键链管理也是项目控制中战略意识的体现。

**3．项目管理的作业化**

项目是战略的规划和分解的结果，而项目最终要通过一系列作业的执行才能够转化成实际行动，形成企业的项目流，从而实现战略目标。作业是项目的执行和实现，他们的关系如图7-13所示。

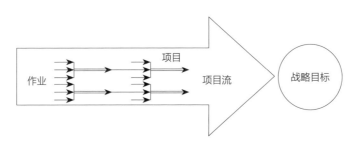

图7-13 项目与作业的相互转化关系

（1）项目要分解为作业。项目仍然是一组活动，必须进行工作任务分解，分解到已知、标准、可复用的作业，这就是项目的WBS分解，作业可以做到规范化、精确化。

（2）作业要为项目服务。在以项目为主导的企业项目化管理体系中，所有的作业一定要是某一项目的组成部分，或者是为项目而服务的支持工作，如果不是项目的需要，该作业就是多余的。

（3）作业管理的项目观点。尽管作业是已知、标准、可复用的，但是作业来源于项目，是成熟项目的固化，而且在作业中也可能会遇到新的问题，从而转化为项目。只有在作业管理中始终贯穿项目管理的思想才可能不但把事情做对，而且还能将事情做好。所有的创新都来源于最基本的实践活动，只有坚持用项目的观点看待作业，才可能在重复的工作中看到不同，才可能有新的发现和创造，实现企业的可持续发展。

### 7.4.3 战略、项目、作业的层级关系

无论以运营为主的传统企业还是以项目为主的项目化管理企业，战略无疑是企业高层的主要活动。在传统的企业管理中，作业是企业活动的主体，因而企业管理围绕作业管理展开，项目只是辅助性的活动。当采用企业项目化管理以后，企业中项目活动成为主体，但作业仍是最基本的企业活动。战略管理涉及范围较广，时期较长，一方面需要适应市场的长期变化，另一方面又需要相对稳定的发展环境。因此，战略制定和实施的风险较大，加上战略决策的结构化程度较低，其管理难度较大。战术管理一方面需要服从战略规划的要求，另一方面又要对作业管理做出指导。在战术决策的制定和实施过程中，更要强调敏捷性、灵活性和独特性等。作业管理的首要作用和目的是支持相关战术的实现，它将战术计划进行细化和具体化，从而有效保证战术方案的最终实现；另一个作用是做好基础管理工作，从表面上看，后者跟战术和战略方案的实现没有直接关系，但这是管理计划实现的基础条件。可以看出，战术管理层具有明显的项目管理特征，战略管理也具有一定的项目特点，而作业管理是战术执行和战略实现的基础。战略、战术和作业管理的特性比较如表7-1所示。

战略、战术和作业管理的特性比较　　　表7-1

| 特性 | 战略管理 | 战术管理 | 作业管理 |
| --- | --- | --- | --- |
| 管理者 | 高层管理人员 | 中层管理人员 | 基层管理人员 |
| 范围特性 | 全局性 | 局部性 | 单向性 |
| 时间特性 | 长远性 | 中期性 | 短期性 |
| 可变特性 | 稳定性和适应性 | 敏捷性和灵活性 | 规范性和频繁性 |
| 竞争特性 | 保持竞争优势 | 获得竞争优势 | 奠定竞争基础 |
| 风险特性 | 风险较大 | 中度风险 | 风险较小 |
| 指导特性 | 纲领性 | 服从性和指导性 | 基础性和终端实施性 |
| 思维方式 | 创造性思维为主 | 理性思维和创造性思维相结合 | 理性思维为主 |
| 创新方式 | 强调集体创新，但不追求奇特 | 在竞争中注重独特性的创意 | 创新的目的在于追求管理的规范化 |
| 现实性 | 目标宏伟，激动人心 | 贴近实际，追求实效 | 更加具体、枯燥，更强调现实效果 |
| 详细性 | 宏观层面的系统性 | 中观层面的细化 | 微观层面上的细节 |
| 结构化特性 | 非结构化 | 半结构化 | 结构化 |

续表

| 特性 | 战略管理 | 战术管理 | 作业管理 |
| --- | --- | --- | --- |
| 管理方法 | 定性分析为主，理论和经验相结合 | 灵活运用各种定性和定量的管理方法 | 常规固定和定量的管理方法 |
| 管理信息 | 对外源信息需求量大、信息使用寿命长、保密性高、精度和使用频率低、浓度高、信息量小 | 对外源信息有一定的需求，信息使用寿命短，保密性短，精度、使用频率高，信息量中等 | 对内源信息需求量大，信息使用寿命短、保密性较低、精度和使用频率高、信息量较大 |
| 信息处理 | 处理量小，处理难度大，批量处理 | 处理量中等，处理程序和方法较为灵活，批量处理和实时处理结合 | 处理量大，处理程序和方法比较固定，实时处理方式 |

### 7.4.4 企业项目化管理体系构建

通过企业活动的整合和层级分析，实现了以战略为指导、以项目为核心、以作业为基础的企业管理一体化，结合必要的企业信息化和企业文化建设，从而构成了完整的企业项目化管理体系，如图7-14所示。

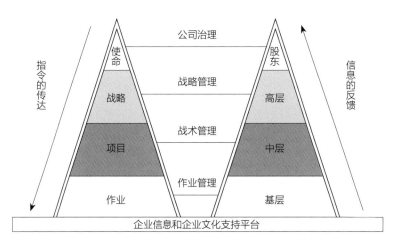

图7-14 大规模定制企业项目化管理体系

## 7.5 企业项目化管理的组织运作模式

### 7.5.1 企业项目化管理组织结构模式的构建原则

企业项目化管理组织运作模式的好坏，决定了企业实施项目化管理组织效率的高低。企业项目化管理的组织结构模式应有利于"按项目管理"，将项目管理的观念渗透到企业所有的业务领域和流程；组织结构要多向发展，伸缩自如，虚实结合。组织结构要面向员工，通过不同的项目活动和团队组合，为员工提供学习和发展的机会，使他们不仅能够成为项目的执行者，而且能够胜任更复杂的工作；组织运作应有利于开展项目管理，工作程序应使员工能够快速反应，组织成员之间的关系应能发挥员工的积极性，又能使他们对项目的盈亏负责。

传统的单一项目组织结构模式已经不能够满足企业项目化管理，因此，针对相关问题提出企业项目化管理组织结构模式的构建原则。与传统的组织设计原则相比，企业项目化管理的组织设计应该更注重其过程中的灵活性与组织本身的灵活性。

企业组织机构作为一种管理手段，设置的根本目的在于确保项目目标的实现。从这一根本目标出发，企业项目化管理的组织机构应该根据企业目标和项目目标而设置，进而制定任务，因事而设置机构和划分层次，因事而设定人员和定岗定责，因责而授权，权责明确，权责统一，使各个方面的关系清楚明确。

### 7.5.2 企业项目化管理组织结构的构建

企业项目化管理组织有两个层次，一个是企业项目化管理的企业层级组织结构，另一个层次是具体项目团队的组织结构，如图7-15所示。

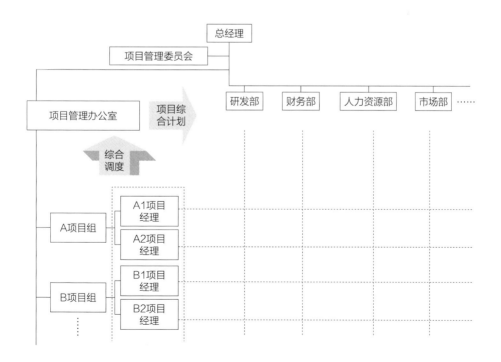

图7-15 企业项目化管理的组织结构模式

企业层级的组织结构，主要从企业的战略全局和有利于企业项目化管理的角度出发，调整原有部门的职能和作用。确定各部门的职责、权限、岗位、编制等。设立企业的项目管理委员会、项目管理办公室等相关组织机构。在企业项目化管理的组织机构中，主要的管理机构有项目管理委员会、项目管理办公室、职能部门、项目部门等，其主要的权责如下所述。

**1．项目管理委员会**

它是企业项目管理的最高决策机构，一般由总经理担任主要负责人，固定委员会成员由企业总经理、副总经理和总经理助理组成。根据项目的性质，公司可以聘请行业专家进入项目管理委员会任临时委员。战略管理的落实可以分为两大方面，一个方面是项目化和多项目管理方面；另一方面是分解到职能部门管理的部分。项目管理委员会是企业运作管理的最高决策机构。项目管理委员会的职责取决于组织的具体要求，且会随着这些需求的变化而不断调整。项目管理委员会被定位为企业组织层面的项目管理的决策和管理机构，主要职责包括：

①着眼于组织战略，对组织所从事的所有项目进行战略规划、战略控制与战略评估。

②对项目立项、项目撤销进行决策。

③评审项目计划，包括进度计划、成本预算、质量计划等。

④召开项目阶段性评审会，对项目阶段报告进行评审、对项目总结报告进行评审。

⑤监督项目管理相关制度的执行。

⑥对项目进行过程中的重大里程碑、重大变更计划做出决定。

⑦确定项目经理及对项目经理的考核和项目的绩效考核原则。

**2．项目管理办公室**

项目管理办公室又称为项目办公室、项目支持办公室等，是企业项目化管理中重要的组织形式，公司组建项目办公室对于管理项目非常有效，被定位为企业项目化管理的业务支持机构或内部咨询机构。项目办公室是在企业项目管理委员会的领导下开展的一系列相关的管理活动，是一个用来支持项目经理执行任务的组织。项目管理办公室的主要作用就是协调各方面工作的有效进行。从组织的角度有效整合资源，按照项目优先级别分配资源，向项目管理委员会提出资源配置、调整的建议。同时，那些没有参加项目的人员和项目解散后的管理人员临时挂靠在项目管理办公室，从事综合协调和规范制定及专业研究等工作，一旦项目需要时，便可将这些人分派到项目团队中。项目管理办公室还要在项目之间进行协调，处理项目组之间的冲突。项目管理办公室的职责也取决于企业的具体需求，而且会随同这些需求的变化不断调整。当然，在项目管理办公室内部可以视情况需要设立一些专业小组，如风险评估小组、信息管理小组、跟踪考核小组等。

### 3．职能部门

在企业项目化管理中，传统的职能部门在企业中的地位已经发生了改变，职能部门的意义不仅要完成本职能部门内的工作任务，更重要的是能给各个项目提供保质保量的资源，项目团队对各职能部门提供资源的反馈是对职能部门价值的重要评价。职能部门可以为项目提供资源，促进工作的顺利进行。职能部门不只是关注于其专业领域，还必须考虑其能为项目提供何种资源，能给项目成员培育何种技能，必须关注项目对资源需求的程度和对其所提供的资源反馈情况。项目团队的价值在于能够在资源的支持下完成项目任务，达到项目目标。

### 4．项目部门

它是在项目管理办公室下而设立的，由项目经理和项目团队成员组成，负责项目的具体运行，是企业项目化管理中的关键性部门，其运行的好坏直接关系项目的成败。每个项目都有项目的具体目标，项目经理和项目成员需要围绕项目目标和企业目标来实施项目，以完成项目目标和企业总体目标。项目部的职责包括：①在项目管理办公室的协调下工作；②对项目的具体运作进行规划；③依照项目管理的标准、方法和程序具体实施项目；④对项目的最终结果承担责任。企业项目化管理组织的运作是一项涉及面非常广泛、复杂的过程。本书针对企业项目化管理组织的需求和特点，设计了企业项目化管理组织的一般运作流程。

组织实施项目化管理是一项系统工程，组织的构建需要一个系统性的思维，企业项目化管理组织的一切活动都是在该系统下进行的。

企业根据所处的内外部环境，通过企业的导向性战略，由项目管理委员会站在战略层的高度，对于企业多项目进行选择、评估和管理，从而做出决策。项目管理办公室依据企业所作出的决策，根据企业内部的具体状况，在企业实质性战略的指导下，对多个项目进行划分归类，建立组织结构和项目团队，并在企业项目小组之间进行协调、监控等，实质上也就是实现了企业战术层目标。项目小组组建之后，由项目经理领导各项目团队，具体对项目实施进行全方位的负责和管理，也就是实现了项目的具体操作。

# 参考文献

[1] Russel Hodge John. Total project management: the customer-led organisation[J]. International Journal of Project Management. 1995（1）: 1-17.

[2] Sharad D. Management by project-anideological break through[J]. Project Management Journal.1986(3): 61-63.

[3] Turner RJ. The Hand book of Project-Based Management[M]. Cambridge, UK: Mcdraw Hill, 1993.

[4] Rodney Turner，师冬平. 企业项目管理能力的构建[J].项目管理技术，2004.

[5] 罗伯特·J.格雷厄姆，兰德尔·L.英格伦. 创建项目管理环境——管理项目管理的探索[M].聂刚，刘丽香，译.北京: 清华大学出版社，2005.

[6] F. L.哈里森. 高级项目管理：一种结构化方法[M].杨磊等，译. 北京: 机械工业出版社，2003.

[7] 马克思·怀德曼. 怀德曼项目管理词汇手册：第3版[M].项目管理志愿者团队，译. 北京: 清华大学出版社，2003.

[8] 卡尔·爱瑞克·斯威比，康莱德小组. 知识型企业的分析与评价[M].王锦，刘华江，译.北京: 海洋出版社. 2002.

[9] 戴维·I·克利兰. 项目管理：战略设计与实施[M].杨爱华，译.北京: 机械工业出版社，2002.

[10] J. Davidson Frame. 新项目管理[M].郭宝柱，译.北京: 世界图书出版公司，2001.

[11] R. J.格雷厄姆. 项目管理与组织行为[M].王亚禧，罗东坤，译. 北京: 石油大学出版社，1988.

[12] 白思俊，孙兆辉. 流程再造与企业项目化管理关系[J].项目管理技术，2004（增刊）: 4-6.

[13] 白思俊. 现代项目管理（上、中、下）[M]. 北京：机械工业出版社，2002.

[14] 申凌云. 可操作的企业项目化管理解决方案[J]. 项目管理技术，2015，13（10）：30-33.

[15] 石岩，欧立雄，胡宝宝. 项目化管理模式下企业项目管理共性信息研究[J]. 机械制造，2013，51（586）：96-99.

[16] 王胜. 全面项目管理[M]. 北京：中国经济出版社，2005.

[17] 曾戈君. 企业项目化管理带来了什么[J]. 商界名家，2006（60）：56-75.

[18] 刘菁，刘长滨，刘芊. 企业核心竞争力与管理制度论析[J]. 生产力研究，2009（10）.

[19] 乔东. 建立高效的企业级项目管理体系[M]. 北京：人民邮电出版社，2009.

[20] 菅梓君，李清立. 基于PMO组织模式的项目知识管理结构设计[J]. 山东建筑大学学报，2016（1）：81-86.

[21] 王梦昀，李纪珍，齐民安，等. 项目管理办公室：概念、发展历程与职能[J]. 技术经济，2012，4（31）：23.

[22] 金凯明，马玉涛. 项目管理办公室（PMO）的结构探析[J]. 山东工业技术，2019（1）：243.

[23] 丁建东，王革平. 项目管理办公室（PMO）理论与实践探索[J]. 中国工程咨询，2018（6）：69-72.

[24] 李维安，等. 公司治理[M]. 天津：南开大学出版社，2001.

[25] 崔天模，黄俊立. 国有企业治理结构研究[M]. 北京：中国物价出版社，2001：1.

[26] 丹尼斯·洛克. 项目管理[M]. 南宁：广西大学出版社，2002：12.

[27] 成思危，张维迎，等. 中国企业面临的问题及对策[M]. 北京：民主与建设出版社，2001.

[28] 乐云. 国际新型建筑工程CM承发包模式[M]. 上海：同济大学出版社，1998.

[29] 朱俊文，刘共清，尹贻林. 项目管理发展综述[J]. 技术经济与管理研究，2003（1）.

[30] 李维安，李建标. 股权、董事会治理与中国上市公司的企业信用[J]. 管理世界，2003（9）.

[31] 陈长兵. 我国核电工程项目治理结构的经济学分析[J]. 中国核工业，2006：36-38.

[32] 陈贡. 团队角色理论及其应用[J]. 人才资源开发，2006（11）：86-87.

[33] 陈卫平. 角色认知的概念与功能初探[J]. 社会科学研究，1994，1（32）：

153.

[34] 丁荣贵. 基于过程的项目治理方式的实现[J]. 项目管理技术，2007（10）：73-76.

[35] 丁荣贵. 项目治理的基本思想[J]. 项目管理技术，2007（1）：72-75.

[36] 丁荣贵，高航，张宁. 项目治理相关概念辨析[J]. 山东大学学报（哲学社会科学版），2013（2）：132-142.

[37] 丁荣贵，孙华，王彦伟，等. 政府投资科技项目治理-理论与方法[M]. 北京：电子工业出版社，2012.

[38] 丁荣贵，张宁，李媛媛. 产学研合作项目双中心社会网络研究[J]. 科研管理，2012，33（12）.

[39] 丁荣贵，邹祖烨，刘兴智. 政府投资科技项目治理中的关键问题及对策[J]. 中国软科学，2012（1）：90-99.

[40] 董克用. 人力资源管理概论[M]. 北京：中国人民大学出版社，2007.

[41] 杜宾，李军锋. 团队元胜任力模型的构建与实证研究[J]. 科研管理，2012，33（11）.

[42] 国际项目管理协会. 国际项目管理专业资质认证标准[M]. 北京：机械工业出版社，2011.

[43] 郭九成. 政府投资企业R&D项目治理研究[D]. 济南：山东大学，2008.

[44] 顾强，杨卫华，戴大双. 项目治理的理论研究与进展评述[J]. 建筑经济，2012（2）：64-67.

[45] 黄孚佑. 试论"代建制"与"投资项目治理"[J]. 中国招标，2006（1）：19-23.

[46] 黄明知，左璐，魏向辉. 项目经理角色定位研究[J]. 建筑，2012（21）：47-48.

[47] 惠青山，何花. 影响员工学习行为倾向的因素分析[J]. 企业管理，2005，7.

[48] 周卉. 建筑企业项目治理结构设计与持续改进[D]. 长沙：中南大学，2008.

[49] 顾强. 政府代建制项目治理结构研究[D]. 大连：大连理工大学，2012.

[50] 杨飞雪，汪海舰，尹贻林. 项目治理结构初探[J]. 中国软科学，2004（3）：80-84.

[51] 方炜，牛婷婷，王莉丽. 项目治理研究现状与前景展望[J]. 科技管理研究，2017，37（4）：200-206.

[52] 王明吉，董珂. PPP项目治理结构研究[J]. 合作经济与科技，2020（18）：71-73.

[53] 王永庆. 海外油田地面工程项目集群组织架构研究[D]. 北京：中国科学院

大学，2013.

[54] 胡杨. 项目集群收益管理战略模型研究[D]. 陕西：长安大学，2013.

[55] 张文学，冬伯文，刘瑞芹. 大型矿业集团节能减排项目集管理[J]. 化工管理，2010（5）：22-26.

[56] 何清华，罗岚，李永奎，等. 工程项目组织集成对项目绩效的影响路径[J]. 同济大学学报（自然科学版），2014（42）：151-158.

[57] 罗朝觉. 卷烟工业企业科研项目群实施监控模式设计——以G公司研发中心为例[J]. 项目管理技术，2014，12（9）：115-119.

[58] 高小慧，顾基发. 基于WSR系统方法论的项目群管理研究[J]. 项目管理技术，2012，10（10）：65-69.

[59] 张表志，黄健，邵然. 公路工程检测监理项目群管理中心的信息系统设计[J]. 价值工程，2011，30（31）：31-32.

[60] 陈际丰，于志安，王晓芳. 水运工程设计项目群管理探索与实践[J]. 中国港湾建设，2013（3）：83-86.

[61] 周永霞. 通信行业项目群管理应用模式研究[J]. 项目管理技术，2012（9）：80-85.

[62] 张萍，肖立，桑培东. 建筑业企业工程项目群管理组织架构设计[J]. 山东建筑大学学报，2013，28（4）：80-85.

[63] 李清. 基于SNA的项目群管理信息共享研究[J]. 技术经济与管理研究，2015（6）：8-12.

[64] 周迪，苏振民，郑云，等. 基于PMO理论的项目群管理结构设计——以江苏省某建筑公司为例[J]. 江苏建筑，2014（4）：117-120.

[65] 胡小彬. 项目群管理成熟度灰色评价模型研究[D]. 湖北：三峡大学，2013.

[66] 周晓宝. 项目群管理下的资源调度模型研究及应用[D]. 湖北：武汉科技大学，2011.

[67] 张朝勇，王卓甫. 项目群协同管理模型的构建及机理分析[J]. 科技进步与对策，2008（6）：49-52.

[68] 米歇尔·西里. 项目集管理[M]. 尹璐，译. 北京：电子工业出版社，2011.

[69] 崔鸿利. 某固有大型建筑工企业区域项目群管理探索[D]. 成都：西南交通大学，2011.

[70] 冬伯文，龚立新，宋超杰. 大型煤炭企业集团项目集管理模式构建与实施[J]. 煤炭经济研究，2010（9）：51-54.

[71] 贾广社. 项目总控：建设工程的新型管理模式[M]. 上海：同济大学出版社，2003.

[72] 马明军. 基于中粮某项目集群管理核心问题研究[J]. 项目管理技术, 2012, 10（10）: 70-74.

[73] 杨小平, 何江波. 项目群管理中项目选择评价指标体系研究[J]. 项目管理技术, 2011（9）: 65-68.

[74] 曾俊. 工程造价咨询项目集群管理[J]. 中华民居, 2011（7）: 131-132.

[75] 安建民. 大型建筑施工企业多项目管理研究[D]. 武汉: 武汉理工大学, 2012.

[76] 莫君. 大型项目群施工管理研究[J]. 施工技术, 2011（2）: 279-281.

[77] 王安民, 马雪. 基于BSC-FNN的项目管理办公室绩效评价研究[J]. 建筑经济, 2013（5）: 34-37.

[78] 朱德兵. 工程项目管理办公室绩效评价体系建设研究[J]. 建材与装饰, 2015（11）: 161-162.

[79] 黄震. 基于项目管理办公室的项目群组织结构设计——以某ERP项目群为例[J]. 环渤海经济瞭望, 2021（3）: 138-138, 142.

[80] 刘佩璜. 重大项目集管理模式研究[J]. 中国高新科技, 2020（14）: 126-127.

[81] 彭旭升. 企业项目组合优选模型研究[D]. 广州: 暨南大学, 2007.

[82] Jerzy Stawicki, 李志民. 项目组合管理: 关键概念、过程与工具[J]. 项目管理技术, 2008, 6（11）: 70-73.

[83] 凌晓冬. 项目组合管理推动企业战略实施的研究[D]. 天津: 天津大学, 2010.

[84] 马坤. 项目组合选择方法研究[D]. 合肥: 合肥工业大学, 2008.

[85] 周福州. 战略导向的企业项目组合评价体系研究[D]. 天津: 南开大学, 2008.

[86] 张立军, 苏萍. 组合管理思想在项目管理中的运用[J]. 建筑经济, 2004（9）: 54-57.

[87] 曹涛, 白思俊, 郭云涛. 基于战略导向的企业项目组合管理流程研究[J]. 科技管理研究, 2014（10）: 206-218.

[88] 孙兆辉. 企业项目组合管理及项目组合评价研究[D]. 西安: 西北工业大学, 2005.

[89] 杨戈. 施工企业项目组合的风险管理研究[D]. 南京: 南京工业大学, 2015.

[90] 伍洋. 项目组合管理的过程研究[D]. 天津: 天津大学, 2006.

[91] 陈伟. 最优项目组合模型的建立及应用[J]. 现代情报, 2004（12）: 186-187.

[92] 毛义华. 企业战略引导下的技术创新项目组合管理[J]. 中外科技信息,

2000（11）：15-22.

[93] 蔚林巍. 项目化的管理与项目组合管理[J]. 项目管理技术，2004（1）42-45.

[94] 蒋景楠，余斌. 多项目管理探究[J]. 技术经济与管理研究，2006（2）：83-85.

[95] 曾玉成，王俊川，任佩瑜. 基于企业战略的项目组合管理流程研究[J]. 统计与决策，2010（9）：177-180.

[96] 王嘉丽. 项目导向型新能源电力企业组合管理体系研究[D]. 北京：华北电力大学，2012.

[97] 郭庆军，白思俊. 建筑企业项目组合管理成熟度模型研究述评[J]. 项目管理技术，2013（4）：35-40.

[98] 陈昌富. 企业多项目风险管理模型与方法研究[J]. 北京航空航天大学学报：社会科学版，2010（1）：64-67.

[99] 梁展凡，袁泽沛. 基于复杂系统理论的项目群互动风险及机理研究[J]. 经济问题，2010（10）：62-65.

[100] 赵静，郭鹏，潘女兆. 基于交互效应的项目组合风险度量及选择优化[J]. 运筹与管理，2012（6）：120-126.

[101] 于婧. 基于多项目的大型工程项目风险管理研究[D]. 济南：山东大学，2011.

[102] 赵锦锴，王昌. 建筑施工企业在项目管理中的风险预控[J]. 科技信息，2014.

[103] 马晓华，李爱娟. 建筑工程常见经济风险的成因及预控对策[J]. 市场研究，2014（6）：65-66.

[104] 程鸿群，余红伟，叶子菀. 项目组合管理能力评价[J]. 同济大学学报（自然科学版），2012，40（1）：148-153.

[105] 杨启昉，白思俊，马广平. 基于OPM3的组织项目管理能力体系建设的研究[J]. 科学学与科学技术管理，2009（7）：59.

[106] 宇文麒. 项目组合管理在企业项目管理中的应用研究[J]. 现代经济信息，2019（11）：45，47.

[107] 朱玮. 项目管理中组合管理思想的运用探讨[J]. 投资与创业，2021，32（17）：169-171.

[108] 杨侃，罗江. 项目管理办公室（PMO）——实现企业化项目管理的战略选择[J]. 项目管理技术，2005（9）：55-60.

[109] 冯俊文. 企业项目管理办公室设计框架[J]. 项目管理技术，2004（5）：40-41.

[110] 刘旭. 项目组合管理在项目管理办公室的应用[D]. 成都：电子科技大学，2013.

[111] 戴敏. 项目管理办公室的应用绩效及战略规划研究[D]. 北京：清华大学，

2005.

[112] 谢军. 项目管理办公室在多项目管理中的运用[D]. 北京：北京邮电大学，2008.

[113] 罗鹏宇. 工程项目管理办公室绩效评价体系研究[D]. 长沙：中南大学，2010.

[114] 张富民. 高效运作项目管理办公室[M]. 北京：电子工业出版社，2020.

[115] 赵坤，孙锐. 项目群管理过程中的知识转化结构[J]. 科学学和科学技术管理，2005（11）：102-108.

[116] 何鹏，谭章禄. 项目群风险管理研究[J]. 北京工商大学学报（社会科学版），2006（3）：70-74.

[117] 张立军. 项目信息门户在项目群环境下的运用研究[D]. 上海：同济大学，2005.

[118] 郭斌. 企业如何应用PMO[J]. 项目管理技术，2004（5）：37-39.

[119] 吴俊. 项目管理办公室在IT行业的应用[J]. 项目管理技术，2007（3）：55-58.

[120] 丁大勇. 面向中小建筑企业项目信息化管理模式研究[D]. 西安：西安建筑科技大学，2003.

[121] 曹建安，张禾. 国内外企业绩效评价发展的几个新特点[J]. 生产力研究，2003（3）：27.

[122] 王梦昀，李纪珍，齐民安，等. 项目管理办公室：概念、发展历程与职能[J]. 技术经济，2012，31（4）：21-25.

[123] 符安君. 通信工程建设项目PMO管理模式研究[J]. 信息通信，2014（4）：167-168.

[124] 李欣. 项目管理成熟度模型及其评估方法[D]. 西安：西北工业大学，2004.

[125] 王佳宁. 项目管理成熟模型在建设工程项目管理中的应用研究[D]. 北京：中国农业大学，2005.

[126] 王丹，孙颖，李忠富. 项目管理成熟度模型在我国建筑业企业的应用[J]. 哈尔滨商业大学学报（自然科学版），2005（6）：811-814.

[127] 赵琪. 项目管理成熟度模型的理论与应用研究[D]. 南京：南京航空航天大学，2006.

[128] 张鹏. S企业大型复杂项目管理成熟度模型及应用[D]. 上海：华东理工大学，2016.

[129] 张子楠. 基于AHP-FCEM的大型工程项目管理成熟度模型构建与评价[J]. 项目管理技术，2015，13（2）：88-91.

[130] 马建斌. 项目管理成熟度在我国的应用研究[J]. 建材与装饰，2016（11）：184-185.

[131] 李珍. 建筑业企业项目管理成熟度模型应用研究[J]. 建材与装饰, 2017（11）: 162.

[132] 王天峰, 韩瑞国. 基于项目成熟度模型的工程项目管理研究[J]. 商场现代化, 2010（11）: 32-33.

[133] 王梦颖, 宁延. 项目管理知识体系（PMBOK）的发展与再思考[J]. 建筑经济, 2018（7）: 27-32.

[134] 欧立雄. 企业项目管理办公室成熟度模型研究[J]. 价值工程, 2013（7）: 133-134.

[135] 陈玲玲. 基于PMO的施工企业项目管理成熟度及提升研究[D]. 南京: 东南大学, 2015.

[136] 焦岩策. Y公司项目管理办公室的应用研究[D]. 长春: 吉林大学, 2015.

[137] 刁海燕, 王玉英, 邵男, 等. 企业标准化管理成熟度模型探讨[J]. 中国标准化, 2021（14）: 6-9, 19.

[138] 张小强, 丁玉乔. 基于项目管理成熟度模型的创新工程质量目标控制研究[J]. 科技和产业, 2021, 21（5）: 140-145.

[139] 陈伟强, 李丽媛, 陈华静, 等. 重大工程项目PMO成熟度模型研究[J]. 项目管理技术, 2020, 18（10）: 60-65.

[140] 韩明. 基于战略发展的企业项目管理研究[D]. 呼和浩特: 内蒙古大学, 2006.

[141] 张智光. 企业战略—战术—作业多层次管理的二维特性与一体化机理研究[J]. 南京林业大学学报: 人文社会科学版, 2008（1）: 85-89.

[142] 石学勇, 王长峰. 企业项目化管理的探讨[J]. 项目管理技术, 2007（12）: 21-26.

[143] 张富民, 王洪琛, 许江林. 高效运作项目管理办公室: PMO实践、案例和启示[M]. 北京: 电子工业出版社, 2011.

[144] 项目管理协会. 项目组合管理标准[M]. 北京: 电子工业出版社, 2009.

[145] 袁庆明. 新制度经济学教程[M]. 北京: 中国发展出版社, 2011.

[146] 周雪梅, 刘冉. 企业的项目化管理初探[J]. 经济论坛, 2006（3）: 81-83.

[147] 哈罗德·科兹纳. 项目管理: 计划、进度和控制的系统方法[M]. 杨爱华等, 译. 北京: 电子工业出版社, 2007.

[148] J·肯特·克劳福德. 项目管理办公室解决方案（修订版）[M]. 王舸, 译. 北京: 电子工业出版社, 2008.

[149] 周建宏. 企业文化与企业战略管理匹配关系研究[J]. 经济师, 2015（4）.

[150] 梁凤春. 组织文化与组织制度的关系研究[D]. 北京: 中共北京市委党校, 2016.

[151] 高俊珍. 新经济时代下我国企业组织制度面临的挑战及解决措施[J]. 科技创新与应用, 2013（29）: 260.

[152] 张红丘. 基于项目化管理的W公司企业文化建设改进研究[D]. 北京: 北京工业大学, 2016.

[153] 关婧, 尤完. 建筑业企业工程项目管理成熟度模型研究[J]. 项目管理技术, 2019（5）: 62-70.